MELHOR TEATRO

DIREÇÃO
SÁBATO MAGALDI

MELHOR TEATRO

# ARTUR AZEVEDO

SELEÇÃO E PREFÁCIO
Barbara Heliodora

São Paulo
2008

© Global Editora, 2008
1ª Edição, Global Editora, São Paulo 2008

*Diretor Editorial*
JEFFERSON L. ALVES

*Gerente de Produção*
FLÁVIO SAMUEL

*Coordenadora Editorial*
ANA PAULA RIBEIRO

*Assistente Editorial*
JOÃO REYNALDO DE PAIVA

*Revisão*
LUICY CAETANO
MICHELE TESSAROTO
ALESSANDRA BIRAL

*Capa*
MAURICIO NEGRO
EDUARDO OKUNO

*Editoração Eletrônica*
ANTONIO SILVIO LOPES

## ACADEMIA BRASILEIRA DE LETRAS

**Diretoria**
*Presidente* – Cícero Sandroni
*Secretário-geral* – Ivan Junqueira
*Primeiro-secretário* – Alberto da Costa e Silva
*Segundo-secretário* – Nelson Pereira dos Santos
*Tesoureiro* – Evanildo Cavalcante Bechara

**Comissão de Publicações**
Antonio Carlos Secchin *(Diretor)*
José Murilo de Carvalho
José Mindlin

**Produtora Editorial**
Monique Cordeiro Figueiredo Mendes

Dados Internacionais de Catalogação na Publicação
(CIP) (Câmara Brasileira do Livro, SP, Brasil)

Azevedo, Artur, 1855-1908.
 Melhor teatro Artur Azevedo / seleção e prefácio
Barbara Heliodora. – São Paulo : Global, 2008. –
(Coleção Melhor Teatro / direção Sábato Magaldi)

 Bibliografia.
 ISBN 978-85-260-1332-2

 1. Teatro brasileiro I. Heliodora, Barbara. II. Magaldi,
Sábato, III. Título. IV. Série.

08-09466                                    CDD–869.92

Índice para catálogo sistemático:

1. Teatro : Literatura brasileira    869.92

*Direitos Reservados*
**GLOBAL EDITORA E
DISTRIBUIDORA LTDA.**

Rua Pirapitingui, 111 – Liberdade
CEP 01508-020 – São Paulo – SP
Tel.: (11) 3277-7999 – Fax: (11) 3277-8141
e-mail: global@globaleditora.com.br
www.globaleditora.com.br

Colabore com a produção científica e cultural.
Proibida a reprodução total ou parcial desta obra
sem a autorização do editor.

Nº DE CATÁLOGO: **3066**

MELHOR TEATRO

# PREFÁCIO

Nada é mais difícil do que escolher as melhores peças de qualquer autor com um corpo de obra de boas dimensões, e mais ainda de Artur Azevedo, sem sombra de dúvida, o mais apaixonado e dedicado homem de teatro de toda a nossa história das artes cênicas. Só o pouco prestígio que merece o teatro entre nós explica a pouca divulgação de suas obras dramáticas, cujo acesso se restringe à edição das *Obras completas*, publicada pela Funarte sob os auspícios do Ministério da Cultura, mais do que esgotada, e a reprodução de várias das peças na *Revista da SBAT*, muito difíceis de se manusear.

Além dessas dificuldades, no caso de Artur Azevedo seria necessário determinar por que ponto de vista essa ou aquela obra é importante, já que várias delas são material precioso para se conhecer melhor o Brasil do final do século XIX e primeiros anos do século XX, embora pertençam a um gênero de revista hoje ultrapassado, e por isso mesmo menos passíveis de uma real apreciação. Diversamente de seu irmão Aluísio, romancista, Artur Azevedo revelou desde cedo que seu maior talento era para o teatro, e é tradicional a história de que tenha escrito sua primeira peça aos 9 anos de idade. O fato é que, aos 17, recém-chegado ao Rio de Janeiro, parece que já trazia pronto o ato único *Amor por anexins*, divertido. Mesmo preso à mania de ditados do protagonista Isaías, esse breve texto já revela os dois aspectos essenciais para uma carreira de autor: uma ação bem armada e diálogo expressivo dos personagens, que faz caminhar com agilidade a ação.

A melhor dramaturgia brasileira, desde Martins Pena, toma o caminho da comédia de costumes, refletindo a modéstia cultural do Brasil recém-independente; com a França sempre como ideal e exemplo, por volta de 1870-1880, haviam sido escritas algumas tentativas de drama, a quase totalidade desastrada, mas, quando Artur Azevedo iniciava a carreira, a revista musicada, a *féerie*, a ópera-bufa e a opereta dominavam os palcos parisienses e alguns exemplos já haviam visitado o Brasil; o resultado foi uma torrente de obras leves e musicadas, com o advento triunfal da "paródia". Comprometido com um suposto período áureo do teatro brasileiro, que teria tido lugar umas três décadas antes de seu tempo, ao apresentar seu panorama das letras no país, em 1873, Machado de Assis escrevia que:

> Não há atualmente teatro brasileiro, nenhuma peça nacional se escreve, raríssima peça nacional se representa [...] o gosto público tocou o último grau da decadência e perversão, nenhuma esperança teria quem se sentisse com vocação para compor obras severas de arte [...] o que domina é a cantiga burlesca ou obscena, o cancã, a mágica aparatosa, tudo o que fala aos sentidos e aos instintos inferiores. [...] Os autores cedo se enfastiaram da cena que pouco a pouco foi decaindo até chegar ao que temos hoje, que é nada.

Ao se analisar, hoje em dia, o que foi então considerado a tal época de ouro, não encontramos quase nada que tenha um mínimo de qualidade, enquanto no final do século XIX pelo menos algumas das peças leves e musicadas são alegres e vivamente brasileiras.

E se um dos aspectos mais atacados foi o do aparecimento das "paródias", que eram exatamente isso, Artur Azevedo defende-se das acusações que lhe são feitas, lembrando que, ao chegar ao Rio, "já tinha sido representada centenas de vezes, no Teatro São Luís, *A baronesa de Caiapó*, paródia d'*A grã-duquesa de Gerolstein*. Todo o Rio de Janeiro foi ver a peça, inclusive o Imperador, que assistiu, dizem, a umas vinte representações consecutivas..."

O ataque feito fora devido ao primeiro grande sucesso de Artur Azevedo, a paródia de *La Fille de Mme. Angot*, de Siraudin, Clairville e Koning, intitulada *A filha de Maria Angu*. A paródia poderia facilmente ser contada entre as melhores, pois, apesar de se guiar bastante fielmente pela estrutura do original, a vibrante brasilidade do autor maranhense dá à opereta um perfeito sabor de obra brasileira, tanto na ação como no linguajar.

O mais violento ataque à obra de Azevedo mereceu uma brilhante e esclarecedora resposta, que situa de forma clara os problemas do teatro naquela época:

> O público não foi da opinião do Sr. Cardoso da Motta, isto é, não a achou (*a paródia*) desgraciosa; aplaudiu-a cem vezes seguidas, e eu, que não tinha nenhuma veleidade de autor dramático, embolsei alguns contos de réis que nenhum mal fizeram nem a mim e nem à Arte.
> 
> Pobre, paupérrimo, e com encargos de família, tinha o meu destino naturalmente traçado pelo êxito da peça; entretanto, procurei fugir-lhe. Escrevi uma comédia literária, *A almanjarra*, em que não havia monólogos nem apartes, e essa comédia esperou catorze anos para ser representada; escrevi uma comédia em 3 atos, em verso, *A joia*, e para que tivesse as honras da representação, fui coagido a desistir dos meus direitos de autor; mais tarde escrevi um drama com Urbano Duarte, e esse drama foi proibido pelo Conservatório;[1] tentei introduzir Molière no nosso teatro: trasladei

---

[1] Trata-se de *O escravocrata*, na verdade obra menor de Azevedo. É preciso esclarecer que o respeitável título de "Conservatório Brasileiro de Teatro" abrigava a censura, exercida com a desculpa de qualificar qualidade literária aos textos apresentados e de exercer vigilância moral sobre o que se veria em cena.

*A escola de maridos* em redondilha portuguesa, e a peça foi representada apenas onze vezes. Ultimamente a empresa do Recreio, quando, obedecendo a singular capricho, desejava ver o teatro vazio, anunciava uma representação da minha comédia em verso *O badejo*. O meu último trabalho, *O retrato a óleo*, foi representado meia dúzia de vezes. Alguns críticos trataram-me como se eu houvesse cometido um crime; um deles afirmou que eu insultara a família brasileira! Em resumo: todas as vezes que tentei fazer teatro sério, em paga só recebi censuras e ápodos, injustiças e tudo isto a seco; ao passo que, enveredando pela bambochata, não me faltaram nunca elogios, festas, aplausos e proventos. Relevem-me citar esta última forma da glória, mas – que diabo! – ela é essencial para um pai de família que vive da sua pena!...
Não, meu caro Sr. Cardoso da Motta, não fui eu o causador da *débâcle*; não fiz mais do que plantar e colher os únicos frutos de que era suscetível o terreno que encontrei preparado.

A defesa de Artur Azevedo merece atenção porque ele constata, ainda uma vez, que o teatro reflete, com precisão, a época e a sociedade em que ele é escrito e encenado; sem dúvida os intelectuais brasileiros podiam expressar sua indignação pelo fato de o Brasil não estar produzindo, em sua capital, autores como Shakespeare, Molière ou Ibsen; mas o fato é que o que esses autores escreveram expressava pensamentos e emoções que de algum modo correspondiam à realidade do lugar e do tempo em que viveram e não, como atestam até mesmo os romances de Machado de Assis, o encontrado na tropical capital do Império ou da República brasileiros.
A maior prova de que Artur Azevedo tinha razão está no fato de as peças "sérias" que escreveu não poderem de forma alguma ficar incluídas entre as melhores: *O escravocrata, O retrato a óleo* e *Vida e morte* caem todas ao nível do melodrama; por mais meritório que seja seu apoio à campanha da Abolição, a miscigenação adúltera confunde a questão, deixa a discussão da escravidão quase

que em segundo plano, e até mesmo o diálogo perde a autenticidade que encontra na comédia. *Vida e morte*, que caminha da infelicidade para a felicidade, recai sobre complicações de enredo e exageros bem mais do que sobre desenvolvimento de personagens. Toda uma série de obras, via de regra com boa parte musicada, é de mais difícil acesso ao leitor de hoje, porém é de grande importância na obra de Artur Azevedo; a primeira é a *Revista de 1877*, quando ele virtualmente cria um novo gênero, pois, em lugar de apresentar apenas uma série de esquetes, números cômicos, dança e canto, essa "revista" era na verdade uma espécie de revisão do ano que acabava, na qual, com agudo olhar crítico, eram expostas e denunciadas as principais mazelas do ano, na política, na saúde, na sociedade, em tudo o mais que o carioca havia vivido e sofrido. A divulgação, nos jornais, desse primeiro espetáculo do gênero, era feita com uma caricatura dos dois autores, abaixo da qual se lia: "Convidamos o respeitável público a assistir, na noite de 20 do corrente, no Teatro S. Luis, à autópsia do cadáver de 1877 feita pelos srs. Artur Azevedo e Lino d'Assumpção". O sucesso fez com que essas "autópsias" se repetissem pelo menos até 1905, de quando data o texto de *Guanabarina*, o último preservado.

Comédias, traduções, operetas, burletas. É incrível a regularidade com que Artur Azevedo escreveu para o teatro, considerando que nunca se afastou de sua atividade como funcionário público, ou de sua carreira jornalística, ou a outra, muito bem-sucedida, de autor de contos. Não podemos esquecer que ele foi crítico de teatro por catorze anos, e que em sua coluna de teatro foi publicada a série que chamamos Teatro a Vapor, pequenos instantâneos sobre acontecimentos ou assuntos em voga, divertidos e observadores, que em seu conjunto muito contribuem para que se possa conhecer a vida da época.

O que mais impressiona no teatro de Artur Azevedo, no entanto, é realmente sua autenticidade brasileira, que marca tudo o que ele fez, à exceção das várias traduções com a pura intenção de bem servir o autor, como no caso de Molière, por exemplo. A influência francesa era imensa na época, e, em um país sem tradição própria de dramaturgia, foi nos autores franceses, muito admirados, que o maranhense teve de buscar seus modelos; a imitação de modelos é a grande escola para quem quer escrever para o teatro; os cursos de *playwriting* são fenômeno do século XX, e não substituem a intimidade com os textos que já passaram a prova do palco.

Em alguns momentos, quando Artur Azevedo procurou ser mais sério em suas comédias, como é o caso de *A joia*, a influência francesa é forte demais, e o resultado é que nem enredo e nem diálogo saem com o sabor brasileiro de seu melhor teatro; porém, tanto em *A almanjarra* quanto em *O genro de muitas sogras*, o domínio da forma da comédia é total, e as duas comédias soam perfeitamente brasileiras, justificando inteiramente a presença desta nesta seleção.

Dispensariam maiores comentários *A Capital Federal* e *O mambembe*, se apenas seu mérito teatral fosse aqui considerado; porém é preciso não esquecer a época em que elas foram escritas, e alguns aspectos de suas respectivas histórias. *A Capital Federal* foi escrita por encomenda do famoso ator Brandão e do autor Eduardo Garrido, que reconheceram existir, em uma pequena parte da revista *O tribofe*, a semente de uma ação independente. É possível, sem dúvida, reconhecer na pequena intriga agora desenvolvida marcas de antigas fábulas e contos franceses tratando do contraste entre a sofisticação e corrupção da vida na cidade e a ingenuidade e honestidade do camponês. O "caipira" d'*O tribofe* agora aparecia com a família inteira, mais uma empregadinha mulata e charmosa, todos prontos para os deslumbramentos, enganos e golpes da nova capital federal da recente República; a variedade de cenários e, em particular, o baile à fantasia, que culmina a trama, são prova de que o investimento nos espetáculos musicais não era pequeno.

O caso de *O mambembe* é muito interessante, pois não deixa de ser prova do quanto Artur Azevedo estava à frente de seu tempo em matéria de brasilidade: sua história do grupo de atores nômades – chamados "mambembes" – mostrava seus sucessos, mas também seus problemas quando viajavam pelo interior do Brasil; possivelmente por falar da vida fora da capital federal e registrar com carinho a vida do campo, o novo musical, ou nova "burleta", foi um grande sucesso crítico, mas, parece incrível, um fracasso de público; o público da época estava tão encantado com sua condição de "grande cidade" que não se sentia interessado pela vida no restante do país.

Foi só mais de cinquenta anos mais tarde que, como montagem inicial do grupo chamado Teatro dos 7, dirigido por Gianni Ratto e com Fernanda Montenegro, Ítalo Rossi e Sergio Britto como figuras de proa, *O mambembe* teve seu merecido triunfo, quando estreou no Teatro Municipal, e teve bem-sucedida carreira.

No caso específico do autor teatral Artur Azevedo, tem de ser incluída na lista de suas melhores obras, embora não uma peça teatral, sua incansável campanha em favor do desenvolvimento do teatro nacional e seu firme e permanente apoio ao autor brasileiro e ao aparecimento de novos talentos. Sua posição, nessa área, foi uma constante, e se fez sentir de vários modos. Um dos mais altos pontos dessa carreira de promotor do teatro brasileiro foi o trabalho realizado durante os festejos da comemoração dos cem anos da chegada da Família Real ao Brasil.

No âmbito das atividades que tiveram lugar na grande exposição erigida na Urca, estava o João Caetano, um belo teatro infelizmente temporário, que funcionou durante todo o tempo da feira, para o qual, com justiça, Artur Azevedo foi escolhido como responsável pela programação. Fiel a suas convicções, ele organizou, com sucesso, um repertório composto só por autores brasileiros, desde Martins Pena até aqueles que estavam escrevendo sua obra naquele mesmo momento, como por exemplo Julia Lopes de

13

Almeida e Coelho Neto. O teatro, infelizmente, foi realmente apenas temporário, e destruído quando terminaram os festejos.

Também foi grande a preocupação de Artur Azevedo com a falta de boas casas de espetáculo e bons palcos na cidade. Deve-se em grande parte a seu entusiasmo e a suas campanhas a construção do Teatro Municipal que, para falar a verdade, não era bem o que ele sonhava, já que é uma casa de ópera, e não de teatro de prosa; mesmo assim, era uma contribuição preciosa, e é uma pena que Artur Azevedo não tenha vivido para testemunhar sua inauguração, que se deu apenas no ano seguinte à sua morte.

Não se pode e nem deve julgar que, para ser bom, o teatro tenha de ser "sério"; a comédia é uma forma preciosa, que exige talento e domínio técnico tanto na composição quanto na execução, e não podemos esquecer nunca que o teatro é um documentário implacável da sociedade em que é produzido; se as melhores peças de Artur Azevedo apresentam temas e tramas de pouco peso, temos de ter a consciência de que não havia no Rio de Janeiro de então clima para grandes dramas ou reflexões. Nas intrigas, invejas e corrupções da época, Azevedo optou pelo riso como denúncia, do mesmo modo que fizeram todos os bons autores de comédia ao longo de toda a história do teatro; com elas nos divertimos e aprendemos mais a respeito do Brasil.

*Barbara Heliodora*

*PEÇAS*

# *A CAPITAL FEDERAL*

*Comédia-opereta de costumes brasileiros, em três atos e doze quadros*

Música de Nicolino Milano,
Assis Pacheco e Luís Moreira

Representada pela primeira vez no
Teatro Recreio Dramático,
Rio de Janeiro, no dia 9 de fevereiro de 1873

*A*
*Eduardo Garrido*
*Mestre e amigo*
*O. D. C.*
Artur Azevedo

# Personagens

LOLA
DONA FORTUNATA
BENVINDA
QUINOTA
JUQUINHA
MERCEDES
DOLORES
BLANCHETTE
UM LITERATO
UMA SENHORA
UMA HÓSPEDE *do Grande Hotel da Capital Federal*
EUSÉBIO
FIGUEIREDO
GOUVEIA
LOURENÇO
DUQUINHA
RODRIGUES
PINHEIRO

Um Proprietário
Um Frequentador do Belódromo
Outro Literato
O Gerente do Grande Hotel da Capital Federal
S'il-Vous Plaît, amador de bicicleta
Mota
Lemos
Um Convidado
Guedes
Um Inglês
Um Fazendeiro
O Chasseur

*Hóspedes e criados do Grande Hotel da Capital Federal, vítimas de uma agência de alugar casas, amadores de bicicleta, convidados, pessoas do povo, soldados etc.*

*Ação: no Rio de Janeiro, no fim do século passado.*

# ATO PRIMEIRO

## Quadro 1

(*Suntuoso vestíbulo do Grande Hotel da Capital Federal. Escadaria ao fundo. Ao levantar o pano, a cena está cheia de hóspedes de ambos os sexos, com malas nas mãos, e criados e criadas que vão e vêm. O gerente do hotel anda daqui para ali na sua faina.*)

### Cena I

*Um Gerente, um Inglês, uma Senhora,
um Fazendeiro e um Hóspede*

*Coro e Coplas*

Os HÓSPEDES — De esperar estamos fartos
Nós queremos descansar!
Sem demora aos nossos quartos
Faz favor de nos mandar!

Os CRIADOS — De esperar estamos fartos!
Precisamos descansar!
Um hotel com tantos quartos
O topete faz suar!

UM HÓSPEDE — Um banho quero!

| | |
|---|---|
| Um Inglês | – Aoh! *Mim quer come!* |
| Uma Senhora | – Um quarto espero! |
| Um Fazendeiro | – Eu estou com fome! |
| O Gerente | – Um poucochinho de paciência! Servidos, todos vão ser, enfim! Fiem-se em mim! |
| Coro | – Pois paciência, Uma vez que assim quer a gerência! |

*Coplas*

I

| | |
|---|---|
| O Gerente | – Este hotel está na berra! Coisa é muito natural! Jamais houve nesta terra Um hotel assim mais tal! Toda a gente, meus senhores, Toda a gente, ao vê-lo, diz: Que os não há superiores Na cidade de Paris! Que belo hotel excepcional O Grande Hotel da Capital Federal! |
| Coro | – Que belo hotel excepcional etc. |

II

| | |
|---|---|
| O Gerente | – Nesta casa não é raro Protestar algum freguês: |

|  | Acha bom, mas acha caro
Quando chega o fim do mês.
Por ser bom precisamente,
Se o freguês é do bom-tom
Vai dizendo a toda a gente
Que isto é caro mas é bom.
Que belo hotel excepcional
O Grande Hotel da Capital
Federal! |
|---|---|
| CORO | – Que belo hotel excepcional etc. |

O GERENTE (*Aos Criados.*) – Vamos! Vamos! Aviem-se! Tomem as malas e encaminhem estes senhores! Mexam-se!... Mexam-se!... (*Vozeria. Os Hóspedes pedem quarto, banhos etc. Os Criados respondem. Tomam as malas. Saem todos, uns pela escadaria, outros pela direita.*)

## Cena II

*O Gerente, depois, Figueiredo*

O GERENTE (*Só.*) – Não há mãos a medir! Pudera! Se nunca houve no Rio de Janeiro um hotel assim! Serviço elétrico de primeira ordem! Cozinha esplêndida, música de câmara durante as refeições da mesa-redonda! Um relógio pneumático em cada aposento! Banhos frios e quentes, duchas, sala de natação, ginástica e massagem! Grande salão com um *plafond* pintado pelos nossos primeiros artistas! Enfim, uma verdadeira novidade! Antes de nos estabelecermos aqui, era uma vergonha! Havia hotéis em São Paulo superiores aos melhores do Rio de Janeiro! Mas em boa hora foi organizada a

Companhia do Grande Hotel da Capital Federal, que dotou esta cidade com um melhoramento tão reclamado! E o caso é que a empresa está dando ótimos dividendos e as ações andam por empenhos! (*Figueiredo aparece no topo da escada e começa a descer.*) Ali vem o Figueiredo. Aquele é o verdadeiro tipo do carioca: nunca satisfeito. Aposto que vem fazer alguma reclamação.

## Cena III

*O Gerente, Figueiredo*

FIGUEIREDO – Ó seu Lopes, olhe que, se isto continuar assim, eu mudo-me!

O GERENTE (*À parte.*) – Que dizia eu?

FIGUEIREDO – Esta vida de hotel é intolerável! Eu tinha recomendado ao criado que me levasse o café ao quarto às sete horas, e hoje...

O GERENTE – O meliante lhe apareceu um pouco mais tarde.

FIGUEIREDO – Pelo contrário. Faltavam dez minutos para as sete... Você compreende que isto não tem lugar.

O GERENTE – Pois sim, mas...

FIGUEIREDO – Perdão; eu pedi o café para as sete e não para as seis e cinquenta!

O GERENTE – Hei de providenciar.

FIGUEIREDO – E que ideia foi aquela ontem de darem lagostas ao almoço?

O GERENTE – Homem, creio que lagosta...

FIGUEIREDO – É um bom petisco, não há dúvida, mas faz-me mal!

O GERENTE – Pois não coma!

FIGUEIREDO – Mas eu não posso ver lagostas sem comer!

O GERENTE – Não é justo por sua causa privar os demais hóspedes.

FIGUEIREDO – Felizmente até agora não sinto nada no estômago... É um milagre! E sexta-feira passada? Apresentaram-me ao jantar maionese.[1] Maionese! Quase atiro com o prato à cara do criado!

O GERENTE – Mas comeu!

FIGUEIREDO – Comi, que remédio! Eu posso lá ver maionese sem comer? Mas foi uma coisa extraordinária não ter tido uma indigestão!...

**Cena IV**

*Os mesmos, Lola*

LOLA (*Entrando arrebatadamente da esquerda.*) – Bom dia! (*Ao Gerente.*) Sabe me dizer se o Gouveia está?

O GERENTE – O Gouveia?

LOLA – Sim, o Gouveia, um cavalheiro que está aqui morando desde a semana passada.

O GERENTE (*Indiscretamente.*) – Ah! o jogador... (*Tapando a boca.*) Oh!... Desculpe!...

LOLA – O jogador, sim, pode dizer. Porventura o jogo é hoje um vício inconfessável?

---

1  1897 – *mayonnaise.*

O GERENTE – Creio que esse cavalheiro está no seu quarto; pelo menos ainda o não vi descer.

LOLA – Sim, o Gouveia é jogador, e essa é a única razão que me faz gostar dele.

O GERENTE – Ah! A senhora gosta dele?

LOLA – Se gosto dele? Gosto, sim, senhor! Gosto, e hei gostar, pelo menos enquanto der a primeira dúzia!

O GERENTE (*Sem entender.*) – Enquanto der...

LOLA – Ele só aponta nas dúzias – ora na primeira, ora na segunda, ora na terceira, conforme o palpite. Há perto de um mês que está apontando na primeira.

FIGUEIREDO (*À parte.*) – É um jogador das dúzias!

LOLA – Enquanto der a primeira, amá-lo-ei até o delírio!

FIGUEIREDO – A senhora é franca!

LOLA – *Fin de siécle*, meu caro senhor, *fin de siécle*.

*Valsa*

Eu tenho uma grande virtude:
Sou franca, não posso mentir!
Comigo somente se ilude
Quem mesmo se queira iludir!
Porque quando apanho um sujeito
Ingênuo, simplório, babão,
Necessariamente aproveito,
Fingindo por ele paixão!

Engolindo a pílula,
Logo esse imbecil

Põe-se a fazer dívidas
E loucuras mil!
Quando enfim, o mísero
Já nada mais é,
Eu sem dó aplico-lhe
Rijo pontapé!

Eu tenho uma linha traçada,
E juro que não me dou mal...
Desfruto uma vida folgada
E evito morrer no hospital.

Descuidosa,
Venturosa,
Com folias
Sem amar.
Passo os dias
A folgar!

Só conheço as alegrias,
Sem tristezas procurar!
Eu tenho uma grande virtude etc.

Mas vamos, faça o favor de indicar-me o quarto do Gouveia.

O GERENTE – Perdão, mas a senhora não pode lá ir.

LOLA – Por quê?

O GERENTE – Aqui não há disso...

FIGUEIREDO (*À parte.*) – Toma!

O GERENTE – Os nossos hóspedes solteiros não podem receber nos quartos senhoras que não estejam acompanhadas.

LOLA – *Caracoles*! Sou capaz de chamar o Lourenço para acompanhar-me.

O GERENTE – Quem é o Lourenço?

LOLA – O meu cocheiro. Ah! Mas que lembrança a minha! Ele não pode abandonar a caleça.

O GERENTE – O que a senhora deve fazer é esperar no salão. Um belo salão, vai ver, com um *plafond* pintado pelos nossos primeiros artistas!

LOLA – Onde é?

O GERENTE (*Apontando para a direita.*) – Ali.

LOLA – Pois esperá-lo-ei. Oh! Estes prejuízos! Isto só se vê no Rio de Janeiro!... (*Vai a sair e lança um olhar brejeiro a Figueiredo.*)

FIGUEIREDO – Deixe-se disso, menina! Eu não jogo na primeira dúzia! (*Lola sai pela direita.*)

## Cena V

*Figueiredo, o Gerente, depois o Chasseur*

O GERENTE – Oh! Senhor Figueiredo! Não se trata assim uma mulher bonita!...

FIGUEIREDO – Não ligo importância a esse povo.

O GERENTE – Sim, eu sei... é como a lagosta... Faz-lhe mal, talvez, mas atira-se-lhe que...

FIGUEIREDO – Está enganado. Essas estrangeiras não têm o menor encanto para mim.

O GERENTE – Não conheço ninguém mais pessimista que o senhor.

FIGUEIREDO – Fale-me de uma trigueira... bem carregada...

O GERENTE – Uma mulata?

FIGUEIREDO – Uma mulata, sim! Eu digo trigueira por ser menos rebarbativo. Isso é que é nosso, é o que vai com o nosso temperamento e o nosso sangue! E quanto mais dengosa for a mulata, melhor! Ioiô, eu posso? entrar de caixeiro, sair como sócio?... Você já esteve na Bahia, seu Lopes?

O GERENTE – Ainda não. Mas com licença: vou mandar chamar o tal Gouveia. (*Chamando.*) *Chasseur*! (*Entra da direita um menino fardado.*) Vá ao quarto nº 135 e diga ao hóspede que está uma senhora no salão à sua espera. (*O menino sai a correr pela escada.*)

FIGUEIREDO – *Chasseur*! Pois não havia uma palavra em português para...

O GERENTE – Não havia, não senhor. *Chasseur* não tem tradução.

FIGUEIREDO – Ora essa! *Chasseur* é...

O GERENTE – É caçador, mas *chasseur* de hotel não tem equivalente. O Grande Hotel da Capital Federal é o primeiro no Brasil que se dá ao luxo de ter um *chasseur*! Mas como ia dizendo... a Bahia?...

FIGUEIREDO – Foi lá que tomei predileção pelo gênero. Ah, meu amigo! É preciso conhecê-las! Aquilo é que são mulatas! No Rio de Janeiro não as há!

O GERENTE – Perdão, mas eu tenho visto algumas que...

FIGUEIREDO – Qual! Não me conte histórias. Nós não temos nada! Mulatas na Bahia!...

*Coplas*

I

As mulatas da Bahia
Têm decerto a primazia
No capítulo mulher;
O sultão lá na Turquia
Se as apanha um belo dia,
De outro gênero não quer!
Ai! gentes! Que bela,
Que linda não é
A fada amarela
De trunfa enroscada,
De manta traçada,
Mimosa chinela
Levando calçada
Na ponta do pé!...

II

As formosas georgianas,
As gentis circassianas
São as flores dos haréns;
Mas, Seu Lopes, tais sultanas,
Comparadas às baianas,
Não merecem dois vinténs!
Ai! gentes! Que bela etc.

Seu Lopes, você já viu a *Mimi Bilontra*?

O GERENTE – Isso vi, mas a *Mimi Bilontra* não é mulata.

FIGUEIREDO – Não, não é isso. Na *Mimi Bilontra* há um tipo que gosta de lançar mulheres. Você sabe o que é lançar mulheres?

LOPES – Sei, sei.

FIGUEIREDO – Pois eu também gosto de lançá-las! Mas só mulatas! Tenho lançado umas poucas!

LOPES – Deveras?

FIGUEIREDO – Todas as mulatas bonitas que têm aparecido por aí arrastando as sedas foram lançadas por mim. É a minha especialidade.

O GERENTE – Dou-lhe os meus parabéns.

FIGUEIREDO – Que quer? Sou solteiro, aposentado, independente: não tenho que dar satisfações a ninguém. (*Outro tom.*) Bom: vou dar uma volta antes do jantar. Não se esqueça de providenciar para que o criado não continue a levar-me o café às seis e cinquenta!

O GERENTE – Vá descansado. A reclamação é muito justa.

FIGUEIREDO – Até logo. (*Sai.*)

O GERENTE (*Só.*) – Gabo-lhe o gosto de lançar mulatas! Imaginem se um tipo assim tem capacidade para apreciar o Grande Hotel da Capital Federal!

## Cena VI

*O Gerente, Lola, depois Gouveia, depois O Gerente*

LOLA (*Entrando.*) – Então? Estou esperando há uma hora!...

O GERENTE – Admirou o nosso *plafond*?

LOLA – Não admirei nada! O que eu quero é falar ao Gouveia!

O GERENTE – Já o mandei chamar. (*Vendo o Gouveia, que desce a escada.*) E ele aí vem descendo a escada. (*À parte.*) Pois a esta não se me dava de lançá-la. (*Sai.*)

GOUVEIA (*Que tem descido.*) – Que vieste fazer? Não te disse que não me procurasses aqui? Este hotel...

LOLA – Bem sei: não admite senhoras que não estejam acompanhadas; mas tu não me apareceste ontem nem anteontem, e quando tu não me apareces, dir-se-ia que eu enlouqueço! Como te amo, Gouveia! (*Abraça-o.*)

GOUVEIA – Pois sim, mas não dês escândalo! Olha o *Chasseur*. (*O Chasseur tem efetivamente descido a escada, desaparecendo por qualquer um dos lados.*)

LOLA – Então? A primeira dúzia?

GOUVEIA – Tem continuado a dar que faz gosto! 5... 11... 9... 5... Ontem saiu o 5 três vezes seguidas!

LOLA – Continuas então em maré de felicidade?

GOUVEIA – Uma felicidade brutal!... Tanto assim, que tinha já preparado este envelope[2] para ti...

LOLA – Oh! dá cá! dá cá!...

GOUVEIA – Pois sim, mas com uma condição: vai para casa, não estejas aqui.

LOLA (*Tomando o envelope.*) – Oh! Gouveia, como eu te amo! Vais hoje jantar comigo, sim?

GOUVEIA – Vou, contanto que saia cedo. É preciso aproveitar a sorte! Tenho certeza de que a primeira dúzia continuará hoje a dar!

LOLA (*Com entusiasmo.*) – Oh! Meu amor!... (*Quer abraçá-lo.*)

GOUVEIA – Não! Não!... Olha o gerente!...

LOLA – Adeus! (*Sai muito satisfeita.*)

---

[2] 1897 – *enveloppe*.

O GERENTE (*Que tem entrado, à parte.*) – Vai contente! Aquilo é que deu a tal primeira dúzia! (*Inclinando-se diante de Gouveia.*) Doutor...

GOUVEIA – Quando aqui vier esta senhora, o melhor é dizer-lhe que não estou. É uma boa rapariga, mas muito inconveniente.

O GERENTE – Vou transmitir essa ordem ao porteiro, porque eu posso não estar na ocasião. (*Sai.*)

### Cena VII

*Gouveia, só*

GOUVEIA (*Só.*) – É adorável esta espanhola, isso é... não choro uma boa dúzia de contos de réis gastos com ela, e que, aliás, não me custaram a ganhar... mas tem um defeito: é muito *colante*... Estas ligações são o diabo... Mas como acabar com isto? Ah! Se a Quinota soubesse! Pobre Quinota! Deve estar queixosa de mim... Oh! Os tempos mudaram... Quando estive em Minas, era um simples caixeiro de cobranças... É verdade que hoje nada sou, porque um jogador não é coisa nenhuma... mas ganho dinheiro, sou feliz, muito feliz! A Quinota, no final das contas, é uma roceira... mas tão bonita! E daí, quem sabe? talvez já se tivesse esquecido de mim.

### Cena VIII

*Gouveia, Pinheiro, depois o Gerente*

PINHEIRO (*Entrando.*) – Oh! Gouveia!

GOUVEIA – Oh! Pinheiro! Que andas fazendo?

PINHEIRO – Venho a mandado do patrão falar com um sujeito que mora neste hotel... Mas que luxo! Como estás abrilhantado! Vejo que as coisas têm te corrido às mil maravilhas.

GOUVEIA (*Muito seco.*) – Sim... deixei de ser caixeiro... Embirrava com isso de ir a qualquer parte a mandado de patrão... Atirei-me a umas tantas especulações... Tenho arranjado para aí uns cobres...

PINHEIRO – Vê-se... Estás outro, completamente outro!

GOUVEIA – Devo lembrar-te que nunca me viste sujo.

PINHEIRO – Sujo não digo... mas vamos lá, já te conheci pau-de--laranjeira! Por sinal que...

GOUVEIA – Por sinal que uma vez me emprestaste dez mil réis. Fazes bem em lembrar-me essa dívida.

PINHEIRO – Eu não te lembrei coisa nenhuma.

GOUVEIA – Aqui tens vinte mil réis. Dou-te dez de juros.

PINHEIRO – Vejo que tens a esmola fácil, mas – que diabo! guarda o teu dinheiro e não o dês a quem to não pede. Fico apenas com os dez mil réis que te emprestei com muita vontade e sem juros. Quando precisares deles, vem buscá-los. Cá ficam.

GOUVEIA – Oh! Não hei de precisar, graças a Deus!

PINHEIRO – Homem, quem sabe? O mundo dá tantas voltas!

GOUVEIA – Adeus, Pinheiro. (*Sai pela esquerda.*)

PINHEIRO – Adeus, Gouveia. (*Só.*) Umas tantas especulações... Bem sei quais são elas... Pois olha, meu figurão, não te desejo nenhum mal, mas conto que ainda hás de vir buscar estes dez mil réis, que ficam de prontidão.

O GERENTE (*Entrando.*) – Deseja alguma coisa?

PINHEIRO – Sim, senhor, falar a um hóspede... Eu sei onde é, não se incomode. (*Sobe a escada e desaparece.*)

O GERENTE (*Só.*) – E lá vai sem dar mais cavaco! A esta gente há de custar-lhe habituar-se a um hotel de primeira ordem como é o Grande Hotel da Capital Federal!

## Cena IX

*O Gerente, Eusébio, Fortunata, Quinota, Benvinda, Juquinha, dois carregadores da Estrada de Ferro com malas, depois o* Chasseur, *criados e criadas*

(*A família traz maletas, trouxas, embrulhos etc.*)

O GERENTE – Olá! Temos hóspedes! (*Chamando.*) *Chasseur!* Vá chamar gente! (*O* Chasseur *aparece e desaparece, e pouco depois volta com alguns criados e criadas.*)

EUSÉBIO (*Entrando à frente da família, fechando uma enorme carteira.*) – Ave Maria! Trinta mil réis pra nos *trazê* da estação da estrada de ferro aqui. Esta gente pensa que dinheiro se cava! (*Aperta a mão ao Gerente. O resto da família imita-o, apertando também a mão ao* Chasseur *e à criadagem.*) Deus Nosso *Sinhô esteje* nesta casa!... (*Vai pagar aos carregadores, que saem.*)

FORTUNATA – É um casão!

JUQUINHA – Eu *tou* com fome! Quero *jantá*!

BENVINDA – Espera, *nhô* Juquinha!

FORTUNATA – Menino, não começa a *reiná*!

O GERENTE – Desejam quartos?

EUSÉBIO – Sim, *sinhô*!... Mas antes disso deixe *dizê* quem sou.

O GERENTE – Não é preciso. O seu nome será escrito no registro dos hóspedes.

EUSÉBIO – Pois, sim, *sinhô*, mas ouça...

*Coplas-lundu*

I

EUSÉBIO
– *Sinhô*, eu sou fazendeiro
Em São João do Sabará,
E venho ao Rio de Janeiro
De coisas graves *tratá*.
Ora aqui está!
*Tarvez* leve um ano inteiro
Na *Capitá Federá!*

CORO
– Ora aqui está! etc.

II

EUSÉBIO
– Apareceu um janota
Em São João do Sabará;
Pediu a mão de Quinota
E vei' se embora pra cá.
Ora aqui está!
Hei de *achá* esse janota
Na *Capitá Federá!*

CORO
– Ora aqui está! etc.

EUSÉBIO – Esta é minha *muié*, dona Fortunata.
FORTUNATA – Uma sua serva. (*Faz uma mesura.*)
O GERENTE – Folgo de conhecê-la, minha senhora. E esta moça? É sua filha?...

EUSÉBIO – Nossa.

FORTUNATA – Nome dela é Quinota... *Joquina*... mas a gente chama *ela* de Quinota.

QUINOTA – Cala a boca, mamãe. O senhor não perguntou nada.

EUSÉBIO – É muito *estruída*. Teve três *professô*... Este é meu filho... (*Procurando Juquinha.*) Onde está ele? Juquinha! (*Vai buscar pela mão o filho, que traquinava ao fundo.*) *Tá* aqui ele. Tem cabeça, *qué vê*? Diz um verso, Juquinha!

JUQUINHA – Ora, papai!

FORTUNATA – Diz um verso, menino! Não ouve teu pai *tá* mandando?

JUQUINHA – Ora, mamãe!

QUINOTA – Diz o verso, Juquinha! Você parece tolo!...

JUQUINHA – Não digo!

BENVINDA – *Nhô* Juquinha, diga aquele de *lá vem a lua saindo*!

JUQUINHA – Eu não sei verso!

FORTUNATA – Diz o verso, diabo! (*Dá-lhe um beliscão. Juquinha faz grande berreiro.*)

EUSÉBIO (*Tomando o filho e acariciando-o.*) – *Tá* bom! não chora! não chora! (*Ao Gerente.*) *Tá* muito cheio de vontade... Ah! mas eu hei de endireitar *ele*!

O GERENTE – Não será melhor subirem para os seus quartos?

EUSÉBIO – Sim, *sinhô*. (*Examinando em volta de si.*) O hotelzinho parece bem *bão*.

O GERENTE – O hotelzinho? Um hotel que seria de primeira ordem em qualquer parte do mundo! O Grande Hotel da Capital Federal!

FORTUNATA – E diz que é só de família.

O GERENTE – Ah! Por esse lado podem ficar tranquilos.

## Cena X

*Os mesmos, Figueiredo*

(*Figueiredo volta; examina os circunstantes e mostra-se impressionado por Benvinda, que repara nele.*)

O GERENTE (*Aos Criados.*) – Acompanham estas senhoras e estes senhores... para escolherem os seus quartos à vontade. (*Vai saindo e passa por perto de Figueiredo.*)

FIGUEIREDO (*Baixinho.*) – Que boa mulata, seu Lopes! (*O Gerente sai.*)

OS CRIADOS E CRIADAS (*Tomando as malas e embrulhos.*) – Façam favor!... Venham!... Subam!...

EUSÉBIO (*Perto da escada.*) – Suba, dona Fortunata! Sobe, Quinota! Sobe, Juquinha! (*Todos sabem.*) Vamo! (*Sobe também.*) Sobe, Benvinda! (*Quando Benvinda vai subindo, Figueiredo dá-lhe um pequeno beliscão no braço.*)

FIGUEIREDO – Adeus, gostosura!

BENVINDA – Ah! Seu assanhado! (*Sobe.*)

O GERENTE (*Que entrou e viu.*) – Então, que é isso, senhor Figueiredo? Olhe que está no Grande Hotel da Capital Federal!

FIGUEIREDO – Ah! Seu Lopes, aquela hei de eu lançá-la! (*Sobe a escada.*)

O GERENTE (*Só.*) – Queira Deus não vá arranjar uma carga de pau do fazendeiro! (*Sai. Mutação.*)

## Quadro 2

(*Corredor. Na parede uma mão pintada, apontando para este letreiro: "Agência de alugar casas. Preço de cada indicação 5$000 Rs.", pagos adiantados". Ao fundo um banco, encostado à parede.*)

### Cena I

*Vítimas, entrando furiosas da esquerda, depois, Mota, Figueiredo*

CORO — Que ladroeira!
Que maroteira!
Que bandalheira!
Pasmado estou!
Viu toda a gente
Que o tal agente
Cinicamente
Nos enganou!

MOTA (*Entrando da esquerda também muito zangado.*) — Cinco mil réis deitados fora!... Cinco mil réis roubados!... Mas deixem estar que... (*Vai saindo e encontra-se com Figueiredo, que entra da direita.*)

FIGUEIREDO — Que é isto, seu Mota? Vai furioso!

MOTA — Se lhe parece que não tenho razão! Esta agência indica onde há casas vazias por cinco mil réis.

FIGUEIREDO — Casas por cinco mil réis? Barata feira!

MOTA — Perdão; indica por cinco mil réis...

FIGUEIREDO (*Sorrindo.*) – Bem sei, e é isso justamente o que aqui me traz. Resolvi deixar o Grande Hotel da Capital Federal e montar casa. Esgotei todos os meios para obter com que naquele suntuoso estabelecimento me levassem o café ao quarto às sete horas em ponto. Como não estou para me zangar todas as manhãs, mudo-me. O diabo é que não acho casa que me sirva. Dizem-me que nesta agência...

MOTA – Volte, seu Figueiredo, volte, se não quer que lhe aconteça o mesmo que me sucedeu e tem sucedido a muita gente! Indicaram-me uma casa no Morro do Pinto, com todas as acomodações que eu desejava... Você sabe o que é subir ao Morro do Pinto?

FIGUEIREDO – Sei, já lá subi uma noite por causa de uma trigueira.

MOTA – Pois eu subi ao Morro do Pinto e encontrei a casa ocupada.

FIGUEIREDO – Foi justamente o que me aconteceu com a trigueira.

MOTA – Volto aqui, faço ver que a indicação de nada me serviu e peço que me restituam os meus ricos cinco mil réis. Respondem-me que a agência nada me restitui, porque não tem culpa de que a casa se tivesse alugado.

FIGUEIREDO – E não lhe deram outra indicação?

MOTA – Deram. Cá está. (*Tira um papel.*)

FIGUEIREDO (*À parte.*) – Vou aproveitá-la!

MOTA – Mas provavelmente vale tanto como a outra!

FIGUEIREDO (*Depois de ler.*) – Oh!

MOTA – Que é?

FIGUEIREDO – Esta agora não é má! Rua dos Arcos, nº 100. Indicaram a casa da Minervina!

MOTA – Que Minervina?

FIGUEIREDO – Uma trigueira.

MOTA – A do Morro do Pinto?

FIGUEIREDO – Não. Outra. Outra, que eu lancei há quatro anos. Mudou-se para a Rua dos Arcos não há oito dias.

MOTA – Então? Quando lhe digo!

FIGUEIREDO – Oh! As trigueiras têm sido o meu tormento!

MOTA – As trigueiras são...

FIGUEIREDO – As mulatas. Eu digo trigueiras por ser menos rebarbativo... Ainda agora está lá no hotel uma família de Minas que trouxe consigo uma mucama... Ah, seu Mota...

MOTA – Pois atire-se!

FIGUEIREDO – Não tenho feito outra coisa, mas não me tem sido possível encontrá-la a jeito. Só hoje consegui meter-lhe uma cartinha na mão, pedindo-lhe que vá ter comigo ao Largo da Carioca. Quero lançá-la!

MOTA – Mas vamos embora! Estamos numa caverna!

FIGUEIREDO – E é tudo assim no Rio de Janeiro... Não temos nada, nada, nada, nada... Vamos...

## Cena II

*Os mesmos, uma Senhora, depois um Proprietário*

A SENHORA (*Vindo da esquerda.*) – Um desaforo! Uma pouca vergonha!

MOTA – Foi também vítima, minha senhora?

A SENHORA – Roubaram-me cinco mil réis!

FIGUEIREDO – Também – justiça se lhes faça – eles nunca roubam mais do que isso!

A SENHORA – Indicaram-me uma casa... Vou lá, e encontro um tipo que me pergunta se quero um quarto mobiliado! Vou queixar-me...

MOTA – Ao bispo, minha senhora! Queixemo-nos todos ao bispo!... (*O Proprietário entra e vai atravessando a cena da direita para a esquerda, cumprimentando as pessoas presentes.*)

FIGUEREIDO (*Embargando-lhe a passagem.*) – Não vá lá, não vá lá, meu caro senhor! Olhe que lhe roubam cinco mil réis.

O PROPRIETÁRIO – Nada! Eu não pretendo casa. O que eu quero é alugar a minha.

OS TRÊS – Ah! (*Cercam-no.*)

A SENHORA – Talvez não seja preciso ir à agência. Eu procuro uma casa.

MOTA – E eu.

FIGUEIREDO – E eu também.

A SENHORA – A sua onde é?

O PROPRIETÁRIO – Ora essa! Por que é que a agência há de cobrar e eu não?

MOTA – A agência paga impostos e é, apesar dos pesares, um estabelecimento legalmente autorizado.

O PROPRIETÁRIO – Bem; como eu não sou um estabelecimento legalmente autorizado, dou a indicação por três mil réis.

MOTA – Guarde-a!

FIGUEIREDO – Dispenso-a!

A Senhora – Aqui tem os três mil réis. A necessidade é tão grande, que me submeto a todas as patifarias!

O Proprietário (*Calmo.*) – Patifaria é forte, mas como a *senhora* paga... (*Guarda o dinheiro.*)

A Senhora – Vamos!

O Proprietário – A minha casa é na Praia Formosa.

Mota e Figueredo – Que horror!

O Proprietário – Um sobrado com três janelas de peitoril. Os baixos estão ocupados por um açougue.

Mota e Figueiredo – Xi!

A Senhora – Deve haver muito mosquito!

O Proprietário – Mosquitos há em toda a parte. Sala, três quartos, sala de jantar, despensa, cozinha, latrina na cozinha, água, gás, quintal, tanque de lavar e galinheiro.

A Senhora – Não tem banheiro?

O Proprietário – Terá, se o inquilino o fizer. A casa foi pintada e forrada há dez anos; está muito suja. Aluguel, duzentos e cinquenta mil réis por mês. Carta de fiança passada por negociante matriculado, trezentos mil réis de posse e contrato por três anos. O imposto predial e de pena d'água é pago pelo inquilino.

A Senhora – Com os três mil réis que me surripiou compre uma corda e enforque-se! (*Sai.*)

Figueiredo (*Enquanto ela passa.*) – Muito bem respondido, minha senhora!

Mota – Com efeito!

O Proprietário – Mas os senhores...

Figueiredo (*Tirando um apito do bolso.*) – Se diz mais uma palavra, apito para chamar a polícia!

O Proprietário – Ora, vá se catar! (*Vai saindo.*)

Figueiredo – Que é? Que é?... (*Segue-o.*)

O Proprietário – Largue-me!

Figueiredo – Este tipo merecia uma lição! (*Empurrando-o.*) Vamos embora! Deixá-lo!

Mota – Vamos!

O Proprietário (*Voltando e avançando para eles.*) – Mas eu...

Os Dois – Hein? (*Atiram-se ao Proprietário, que foge, desaparecendo pela esquerda. Mota e Figueiredo encolhem os ombros e saem pela direita, encontrando-se à porta com Eusébio, que entra. O Proprietário volta e, enganado, dá com o guarda-chuva em Eusébio, e foge. Eusébio tira o casaco para persegui-lo.*)

## Cena III

*Eusébio, só; depois, Fortunata, Quinota, Juca, Benvinda*

Eusébio – Tratante! Se eu te agarro, tu *havia* de *vê* o que é *purso* de mineiro! Que terra esta, minha Nossa Senhora, que terra esta em que um *home* apanha sem *sabê* por quê? Mas onde ficou esta gente? Aquela dona Fortunata não presta pra subir escada! (*Indo à porta da direita.*) Entra! É aqui! (*Entra a família.*)

FORTUNATA – (*Entrando apoiada no braço de Quinota.*) – Deixe-me *arrespirá* um bocadinho! *Virge* Maria! Quanta escada!

EUSÉBIO – E ainda é no outro *andá*! Olhe! (*Aponta para o letreiro.*)

JUCA (*Vendo Eusébio a vestir o casaco.*) – Mamãe, papai se despiu!

AS TRÊS – É verdade!

EUSÉBIO – Tirei o casaco pra *brigá*! Não foi nada.

FORTUNATA – Não posso mais co'esta história de casa!

QUINOTA – É um inferno!

BENVINDA – Uma desgraça!

EUSÉBIO – Paciência. Nós não *podemo ficá* naquele *boté*... Aquilo é luxo demais e custa os *óio* da cara! Como *temo* que *ficá argum* tempo na *Capitá Federá*, o *mió* é *precurá* uma casa. A gente compra uns *traste* e alguma louça... Benvinda vai pra cozinha...

BENVINDA (*À parte.*) – Pois sim!

EUSÉBIO – E Quinota trata dos *arranjo* da casa.

QUINOTA – Mas a coisa é que não se arranja casa.

EUSÉBIO – Desta vez tenho esperança de *arranjá*. Diz que essa agência é muito séria. *Vamo*!

FORTUNATA – Eu não subo mais escada! Espero aqui no *corredô*.

EUSÉBIO – Tudo fica! Eu vou e *vorto*. (*Vai saindo.*)

JUCA (*Chorando e batendo o pé.*) – Eu quero *i* com papai! eu quero *i* com papai!

FORTUNATA – Pois vai, diabo!...

EUSÉBIO – Vem! vem! não chora! Dá cá a mão! (*Sai com o filho pela esquerda.*)

## Cena IV

*Fortunata, Quinota e Benvinda*

QUINOTA – Mamãe, por que não se senta naquele banco?

FORTUNATA – Ah! é verdade! não tinha *arreparado*. Estou moída. (*Senta-se e fecha os olhos.*)

BENVINDA – *Sinhá* vai *dromi*.

QUINOTA – Deixa.

BENVINDA (*Em tom confidencial.*) – Ó *nhanhã*?

QUINOTA – Que é?

BENVINDA – *Nhanhã arreparou* naquele *home* que ia descendo pra baixo quando a gente vinha subindo pra cima?

QUINOTA – Não. Que homem?

BENVINDA – Aquele que mora lá no *hoté* em que a gente mora...

QUINOTA – Olha mamãe! (*Dona Fortunata ressona.*)

BENVINDA – Já está *dromindo*. *Nhanhã arreparou*?

QUINOTA – Reparei, sim.

BENVINDA – Sabe o que ele fez hoje de *menhã*? Me meteu esta carta na mão!

QUINOTA – Uma carta? E tu ficaste com ela? Ah! Benvinda! (*Pausa.*) É para mim?

BENVINDA – Pra quem *havera* de *sê*?

QUINOTA – Não está sobrescritada.

BENVINDA (*À parte, enquanto Quinota se certifica de que Fortunata dorme.*) – Bem sei que a carta é minha... O que eu quero é que ela leia pra eu *ouvi*.

QUINOTA – Dá cá. (*Toma a carta e vai abri-la, mas arrepende-se.*)
Que asneira ia eu fazendo!

      *Duetino*

QUINOTA  – Eu gosto do Seu Gouveia:
     Com ele quero casar;
     O meu coração anseia
     Pertinho dele pulsar;
      Portanto a epístola
      Não posso abrir!
      Sérios escrúpulos
      Devo sentir!

BENVINDA – Está longe Seu Gouveia;
     Aqui agora não vem...
     Abra a carta, a carta leia...
     Não digo nada a ninguém!

QUINOTA  – Não! não! a epístola
     Não posso abrir!
     Sérios escrúpulos
     Devo sentir!
     Entretanto, é verdade
    Que tenho tal ou qual curiosidade.
     Mamãe – eu tremo!

BENVINDA  – Sim, e ela *memo*
     Respondeu já.
     (*Fortunata tem ressonado.*)

QUINOTA    – É feio,
    Mas que importa? Abro e leio!
    (*Abre a carta.*)

## Juntas

| QUINOTA | BENVINDA |
|---|---|
| – Eu sou curiosa! | – É bem curiosa! |
| Não sei me conter! | Não há que *dizê*! |
| A carta amorosa | A carta amorosa |
| Depressa vou ler! | Depressa vai *lê*!... |

AMBAS – Uê!...

QUINOTA (*Lendo a carta.*) – "Minha bela mulata."

AMBAS – Uê!

QUINOTA (*Lendo.*) – "Minha bela mulata. Desde que estás morando neste hotel, tenho debalde procurado falar-te. Tu não passas de uma simples mucama..." (*Dá a carta a Benvinda.*) A carta é para ti. (*À parte.*) Fui bem castigada.

BENVINDA – Leia pra eu *ouvi, nhanhã*.

QUINOTA (*Lendo.*) – "Se queres ter uma posição independente e uma casa tua..."

BENVINDA – Gentes!

QUINOTA – "... deixa o hotel, e vai ter comigo terça-feira, às quatro horas da tarde, no Largo da Carioca, ao pé da charutaria do Machado."

BENVINDA (*À parte.*) – Terça-feira... quatro *hora*...

QUINOTA – "Nada te faltará. Eu chamo-me Figueiredo."

BENVINDA – Rasga essa carta, *nhanhã*! Veja só que sem-vergonhice de *home*!

QUINOTA (*Rasgando a carta.*) – Se papai soubesse...

BENVINDA (*À parte.*) – Figueiredo...

## Cena V

*As mesmas, Eusébio, Juquinha*

EUSÉBIO – Já tenho uma indicação!

DONA FORTUNATA (*Despertando.*) – Ah! quase pego no sono! (*Erguendo-se.*) Já *temo* casa.

EUSÉBIO – Parece. O dono dela é o *home* com quem eu briguei indagorinha. Tinha me tomado por outro. *Vamo* à Praia *Fermosa* pra *vê* se a casa serve.

DONA FORTUNATA – Ora graça!

BENVINDA (*À parte.*) – Perto da charutaria.

EUSÉBIO (*Que ouviu.*) – Não sei se é perto da charutaria, mas diz que o *logá* é *aprazive*; a casa *munto boa*... Fica *pro cima* de um açougue, o que *qué dizê* que nunca *fartará* carne! *Vamo*!

QUINOTA – É muito longe?

EUSÉBIO – É; mas a gente vai no bonde...

BENVINDA (*À parte.*) – Largo da Carioca...

EUSÉBIO (*Que ouviu.*) – Que Largo da Carioca! É os *bondinho* da Rua Direita! *Vamo*!

JUQUINHA – Eu quero *i* com Benvinda!

FORTUNATA – Vai, vai com Benvinda! É *perciso munta* paciência para *aturá* este demônio deste menino! (*Saem todos.*)

BENVINDA (*Saindo por último, com Juquinha pela mão.*) – Terça-feira... quatro *hora*... Figueiredo...

## Cena VI

*O Proprietário, só*

O PROPRIETÁRIO (*Vindo da esquerda.*) – Queira Deus que o mineiro fique com a casa... mas não lhe dou dois meses para apanhar uma febre palustre! (*Sai pela direita. Mutação.*)

### Quadro 3

(*O Largo da Carioca. Muitas pessoas estão à espera de bonde. Outras passeiam.*)

## Cena I

*Figueiredo, Rodrigues, pessoas do povo*

CORO – À espera do bonde elétrico
Estamos há meia hora!
Tão desusada demora
Não sabemos explicar!
Talvez haja algum obstáculo,
Algum descarrilamento,
Que assim possa o impedimento
Da linha determinar!

(*Figueiredo e Rodrigues vêm ao proscênio. Rodrigues está carregado de pequenos embrulhos.*)

RODRIGUES – Que estopada, hein?

FIGUEIREDO – É tudo assim no Rio de Janeiro! Este serviço de bondes é terrivelmente malfeito! Não temos nada, nada, absolutamente nada!

RODRIGUES – Que diabo! Não sejamos tão exigentes! Esta companhia não serve mal. Não é por culpa dela esse atraso. Ali na estação me disseram. Na Rua do Passeio está uma fila de bondes parados diante de um enorme caminhão, que levava uma máquina descomunal não sei para onde, e quebrou as rodas. É ter um pouco de paciência.

FIGUEIREDO – Eu felizmente não estou à espera de bonde, mas de coisa melhor. (*Consultando o relógio.*) Estamos na hora.

RODRIGUES – Ah! seu maganão... alguma mulher... Você nunca há de tomar juízo!

FIGUEIREDO – Uma trigueira... uma deliciosa trigueira!

RODRIGUES – Continua então a ser um grande apreciador de mulatas?

FIGUEIREDO – Continuo, mas eu digo trigueiras por ser menos rebarbativo.

RODRIGUES – Pois eu cá sou o homem da família, porque entendo que a família é a pedra angular de uma sociedade bem organizada.

FIGUEIREDO – Bonito!

RODRIGUES – Reprovo incondicionalmente esses amores escandalosos, que ofendem a moral e os bons costumes.

FIGUEIREDO – Ora não amola! Eu sou solteiro... não tenho que dar satisfações a ninguém.

RODRIGUES – Pois eu sou casado, e todos os dias agradeço a Deus a santa esposa e os adoráveis filhinhos que me deu! Vivo exclusivamente para a família. Veja como vou para casa cheio de embrulhos! E é isto todos os dias! Vão aqui empadinhas, doces, queijo, chocolate Andaluza, sorvetes de viagem, o diabo!... Tudo gulodices! ...

FIGUEIREDO (*Que, preocupado, não lhe tem prestado grande atenção.*) – Não imagina você como estou impaciente! É curioso! Não varia aos quarenta anos esta sensação esquisita de esperar uma mulher pela primeira vez! Note-se que não tenho certeza de que ela venha, mas sinto uns formigueiros subirem-me pelas pernas! (*Vendo Benvinda.*) Oh! diabo! não me engano! Afaste-se, afaste-se, que lá vem ela!...

RODRIGUES – Seja feliz. Para mim não há nada como a família. (*Afasta-se e fica observando de longe.*)

## Cena II

*Os mesmos, Benvinda*

BENVINDA (*Aproximando-se com uma pequena trouxa na mão.*) – Aqui estou.

FIGUEIREDO (*Disfarçando o olhar para o céu.*) – Disfarça, meu bem. (*Pausa.*) Estás pronta a acompanhar-me?

BENVINDA (*Disfarçando e olhando também para o céu.*) – Sim, *sinhô*, mas eu quero *sabê* se é verdade o que o *sinhô* disse na sua carta...

FIGUEIREDO (*Disfarçando por ver um conhecido que passa e o cumprimenta.*) – Como passam todos lá por casa? As senhoras estão boas?

BENVINDA (*Compreendendo.*) – Boas, muito obrigado... *Sinhá* Miloca é que tem andado com enxaqueca.

FIGUEIREDO (*À parte.*) – Fala mal, mas é inteligente.

BENVINDA – O *sinhô* me dá *memo* casa para mim *morá*?

FIGUEIREDO – Uma casa muito chique, muito bem mobiliada, e uns vestidos muito bonitos. (*Passa outro conhecido. O mesmo jogo de cena.*) Mas por que esta demora com a minha roupa lavada?

BENVINDA – É porque choveu *munto...* não se pôde *corá...* (*Outro tom.*) Não me *fartará* nada?

FIGUEIREDO – Nada! Não te faltará nada! Mas aqui não podemos ficar. Passa muita gente conhecida, e eu não quero que me vejam contigo enquanto não tiveres outra encadernação. Acompanha-me e toma o mesmo bonde que eu. (*Vai se afastando pela direita e Benvinda também.*) Espera um pouco, para não darmos na vista. (*Passa um conhecido.*) Adeus, hein? Lembranças à Baronesa...

BENVINDA – Sim, *sinhô*, farei presente. (*Figueiredo afasta-se, disfarçando, e desaparece pela direita. Durante a fala que se segue, Rodrigues a pouco e pouco se aproxima de Benvinda.*) Ora! Isto sempre deve *sê mió* que aquela vida enjoada lá da roça! Ah! seu *Borge!* seu *Borge!* Você abusou porque era *feitô* lá da fazenda; fez o que fez e me prometeu casamento... Mas casará ou não? *Sinhá* e *nhanhã ondem ficá danada...* Pois que *fique!...* Quero a minha liberdade! (*Vai afastar-se na direção que tomou Figueiredo e é abordada pelo Rodrigues, que não a tem perdido de vista um momento.*)

RODRIGUES – Adeus, mulata!

BENVINDA – Viva!

RODRIGUES (*Disfarçando.*) – Dá-me uma palavrinha?

BENVINDA – Agora não posso.

RODRIGUES – Olhe, aqui tem o meu cartão... Se precisar de um homem sério... de um homem que é todo família...

BENVINDA (*Tomando disfarçadamente o cartão.*) – Pois sim. (*Saindo, à parte.*) O que não *farta* é *home*... Assim queira uma *muié*... (*Sai.*)

RODRIGUES (*Consigo.*) – Sim... lá de vez em quando... para variar... não quero dizer que... (*Outro tom.*) E o maldito bonde que não chega! (*Afasta-se pela direita e desaparece.*)

## Cena III

*Lola, Mercedes, Blanchette, Dolores, Gouveia,*
*pessoas do povo*

(*As quatro mulheres entram da esquerda, trazendo Gouveia quase à força.*)

Quinteto

AS MULHERES
— Ande pra frente,
Faça favor!
Está filado,
Caro senhor!
Queira ou não queira,
Daqui não sai!
Janta conosco!
Conosco vai!

LOLA
— Há tantos dias
Tu não me vias,
E agora qu'rias
Deixar-me só!
A tua Lola,
Meu bem, consola!
Dá-me uma esmola!
De mim tem dó!

| | |
|---|---|
| As Outras | – Há tantos dias<br>Tu não a vias,<br>E agora qu'rias<br>Deixá-la só!<br>A tua Lola,<br>Meu bem, consola!<br>Dá-lhe uma esmola!<br>Tem dó, tem dó! |
| Gouveia | – Não me aborreçam!<br>Não me enfureçam!<br>Desapareçam!<br>Quero estar só!<br>Isto me amola!<br>Perco esta bola!<br>Querida Lola,<br>De mim tem dó! |
| Lola | – Ingrato – já não me queres!<br>Tu já não gostas de mim! |
| Gouveia | – São terríveis as mulheres!<br>Gosto de ti, gosto, sim!<br>Mas não serve este lugar<br>Pra tais assuntos tratar! |
| Lola | – Então daqui saiamos!<br>Vamos! |
| Todas | – Vamos! |
| | Há tantos dias etc. |

Lola – Vamos a saber: por que não tens aparecido?

Gouveia – Tu bem sabes por quê.

Lola – A primeira dúzia falhou?

GOUVEIA – Oh! não! Ainda não falhou, graças a Deus, e por isso mesmo é que não a tenho abandonado noite e dia! Não vês como estou pálido? Como tenho as faces desbotadas e os olhos encovados? É porque já não durmo, é porque já me não alimento, é porque não penso noutra coisa que não seja a roleta!

LOLA – Mas é preciso que descanses, que te distraias, que espaireças o espírito. Por isso mesmo exijo que venhas jantar hoje comigo, quero dizer, conosco, porque, como vês, terei à mesa estas amigas, que tu conheces: a Dolores, a Mercedes e a Blanchette.

AS TRÊS – Então, Gouveia? Venha, venha jantar!...

GOUVEIA – Já deve ter começado a primeira banca!

LOLA – Deixa lá a primeira banca! Tenho um pressentimento de que hoje não dá a primeira dúzia.

AS TRÊS – Então, Gouveia, então? (*Querem abraçá-lo.*)

GOUVEIA (*Esquivando-se.*) – Que é isto? Vocês estão doidas! Reparem que estamos no Largo da Carioca!

LOLA – Vem! Não te faças rogado!

AS TRÊS (*Implorando.*) – Gouveia!...

GOUVEIA – Pois sim, vamos lá! Vocês são o diabo!

LOLA – Ai! E o meu leque?! Trouxeste-o, Dolores?

DOLORES – Não.

BLANCHETTE – Nem eu.

MERCEDES – Tu deixaste-o ficar sobre a mesa, no Braço de Ouro.

GOUVEIA – Que foi?

LOLA – Um magnífico leque, comprado, não há uma hora, no *Palais-Royal*. Querem ver que o perdi?

GOUVEIA – Se queres, vou procurá-lo ao Braço de Ouro.

LOLA – Pois sim, faze-me esse favor. (*Arrependendo-se.*) Não! Se tu vais à Rua do Ouvidor, és capaz de encontrar lá algum amigo que te leve para o jogo.

MERCEDES – E esta é a hora do recrutamento.

LOLA – Vamos nós mesmas buscar o leque. Fica tu aqui muito quietinho à nossa espera. É um instante.

GOUVEIA – Pois vão e voltem.

LOLA – Vamos! (*Sai com as três amigas.*)

**Cena IV**

*Gouveia, depois, Eusébio, Fortunata,*
*Quinota e Juquinha*

GOUVEIA – Com esta não contava eu. Daí – quem sabe? – como ando em maré de felicidade, talvez seja uma providência lá não ir hoje. (*Eusébio entra descuidado, acompanhado pela família, e, ao ver Gouveia, solta um grande grito.*)

EUSÉBIO – Oh! seu Gouveia! (*Chamando.*) Dona Fortunata!... Quinota!... (*Cercam Gouveia.*)

AS SENHORAS e JUQUINHA – Ó seu Gouvcia! (*Apertam-lhe a mão.*)

EUSÉBIO – Seu Gouveia! (*Abraça-o.*)

GOUVEIA (*Atrapalhado.*) – Senhor Eusébio... Minha senhora... Dona Quinota... (*À parte.*) Maldito encontro!...

## Quarteto

### EUSÉBIO, FORTUNATA, QUINOTA e JUQUINHA

        – Seu Gouveia, finalmente,
        Seu Gouveia apareceu!
        Seu Gouveia está presente!
        Seu Gouveia não morreu!

EUSÉBIO – Andei por todas as *rua*,
Toda a cidade bati;
Mas de *tê* notícias *sua*
As *esperança* perdi!

QUINOTA – Mas ao meu anjo da guarda
Em sonhos dizer ouvi:
Sossega, que ele não tarda
A aparecer por aí!

TODOS – Seu Gouveia, finalmente etc.

FORTUNATA – Ora, seu Gouveia! o *sinhô* chegou lá na fazenda feito cometa, e começou a *namorá* Quinota. Pediu *ela* em casamento, veio se embora dizendo que vinha *tratá* dos *papé*, e nunca mais deu *siná* de si! Isto se faz, seu Gouveia?

QUINOTA – Mamãe...

EUSÉBIO – Como Quinota andava apaixonada, coitadinha! que não comia, nem bebia, nem *dromia*, nem nada, nós *arresorvemo vi le procurá*... porque *le* escrevi três *carta* que *ficou* sem resposta...

GOUVEIA – Não recebi nenhuma.

EUSÉBIO – Então entreguei a fazenda a seu Borge, que é *home* em que a gente pode *confiá*, e aqui *estemo*!

FORTUNATA – O *sinhô* sabe que com moça de família não se brinca... Se seu Eusébio não *soubé sê* pai, aqui estou eu que hei de *sabê sê* mãe!

QUINOTA – Mamãe, tenha calma... seu Gouveia é um moço sério...

GOUVEIA – Obrigado, dona Quinota. Sou, realmente, um moço sério, e hei de justificar plenamente o meu silêncio. Espero ser perdoado.

QUINOTA – Eu há muito tempo lhe perdoei.

GOUVEIA (*À parte.*) – Está ainda muito bonita! (*Alto.*) Onde moram?

EUSÉBIO – No Grande *Hoté* da *Capitá Federá*.

GOUVEIA (*À parte.*) – Oh! diabo! no meu hotel!... Mas eu nunca os vi!

QUINOTA – Mas andamos à procura de casa: não podemos ficar ali.

FORTUNATA – É muito caro.

GOUVEIA – Sim, aquilo não convém.

EUSÉBIO – Mas é muito *difice achá* casa. Uma agência nos indicou uma, na Praia *Fermosa*...

FORTUNATA – Que chiqueiro, seu Gouveia!

EUSÉBIO – *Paguemo* cinco *mi* réis pra nos *enchê* de *purga*!

QUINOTA – E era muito longe.

GOUVEIA – Descansem, há de se arranjar casa. (*À parte.*) E a Lola, que não tarda!

EUSÉBIO – Como diz?

GOUVEIA – Nada... Mas, ao que vejo, veio toda a família?

EUSÉBIO – Toda! Dona Fortunata... Quinota... o Juquinha...

JUQUINHA – A Benvinda.

EUSÉBIO – Ah! é verdade! nos aconteceu uma desgraça!

FORTUNATA – Uma grande desgraça!

GOUVEIA – Que foi? Ah! já sei... o senhor foi vítima do conto do vigário!

EUSÉBIO – Eu?!... Então eu sou *argum* matuto?... Não *sinhô*, não foi isso.

JUQUINHA – Foi a Benvinda que fugiu!

QUINOTA – Cale a boca!

JUQUINHA – Fugiu cum *home*!

EUSÉBIO – Cala a boca, menino!

JUQUINHA – Foi Quinota que disse!

FORTUNATA – Cala a boca, diabo!

EUSÉBIO – O *sinhô se lembra* da Benvinda?

FORTUNATA – Aquela mulatinha? cria da fazenda?

GOUVEIA – Lembra-me.

EUSÉBIO – Hoje de *menhã*, a gente *se acorda-se*... procura...

FORTUNATA – *Quê dê* Benvinda?

GOUVEIA – Pode ser que ainda a encontrem.

FORTUNATA – Mas em que estado, seu Gouveia!

EUSÉBIO – E seu *Borge* já estava *arresorvido* a *casá* com ela... Mas não *fiquemo* aqui...

GOUVEIA (*Inquieto.*) – Sim, não fiquemos aqui.

Eusébio – Temo muito que *conversá*, seu Gouveia. Não quero que dona Fortunata diga que não sei *sê* pai... Quero *sabê* se o *sinhô* está ou não está disposto a cumprir o que tratou!

Gouveia – Certamente. Se dona Quinota ainda gosta de mim...

Quinota (*Baixando os olhos.*) – Eu gosto.

Gouveia – Mas vamos! Em caminho conversaremos. São contos largos!

Eusébio – Vamos *jantá* lá no *hoté*.

Gouveia – No hotel? A linha está interrompida. (*À parte.*) Era o que faltava! Ela lá iria! (*Alto.*) Vamos ao Internacional.

Eusébio – Onde é isso?

Gouveia – Em Santa Teresa. Toma-se aqui o bonde elétrico.

Fortunata – O *tá* que vai *pro* cima do arco?

Gouveia – Sim, senhora.

Fortunata – Xi!

Gouveia – Não há perigo. Mas vamos! Vamos! (*Dá o braço a Quinota.*)

Fortunata (*Querendo separá-los.*) – Mas...

Eusébio – Deixe. Isto aqui é moda. A senhora se *alembre* que não *estamo* em São João do Sabará.

Juquinha – Eu quero *i* co Quinota!

Fortunata – Principia! principia! Que menino, minha Nossa Senhora!

Gouveia (*Vendo Lola.*) – Ela! Vamos! Vamos! (*Retira-se precipitadamente.*)

EUSÉBIO – Espere aí, seu Gouveia! Ande, dona Fortunata.

JUQUINHA (*Chorando.*) – Eu quero ir com Quinota! (*Saem todos a correr pela direita.*)

## Cena V

*Lola, Mercedes, Dolores, Blanchette, Rodrigues, pessoas do povo*

LOLA – Então? O Gouveia? Não lhes disse? Bem me arrependi de o ter deixado ficar! Não teve mão em si e lá se foi para o jogo!

MERCEDES – Que tratante!

DOLORES – Que malcriado!

BLANCHETTE – Que grosseirão!

LOLA – E nada de bondes!

MERCEDES – Que fizeste do teu carro?

LOLA – Pois não te disse já que o meu cocheiro, o Lourenço, amanheceu hoje com uma pontinha de dor de cabeça?

BLANCHETTE (*Maliciosa.*) – Poupas muito o teu cocheiro.

LOLA – Coitado! é tão bom rapaz! (*Vendo Rodrigues, que se tem aproximado aos poucos.*) Olá, como vai você?

RODRIGUES (*Disfarçando.*) – Vou indo, vou indo... Mas que bonito ramilhete franco-espanhol! A Dolores... a Mercedes... a Blanchette... *Viva la gracia*!

LOLA (*Às outras.*) – Uma ideia, uma fantasia: vamos levar este tipo para jantar conosco?

AS OUTRAS – Vamos! Vamos!

BLANCHETTE – Substituirá o Gouveia! Bravo!

LOLA (*A Rodrigues.*) – Você faz-nos um favor? Venha jantar com o ramilhete franco-espanhol!

RODRIGUES – Eu?! Não posso, filha: tenho a família à minha espera.

LOLA – Manda-se um portador à casa com esses embrulhos.

MERCEDES – Os embrulhos ficam, se é coisa que se coma.

RODRIGUES – Vocês estão me tentando, seus demônios.

LOLA – Vamos! anda! um dia não são dias!

RODRIGUES – Eu sou um chefe de família!

TODAS – Não faz mal!

RODRIGUES – Ora adeus! Vamos! (*Olhando para a esquerda.*) Ali está um carro. O próprio cocheiro levará depois um recado à minha santa esposa... disfarcemos... Vou alugar o carro. (*Sai.*)

TODAS – Vamos! (*Acompanham-no.*)

PESSOAS DO POVO – Lá vem afinal um bonde! Tomemo-lo! Avança! (*Correm todos. Música na orquestra até o fim do ato. Mutação.*)

*Quadro 4*

(*A passagem de um bonde elétrico sobre os arcos. Vão dentro do bonde, entre outros passageiros, Eusébio, Gouveia, dona Fortunata, Quinota e Juquinha. Ao passar o bonde em frente ao público, Eusébio levanta-se entusiasmado pela beleza do panorama.*)

EUSÉBIO – Oh! a *Capitá Federá*! a *Capitá Federá*!...

(*Cai o pano.*)

# ATO SEGUNDO

## Quadro 5

(*O Largo de São Francisco.*)

### Cena I

*Benvinda, pessoas do povo, depois Figueiredo*

(*Benvinda está exageradamente vestida à última moda e cercada por muitas pessoas do povo, que lhe fazem elogios irônicos.*)

CORO — Ai, Jesus! que mulata bonita!
Como vem tão janota e faceira!
Toda a gente por ela palpita!
Ninguém há que adorá-la não queira!
Ai, mulata!
Não há peito que ao ver-te não bata!

BENVINDA — Vão andando seu caminho,
Deixe a gente assossegada!

CORO — Para ao menos um instantinho!
Não te mostres irritada!

BENVINDA — Gentes! meu Deus! que maçada!

CORO — Dize o teu nome, benzinho!

*Coplas*

BENVINDA
— Meu nome não digo!
Não quero, aqui está!
Não bulam comigo!
Me deixem passar!
Jesus! quem me acode?
Já vejo que aqui
As moças não pode
Sozinha *saí*!
Sai da frente,
Minha gente!
Sai da frente *pro favô*!
Tenho pressa!
Vou depressa!
Vou pra Rua do *Ouvidô*!

CORO
— Sai da frente!
Minha gente!
Sai da frente *pro favô*!
Vai com pressa!
Vai depressa!
Vai à Rua do Ouvidor.

BENVINDA
— Não digo o meu nome!
Não *tou* de maré!
Diabo dos *home*
Que *insurta* as *muié*!
Quando eu vou sozinha,
Só ouço *dizê*:
"Vem cá, mulatinha,
Que eu vou com você!"
Sai da frente etc.

CORO — Sai da frente etc.

(*Figueiredo aparece e coloca-se ao lado de Benvinda.*)

FIGUEIREDO — Meus senhores, que é isto?
Perseguição assim é caso nunca visto!...
Mas saibam que esta fazenda
Tem um braço que a defenda!

BENVINDA — Seu Figueiredo
Eu tava aqui com muito medo!

CORO (*À meia voz.*) — Este é o marchante...
Deixá-los, pois, no mesmo instante!
Provavelmente o tipo é tolo,
E há querer armar um rolo!

(*A toda vez, cumprimentando ironicamente Figueiredo.*)

Feliz mortal, parabéns
Pelo tesouro que tens!
Ah! ah! ah! ah! ah! ah! ah! ah!
Mulher mais bela aqui não há!

(*Todos se retiram. Durante as cenas que seguem, até o fim do quadro, passam pessoas do povo.*)

## Cena II

*Figueiredo, Benvinda*

FIGUEIREDO (*Repreensivo.*) — Já vejo que há de ser muito difícil fazer alguma coisa de ti!

BENVINDA — Eu não tenho *curpa* que esses diabo...

FIGUEIREDO (*Atalhando.*) — Tens culpa, sim! Em primeiro lugar, essa toalete[3] é escandalosa! Esse chapéu é descomunal!

---

[3] 1897 — *toilette*.

BENVINDA – Foi o sinhô que escolheu ele!

FIGUEIREDO – Escolhi mal! Depois, tu abusas do *face-en-main*.

BENVINDA – Do... do quê?

FIGUEIREDO – Disto, da luneta! Em francês chama-se *face-en--main*. Não é preciso estar a todo o instante... (*Faz o gesto de quem leva aos olhos o* face-en-main.) Basta que te sirvas disso lá uma vez por outra, e assim, olha, assim, com certo ar de sobranceria. (*Indica.*) E não sorrias a todo instante, como uma bailarina... A mulher que sorri sem cessar é como o pescador quando atira a rede: os homens vêm aos cardumes, como ainda agora! E esse andar? Por que gingas tanto? Por que te remexes assim?

BENVINDA (*Chorosa.*) – Oh! meu Deus! Eu ando bem direitinha... não olho pra ninguém... Estes *diabo* é que *intica* comigo. "Vem cá, mulatinha! Meu bem, ouve aqui uma coisa!"

FIGUEIREDO – Pois não respondas! Vai olhando sempre para a frente! Não tires os olhos de um ponto fixo, como os acrobatas, que andam na corda bamba... Olha, eu te mostro... Faze de conta que eu sou tu e estou passando... Tu és um gaiato, e me dizes uma gracinha quando eu passar por ti. (*Afasta-se, e passa pela frente de Benvinda muito sério.*) Vamos, dize alguma coisa!...

BENVINDA – *Dizê* o quê?

FIGUEIREDO (*À parte.*) – Não compreendeu! (*Alto.*) Qualquer coisa! Adeus, meu bem! Aonde vai com tanta pressa! Olha o lenço, que caiu!

BENVINDA – Ah! bem!

FIGUEIREDO – Vamos, outra vez. (*Repete o movimento.*)

BENVINDA – Adeus, seu Figueiredo.

FIGUEIREDO – Que Figueiredo! Eu agora sou Benvinda! E a propósito: hei de arranjar-te um nome de guerra.

BENVINDA – De guerra? Uê!...

FIGUEIREDO – Sim, um nome de guerra. É como se diz. *Benvinda* é nome de preta velha. Mas não se trata agora disso. Vou passar de novo. Não te esqueças de que eu sou tu. Já compreendeste?

BENVINDA – Já, sim, *sinhô*.

FIGUEIREDO – Ora muito bem! Lá vou eu. (*Repete o movimento.*)

BENVINDA (*Enquanto ele passa.*) – Ouve uma coisa, mulata! Vem cá, meu coração!...

FIGUEIREDO (*Que tem passado imperturbável.*) – Viste? Não se dá troco! Arranja-se um olhar de mãe de família! E diante desse olhar, o mais atrevido se desarma! Vamos! anda um bocadinho até ali! Quero ver se aprendeste alguma coisa!

BENVINDA — Sim, *sinhô*. (*Anda.*)

FIGUEIREDO – Que o quê! Não é nada disso! Não é preciso fazer projeções do holofote para todos os lados! Assim, olha... (*Anda.*) Um movimento gracioso e quase imperceptível dos quadris...

BENVINDA (*Rindo.*) – Que *home* danado!

FIGUEIREDO – É preciso também corrigir o teu modo de falar, mas a seu tempo trataremos desse ponto, que é essencial. Por enquanto, o melhor que tens a fazer é abrir a boca o menor número de vezes possível, para não dizeres *home* em vez de *homem* e quejandas parvoíces... Não há elegância sem boa prosódia. Aonde ias tu?

BENVINDA – Ia na Rua do *Ouvidô*.

FIGUEIREDO (*Emendando.*) – Ouvidorr... Ouvidorr... Não faças economia nos erres, porque apesar da carestia geral, eles não aumentarão de preço. E sibila bem os esses. Assim... Bom. Vai e até logo! Mas vê lá: nada de olhadelas, nada de respostas! Vai!

BENVINDA – *Inté* logo.

FIGUEIREDO – Que *inté* logo! Até logo é que é! Olha, em vez de *inté* logo, dize: *Au revoir*! Tem muita graça de vez em quando uma palavra ou uma expressão francesa.

BENVINDA – *Ó revoá!*

FIGUEIREDO – Antes isso! (*Benvinda afasta-se.*) Não te mexas tanto, rapariga! Ai! Ai! Isso! Agora foi demais! Ai! (*Benvinda desaparece.*) De quantas tenho lançado, nenhuma me deu tanto trabalho. Há de ser difícil coisa lapidar este diamante! É uma vergonha! Não pode estar ao pé de gente! (*Lola vai atravessando a cena; vendo Figueiredo, encaminha-se para ele.*)

## Cena III

Figueiredo, Lola

LOLA – Oh! Estimo encontrá-lo! Pode dar-me uma palavra?

FIGUEIREDO – Pois não, minha filha!

LOLA – Não o comprometo?

FIGUEIREDO – De forma alguma! Vossemecê já está lançada!

LOLA – Como?

FIGUEIREDO – Vossemecês só envergonham a gente antes de lançadas.

LOLA – Não entendo.

FIGUEIREDO – Nem é preciso entender. Que desejava?

LOLA – Lembra-se de mim?

FIGUEIREDO – Perfeitamente. Encontramo-nos um dia no vestíbulo do Grande Hotel da Capital Federal.

LOLA (*Apertando-lhe a mão.*) – Nunca mais me esqueci da sua fisionomia. O senhor não é bonito... oh! não! Mas é muito insinuante.

FIGUEIREDO (*Modestamente.*) – Oh! filha!...

LOLA – Lembra-se do motivo que me levava àquele hotel?

FIGUEIREDO – Lembra-me. Vossemecê ia à procura de um moço que apontava na primeira dúzia.

LOLA – Vejo que tem boa memória. Pois é na sua qualidade de hóspede do Grande Hotel da Capital Federal que me atrevo a pedir-lhe uma informação.

FIGUEIREDO – Mas eu há muitos dias já lá não moro! Era um bom hotel, não nego, mas que quer? não me levavam o café ao quarto às sete horas em ponto! Entretanto, se for coisa que eu saiba...

LOLA – Queria apenas que me desse notícias do Gouveia.

FIGUEIREDO – Do Gouveia?

LOLA – O tal da primeira dúzia.

FIGUEIREDO – Mas eu não o conheço.

LOLA – Deveras?

FIGUEIREDO – Nunca o vi mais gordo!

LOLA – Que pena! Supus que o conhecesse!

FIGUEIREDO – Pode ser que o conheça de vista, mas não ligo o nome à pessoa.

LOLA – Tenho-o procurado inúmeras vezes no hotel... não há meio! Não está! Saiu! Há três dias não aparece cá. Um inferno!...

FIGUEIREDO – Continua a amá-lo?

LOLA – Sim, continuo, porque a primeira dúzia, pelo menos até a última vez que lhe falei, não tinha ainda falhado; mas como não o vejo há muitos dias, receio que a sorte afinal se cansasse.

FIGUEIREDO – Então o seu amor regula-se pelos caprichos da bola da roleta?

LOLA – É como diz. Ah! eu cá sou franca!

FIGUEIREDO – Vê-se!

*Coplas*

I

LOLA — Este afeto incandescente
Pela bola se regula
Que vertiginosamente
Na roleta salta e pula!

FIGUEIREDO — Vossemecê o moço estima
Dando a bola de um a doze;
Mas de treze para cima
*Ce n'est pas la même chose!*[4]

---

[4] Trad.: Não é a mesma coisa.

## II

LOLA — É Gouveia um bom pateta
Se supõe que inda o quisesse,
Quando a bola da roleta
A primeira já não desse!

FIGUEIREDO — A mulata brasileira
De carinhos é fecunda,
Embora dando a primeira,
Embora dando a segunda!

LOLA — E por outro lado, ando apreensiva...

FIGUEIREDO — Por quê?

LOLA — Porque... O senhor não estranhe estas confidências por parte de uma mulher que nem ao menos sabe o seu nome.

FIGUEIREDO — Figueiredo...

LOLA — Mas, como já disse, a sua fisionomia é tão insinuante... simpatizo muito com o senhor.

FIGUEIREDO — Creia que lhe pago na mesma moeda. Digo-lhe mais: se eu não tivesse a minha especialidade... (À parte.) Deixem lá! Se o moreno fosse mais carregado...

LOLA — Ando apreensiva porque a Mercedes me contou que há dias viu o Gouveia no teatro com uma família que pelos modos parecia gente da roça... e ele conversava muito com uma moça que não era nada feia... Tenho eu que ver se o tratante se apanha com uma boa bolada, arranja casório e eu fico a chuchar no dedo!

FIGUEIREDO (À parte.) — Ela exprime-se com muita elegância!

LOLA — Dos homens tudo há que esperar!

FIGUEIREDO — Tudo, principalmente quando dá a primeira dúzia.

LOLA (*Estendendo a mão, que ele aperta.*) – Adeus, Figueiredo.

FIGUEIREDO – Adeus... Como te chamas?

LOLA – Lola.

FIGUEIREDO – Adeus, Lola.

LOLA (*Com uma ideia.*) – Ah! uma coisa: você é homem que vá a uma festa?

FIGUEIREDO – Conforme.

LOLA – Eu faço anos sábado...

FIGUEIREDO – Este agora?

LOLA – Não; o outro.

FIGUEIREDO – Sábado de Aleluia?

LOLA – Sábado de Aleluia, sim. Faço anos e dou um baile à fantasia.

FIGUEIREDO – Bravo! Não faltarei!

LOLA – Contanto que vá fantasiado! Se não vai, não entra!

FIGUEIREDO – Irei fantasiado.

LOLA – Aqui tem você a minha morada. (*Dá-lhe um cartão.*)

FIGUEIREDO – Aceito com muito prazer, mas olhe que não vou sozinho...

LOLA – Vai com quem quiseres.

FIGUEIREDO – Levo comigo uma trigueira que estou lançando, e que precisa justamente de ocasiões como essa para civilizar-se.

LOLA – Aquela casa é tua, meu velho! (*Vendo Gouveia, que entra do outro lado, cabisbaixo, e não repara nela.*) Olha quem vem ali!

FIGUEIREDO – Quem?

LOLA – Aquele é que é o Gouveia.

FIGUEIREDO – Ah! é aquele?... Conheço-o de vista... É um moço do comércio.

LOLA – Foi. Hoje não faz outra coisa senão jogar. Mas como está cabisbaixo e pensativo! Querem ver que a primeira dúzia...

FIGUEIREDO – Adeus! Deixo-te com ele. Até Sábado de Aleluia!

LOLA – Não faltes, meu velho! (*Apertam-se as mãos.*)

FIGUEIREDO (*À parte.*) – Dir-se-ia que andamos juntos na escola! (*Sai.*)

## Cena IV

*Lola, Gouveia*

GOUVEIA (*Descendo cabisbaixo ao proscênio.*) – Há três dias dá a segunda dúzia... Consultei hoje a escrita: perdi em noventa e cinco bolas o que tinha ganho em perto de mil e duzentas! Decididamente aquele famoso padre do Pará tinha razão quando dizia que não se deve apontar a roleta nem com o dedo, porque o próprio dedo pode lá ficar!

LOLA (*À parte, do outro lado.*) – Fala sozinho!

GOUVEIA – Hei de achar a forra! O diabo é que fui obrigado a pôr as joias no prego. Venho neste instante da casa do judeu. É sempre pelas joias que começa a esbodegação...

LOLA (*À parte.*) – Continua... Aquilo é coisa...

GOUVEIA – Com certeza vão dar por falta dos meus brilhantes... Pobre Quinota! Se ela soubesse! Ela, tão simples, tão ingênua, tão sincera!

LOLA (*Aproximando-se inopinadamente.*) – Tu estás maluco?

GOUVEIA – Hein?... Eu... Ah! és tu? Como vais?...

LOLA – Estavas falando sozinho?

GOUVEIA – Fazendo uns cálculos...

LOLA – Aconteceu-te alguma coisa desagradável? Tu não estás no teu natural!

GOUVEIA – Sim... aconteceu-me... fui roubado... um gatuno levou as minhas joias... e eu estava aqui planejando deixar hoje a primeira dúzia e atacar dois esguichos, o esguicho de 7 a 12 e o esguicho de 25 a 30, a dobrar, a dobrar!

LOLA (*Num ímpeto.*) – A primeira dúzia falhou?

GOUVEIA – Falhou... (*A gesto de Lola.*) Mas descansa: eu já a tinha abandonado antes que ela me abandonasse.

LOLA – Tens então continuado a ganhar?

GOUVEIA – Escandalosamente!

LOLA – Ainda bem, porque Sábado de Aleluia faço anos...

GOUVEIA – É verdade... fazes anos no Sábado de Aleluia...

LOLA – É preciso gastar muito dinheiro! Tenho te procurado um milhão de vezes! No hotel dizem-me que lá nem apareces!

GOUVEIA – Exageração.

LOLA – E outra coisa: quem era uma família com quem estavas uma noite destas no São Pedro? Uma família da roça?

GOUVEIA – Quem te disse?

LOLA – Disseram-me. Que gente é essa?

GOUVEIA – Uma família muito respeitável que eu conheci quando andei por Minas.

LOLA – Gouveia, Gouveia, tu enganas-me!

GOUVEIA – Eu? Oh! Lola! Nunca te autorizei a duvidares de mim!...

LOLA – Nessa família há uma moça que... Oh! o meu coração adivinha uma desgraça, e... (*Desata a chorar.*)

GOUVEIA (*À parte.*) – É preciso, realmente, que ela me ame muito, para ter um pressentimento assim! (*Alto.*) Então? Que é isso? Não chores! Vê que estamos na rua!...

LOLA (*À parte.*) – Pedaço d'asno!

GOUVEIA – Eu irei logo lá à casa, e conversaremos.

LOLA – Não! não te deixo; hás de ir agora comigo, hás de acompanhar-me, senão desapareces como aquela vez, no Largo da Carioca!

GOUVEIA – Mas...

LOLA – Ou tu me acompanhas, ou dou um escândalo!

GOUVEIA – Bom, bom, vamos. Tens aí o carro?

LOLA – Não, que o Lourenço, coitado, foi passar uns dias em Caxambu. Vamos a pé. Bem sei que tu tens vergonha de andar comigo em público, mas isso são luxos que deves perder!

GOUVEIA – Vamos! (*À parte.*) Hei de achar meio de escapulir...

LOLA – Vamos! (*À parte.*) Ou eu me engano, ou está liquidado! (*Afastam-se. Entram pelo outro lado Eusébio, Fortunata e Quinota, que os veem sem serem vistos por eles.*)

## Cena V

*Eusébio, Fortunata, Quinota*

FORTUNATA – Olhe! Lá vai! É ele! É seu Gouveia com a mesma espanhola com quem estava aquela noite no Jardim do Recreio! (*Correndo a gritar.*) Seu Gouveia, seu Gouveia!...

EUSÉBIO (*Agarrando-a pela saia.*) – Ó senhora! não faça escândalo! Que maluquice de *muié*!...

QUINOTA (*Abraçando o pai, chorosa.*) – Papai, eu sou muito infeliz!

EUSÉBIO – Aqui está! É o que a senhora queria!...

FORTUNATA – Aquilo é um desaforo que eu não posso *admiti*! O diabo do *home* é noivo de nossa filha e anda por toda a parte cuma pelintra!

EUSÉBIO – Que pelintra, que nada!... Não acredita, *fia* da minha *bença*. É uma prima dele. Coitadinha! Chorando! (*Beija-lhe os olhos.*)

QUINOTA – Eu gosto tanto daquele ingrato!

EUSÉBIO – Ele também gosta de ti... e há de *casá* contigo... e há de *sê* um bom marido!

FORTUNATA (*Puxando Eusébio de lado.*) – É *perciso* que você tome uma *porvidência quaqué*, seu Eusébio, senão, faço uma estralada!...

EUSÉBIO (*Baixo.*) – Descanse... Eu já tomei informação... Já sei onde mora essa espanhola... Agora mesmo vou *procurá* ela. *Vá* as duas. Vá pra casa! Eu já vou.

FORTUNATA – E Juquinha? Por onde anda aquele menino?

EUSÉBIO – Deixe, que o pequeno não se perde... Está lá no tal Belódromo, aprendendo a *andá* naquela coisa... *Cumo* chama?

QUINOTA – Bicicleta.

EUSÉBIO – É. Diz que é bom pra *desenvorvê* os *músquios*!

FORTUNATA – *Desenvorvê* a vadiação, é que é!

QUINOTA – Ele é tão criança!

EUSÉBIO – Deixa o menino se *adiverti*. Vão para casa.

QUINOTA – Lá vamos para aquele forno!

EUSÉBIO – Tem paciência, Quinota! Enquanto não se arranja coisa *mió*, a gente deve se *contentá* c'quele *sote*.

FORTUNATA – *Vamo*, Quinota!

QUINOTA – Não se demore, papai!

EUSÉBIO – Não.

FORTUNATA (*Saindo.*) – Eu *tô* mas é doida pra me *apanhá* na fazenda! (*Eusébio leva as senhoras até o bastidor e, voltando-se, vê pelas costas Benvinda.*)

## Cena VI

*Eusébio, Benvinda*

BENVINDA (*Consigo.*) – Parece que assim o meu *andá tá* direito...

EUSÉBIO (*Consigo.*) – Xi que tentação! (*Seguindo Benvinda.*) Psiu!... ó Dona!... Dona!...

BENVINDA (*À parte.*) – Esta voz... (*Volta-se.*) Sinhô Eusébio!

EUSÉBIO – Benvinda!...

BENVINDA (*Assestando o* face-em-main.) – Ó *revoá*.

EUSÉBIO – A mulata de luneta, minha Nossa Senhora! Este mundo *tá* perdido!...

BENVINDA (*Dando-se ares e sibilando os esses.*) – Deseja alguma coisa? Estou as suas *ordes*!

EUSÉBIO – Ah! ah! ah! que mulata pernóstica! Quem havia de *dizê*! Vem cá, diabo, vem cá; me conta tua vida!

BENVINDA (*Mudando de tom.*) – Vam'cê não tá zangado comigo?

EUSÉBIO – Eu não! Tu era senhora do teu nariz! O que tu podia *tê* feito era se *despedi* da gente... Dona Fortunata não te perdoa! E seu *Borge*, quando *soubé*, há de *ficá* danado, porque ele gosta de ti.

BENVINDA – Se ele gostasse de mim, tinha se casado comigo.

EUSÉBIO – Ele um dia me deu a *entendê* que se eu te desse um dote...

BENVINDA – *Vam'cês* ainda *mora* no *hotê*?

EUSÉBIO – Não. Nós *mudemo* para um *sote* da Rua dos *Inválido*. *Paguemo* sessenta *mi réis*.

BENVINDA – Seu Gouveia já apareceu?

EUSÉBIO – Apareceu e tudo *tá* combinado... (*À parte.*) O diabo é a espanhola!

BENVINDA – *Sinhá*? *nhanhã*? *nhô* Juquinha? tudo *tá* bom?

EUSÉBIO – Tudo! Tudo *tá* bom!

BENVINDA – *Nhô* Juquinha eu vejo ele às *vez passá* na Rua do Lavradio... com outros *menino*...

EUSÉBIO – *Tá* aprendendo a *andá* no... n... nesses *carro* de duas *roda*, uma atrás outra adiante, que a gente trepa em cima e tem um nome esquisito...

BENVINDA – Eu sei.

EUSÉBIO – E tu, mulata?

BENVINDA – Eu *tô* com seu Figueiredo.

EUSÉBIO – Sei lá quem é seu Figueiredo.

BENVINDA – *Tou* morando na Rua do Lavradio, canto da Rua da Relação. (*Assestando o* face-en-main.) Se *quisé aparecê* não faça cerimônia. (*Sai requebrando-se.*) Ó *revoá*!

EUSÉBIO – Aí, mulata!

## Cena VII

*Eusébio, depois Juquinha*

EUSÉBIO – O *curpado* fui eu... Quando me *alembro* que seu *Borge* queria *casá* com ela... Bastava um dote, *quaqué* coisa... dois ou três *conto* de réis... Mas deixa *está*: ele não sabe de nada, e *tarvez* que a coisa ainda se arranje. Quem não sabe é como quem não vê. (*Vendo passar Juquinha montado numa bicicleta.*) Eh! Juquinha... Menino, vem cá!

JUQUINHA – Agora não posso, não, *sinhô*! (*Desaparece.*)

EUSÉBIO – Ah! menino! Espera lá! (*Corre atrás do Juquinha. Gargalhada dos circunstantes. Mutação.*)

### Quadro 6

(*Saleta em casa de Lola.*)

## Cena I

*Lola e Gouveia*

(*Lola entra furiosa. Traz vestida uma elegante bata. Gouveia acompanha-a. Vem vestido de Mefistófeles.*)

LOLA – Não! Isto não se faz! E o senhor escolheu o dia dos meus anos para me fazer essa revelação! Devia esperar pelo menos que acabasse o baile! Com que mau humor vou agora receber os meus convidados. (*Caindo numa cadeira.*) Oh! os meus pressentimentos não me enganavam!...

GOUVEIA – Esse casamento é inevitável; quando estive em São João do Sabará, comprometi-me com a família de minha noiva e não posso faltar à minha palavra!

LOLA – Mas por que não me disse nada? Por que não foi franco?

GOUVEIA – Supus que essa dívida tivesse caído em exercícios findos; mas a pequena teve saudades minhas, e tanto fez, tanto chorou, que o pai se viu obrigado a vir procurar-me! Como vês, é uma coisa séria!

LOLA – Mas o senhor não pode procurar um subterfúgio qualquer para evitar esse casamento? Que ideia é essa de se casar agora, que está bem, que tem sido feliz no jogo? E eu? que papel represento eu em tudo isto?

GOUVEIA (*Puxando uma cadeira.*) – Lola, vou ser franco, vou dizer-te toda a verdade. (*Senta-se.*) Há muito tempo não faço outra coisa senão perder... Outro dia tive uma aragem passageira, um sopro de fortuna, que serviu apenas para pagar as despesas da tua festa de hoje e mandar fazer esta roupa de Mefistófeles! Estou completamente perdido! As minhas joias não foram roubadas, como eu te disse. Deitei-as no prego e vendi as cautelas. Para fazer dinheiro, eu, que aqui vês coberto de seda, tenho vendido até a roupa do meu uso... Nessas casas de jogo já não tenho a quem pedir dinheiro emprestado. Os banqueiros olham-me por cima dos ombros, porque eu tornei-me um piaba... Sabes o que é um piaba? É um sujeito que vai jogar com muito pouco bago. Estou completamente perdido!

LOLA (*Erguendo-se.*) – Bom. Prefiro essa franqueza. É muito mais razoável.

GOUVEIA (*Erguendo-se.*) – Esse casamento é a minha salvação; eu...

LOLA – Não precisa dizer mais nada. Agora sou eu a primeira a aconselhar-te que te cases, e quanto antes melhor...

81

GOUVEIA – Mas, minha boa Lola, eu sei que com isso vais padecer bastante, e...

LOLA – Eu? Ah! ah! ah! ah!... Só esta me faria rir!... Ah! ah! ah! ah!... Sempre me saíste um grande tolo! Pois entrou-te na cabeça que eu algum dia quisesse de ti outra coisa que não fosse o teu dinheiro?

GOUVEIA (*Horrorizado.*) – Oh!

LOLA – E realmente supunhas que eu te tivesse amor?

GOUVEIA (*Caindo em si.*) – Compreendo e agradeço o teu sacrifício, minha boa Lola. Tu estás a fingir uma perversidade e um cinismo que não tens, para que eu saia desta casa sem remorsos! Tu és a Madalena, de Pinheiro Chagas!

LOLA – E tu és um asno! O que te estou dizendo é sincero! Estava eu bem aviada se me apaixonasse por quem quer que fosse!

GOUVEIA – Dar-se-á caso que te saíssem do coração todos aqueles horrores?

LOLA – Do coração? Sei lá o que isso é. O que afianço é que sou tão sincera, que me comprometo a amar-te ainda com mais veemência que da primeira vez no dia em que resolveres dar cabo do dote da tua futura esposa!

GOUVEIA (*Com uma explosão.*) – Cala-te, víbora danada! Olha que nem o jogo, nem os teus beijos me tiraram totalmente o brio! Eu posso fazer-te pagar bem caro os teus insultos!

LOLA  Ora, vai te catar! Se julgas amedrontar-me com esses ares de galã de dramalhão, enganas-te redondamente! Depois repara que estás vestido de Mefistófeles! Esse traje prejudica os teus efeitos dramáticos! Vai, vai ter com a tua roceira. Casem-se, sejam muito felizes, tenham muitos Gouveiazinhas, e não me amoles mais! (*Gouveia avança, quer dizer alguma coisa, mas não acha uma palavra. Encolhe os ombros e sai.*)

## Cena II

*Lola, depois, Lourenço*

LOLA (*Só.*) – Faltou-lhe uma frase, para o final da cena, coitado! A respeito de imaginação, este pobre rapaz foi sempre uma lástima! Os homens não compreendem que o seu único atrativo é o dinheiro! Este pascácio devia ser o primeiro a fazer uma retirada em regra, e não se sujeitar a tais sensaborias! Bastavam quatro linhas pelo correio. Oh! Também a mim, quando eu ficar velha e feia, ninguém me há de querer! Os homens têm o dinheiro, nós temos a beleza; sem aquele e sem esta, nem eles nem nós valemos coisa nenhuma. (*Entra Lourenço, trajando uma libré de cocheiro. Vem a rir-se.*)

LOURENÇO – Que foi aquilo?

LOLA – Aquilo quê?

LOURENÇO – O Gouveia! Veio zunindo pela escada abaixo e, no saguão, quando eu me curvei respeitosamente diante dele, mandou-me ao diabo, e foi pela rua fora, a pé, vestido de Satanás de mágica! Ah! ah! ah!

LOLA – Daquele estou livre!

LOURENÇO – Eu não dizia a você? Aquilo é bananeira que já deu cacho!

LOLA – Que vieste fazer aqui? Não te disse que ficasses lá embaixo?

LOURENÇO – Disse, sim, mas é que está aí um matuto, pelos modos fazendeiro, que deseja falar a você.

LOLA – A ocasião é imprópria. São quase horas, ainda tenho que me vestir!

LOURENÇO – Coitado! o pobre diabo já aqui veio um ror de vezes a semana passada, e parece ter muito interesse nesta visita.

Demais... você bem sabe que nunca se manda embora um fazendeiro.

LOLA – Que horas são?

LOURENÇO – Oito e meia. Já estão na sala alguns convidados.

LOLA – Bem! num quarto de hora eu despacho esse matuto. Faze-o entrar.

LOURENÇO – É já. (*Sai assoviando.*)

LOLA (*Só.*) – Como anda agora lépido o Lourenço! Voltou de Caxambu que nem parece o mesmo! Ele tem razão: um fazendeiro nunca se manda embora.

LOURENÇO (*Introduzindo Eusébio muito corretamente.*) – Tenha vossa excelência a bondade de entrar. (*Eusébio entra muito encafifado e Lourenço sai fechando a porta.*)

### Cena III

*Lola, Eusébio*

EUSÉBIO – Boa *nôte*, madama! Deus esteja nesta casa!

LOLA – Faz favor de entrar, sentar-se e dizer o que deseja. (*Oferece-lhe uma cadeira. Sentam-se ambos.*)

EUSÉBIO – Na *sumana* passada eu *precurei* a madama um *bandão* de *vez* sem conseguir *le falá*...

LOLA – E por que não veio esta semana?

EUSÉBIO – Dona Fortunata não quis, por *sê Sumana* Santa... Eu então esperei que rompesse as *aleluia*! (*Uma pausa.*) Eu pensei que a madama embrulhasse língua comigo, e eu não entendesse nada que a madama dissesse, mas *tô* vendo que fala muito bem o português...

LOLA – Eu sou espanhola e... o senhor sabe... o espanhol parece-se muito com o português; por exemplo: *hombre*, homem; *mujer*, mulher.

EUSÉBIO (*Mostrando o chapéu que tem na mão.*) – E como é chapéu, madama?

LOLA – *Sombrero.*

EUSÉBIO – E guarda-chuva?

LOLA – *Paraguas.*

EUSÉBIO – É! Parece quase a mesma coisa! E cadeira?

LOLA – *Silla.*

EUSÉBIO – E janela?

LOLA – *Ventana.*

EUSÉBIO – Muito parecida!

LOLA – Mas, perdão, creio que não foi para aprender espanhol que o senhor veio à minha casa...

EUSÉBIO – Não, madama, não foi para *aprendê* espanhol: foi para *tratá* de coisa *munto* séria!

LOLA – De coisa séria? Comigo! É esquisito!...

EUSÉBIO – Não é esquisito, não, madama; eu sou o pai da noiva de seu Gouveia!...

LOLA – Ah!

EUSÉBIO – *Cumo* minha *fia* anda *munto* desgostosa *pru* via da madama, eu me *alembrei* de *vi* na sua casa para *sabê*... sim, para *sabê* se é *possive* a madama se *separá* de seu Gouveia. Se *fô possive*, *munto* que bem; se não *fô*, paciência: a gente *arruma* as *mala*, e *amenhã memo vorta* pra fazenda. Minha *fia* é bonita e é rica: não há de *sê* defunto sem choro!...

LOLA – Compreendo: o senhor vem pedir a liberdade de seu futuro genro!

EUSÉBIO – Sim, madama; eu quero o moço livre e desembaraçado de *quaqué* ônus! (*Lola levanta-se, fingindo uma comoção extraordinária; quer falar, não pode, e acaba numa explosão de lágrimas. Eusébio levanta-se.*) Que é isso? A madama *tá* chorando?!...

LOLA (*Entre lágrimas.*) – Perder o meu adorado Gouveia! Oh! o senhor pede-me um sacrifício terrível! (*Pausa.*) Mas eu compreendo... Assim é necessário... Entre a mulher perdida e a menina casta e pura; entre o vício e a virtude, é o vício que deve ceder... Mas o senhor não imagina como eu amo aquele moço e quantas lágrimas preciso verter para apagar a lembrança do meu amor desgraçado! (*Abraça Eusébio, escondendo o rosto nos ombros dele, e soluça.*) Sou muito infeliz!

EUSÉBIO (*Depois de uma pausa, em que faz muitas caretas.*) – Então, madama? sossegue... A madama não perde nada... (*À parte.*) Que cangote cheiroso!...

LOLA (*Olhando para ele, sem tirar a cabeça do ombro.*) – Não perco nada? que quer o senhor dizer com isso!

EUSÉBIO – Quero *dizê* que... sim... quero *dizê*... *Home*, madama, tira a cabeça daí, porque assim eu não acerto c'as palavras!

LOLA (*Sem tirar a cabeça.*) – Sim, a minha porta se fechará ao Gouveia... Juro-lhe que nunca mais o verei... Mas onde irei achar consolação?... Onde encontrarei uma alma que me compreenda, um peito que me abrigue, um coração que vibre harmonizado com o meu?

EUSÉBIO – Nós *podemo entrá* num ajuste.

LOLA (*Afastando-se dele com ímpeto.*) – Um ajuste?! Que ajuste? O senhor quer talvez propor-me dinheiro!... Oh! por amor dessa inocente menina, que é sua filha, não insulte, senhor, os meus sentimentos, não ofenda o que eu tenho de mais sagrado!...

EUSÉBIO (À parte.) – É um pancadão! Seu Gouveia teve bom gosto!...

LOLA – O senhor quer que eu deixe o Gouveia porque sua filha o ama e é amada por ele, não é assim? Pois bem: é seu o Gouveia; dou-lho, mas dou-lho de graça, não exijo a menor retribuição!

EUSÉBIO – Mas o que vinha *propô* à madama não era um pagamento, mas uma... *Cumo* chama aquilo que se falou *cando* foi o Treze de Maio? Uma... ora, *sinhô* (*Lembrando-se.*) Ah! uma indenização! O caso muda muito de figura!

LOLA – Não! nenhuma indenização pretendo! Mas de ora em diante fecharei o meu coração aos mancebos da capital, e só amarei (*Enquanto fala vai arranjando o laço da gravata e a barba de Eusébio.*) algum homem sério... de meia-idade... filho do campo... ingênuo... sincero... incapaz de um embuste... (*Alisando-lhe o cabelo.*) Oh! Não exigirei que ele seja belo... Quanto mais feio for, menos ciúmes terei! (*Eusébio cai como desfalecido numa cadeira, e Lola senta-se no colo dele.*) A esse hei de amar com frenesi... com delírio!... (*Enche-o de beijos.*)

EUSÉBIO (*Resistindo e gritando.*) – Eu quero *i* me embora! (*Ergue-se.*)

LOLA – Cala-te, criança louca!...

EUSÉBIO – Criança louca! Uê!...

LOLA (*Com veemência.*) – Desde que transpuseste aquela porta, senti que uma força misteriosa e magnética me impelia para os teus braços! Ora o Gouveia! Que me importa a mim o Gouveia se és meu, se estás preso pela tua Lola, que não te deixará fugir?

EUSÉBIO – Isso tudo é verdade?

LOLA – Estes sentimentos não se fingem! Eu adoro-te!

EUSÉBIO – Eu me conheço... já sou um *home* de idade... não sei *falá* como os *doutô* da *Capitá Federá*...

LOLA – Mas é isso mesmo o que mais me encanta na tua pessoa!

EUSÉBIO – Quando a esmola é *munta*, o pobre desconfia.

LOLA – Põe à prova o meu amor! Já te não sacrifiquei o Gouveia?

EUSÉBIO – Isso é verdade.

LOLA – Pois sacrifico-te o resto!... Queres que me desfaça de tudo quanto possuo, e que vá viver contigo numa ilha deserta?... Oh! bastam-me o teu amor e uma choupana! (*Abraça-o.*) Dá-me um beijo! Dá-mo como um presente do céu! (*Eusébio limpa a boca com o braço e beija-a.*) Ah! (*Lola fecha os olhos e fica como num êxtase.*)

EUSÉBIO (*À parte.*) – Seu Eusébio *tá* perdido! (*Dá-lhe outro beijo.*)

LOLA (*Sem abrir os olhos.*) – Outro... outro beijo ainda... (*Eusébio beija-a e ela afasta-se, esfregando os olhos.*) Oh! Não será isto um sonho?

EUSÉBIO – Bom, madama, com sua licença: eu vou me embora...

LOLA – Não; não consinto! Faço hoje anos e dou uma festa. A minha sala já está cheia de convidados.

EUSÉBIO – Ah! por isso é que quando eu entrei subia uns *mascarado*...

LOLA – Sim; é um baile à fantasia. Precisas de um vestuário.

EUSÉBIO – Que vestuário, madama?

LOLA – Espera. Tudo se arranjará. (*Vai à porta.*) Lourenço!

EUSÉBIO – Que vai *fazê*, madama?

LOLA – Vais ver.

## Cena IV

*Os mesmos, Lourenço*

LOLA (*Lourenço, que se apresenta muito respeitosamente.*) – Vá com este senhor a uma casa de alugar vestimentas à fantasia a fim de que ele se prepare para o baile.

EUSÉBIO – Mas...

LOLA (*Súplice.*) – Oh! não me digas que não! (*A Lourenço.*) Dê ordem ao porteiro para não deixar entrar o senhor Gouveia. Esse moço morreu para mim!

LOURENÇO (*À parte.*) – Que diabo disto será aquilo?

LOLA (*Baixo a Eusébio.*) – Estás satisfeito? (*Antes que ele responda.*) Vou preparar-me também. Até logo! (*Sai pela direita.*)

## Cena V

*Eusébio, Lourenço*

EUSÉBIO (*Consigo.*) – Sim, *sinhô*; isto é o que se chama *vi buscá lã* e *saí* tosquiado! Se dona Fortunata soubesse... (*Dando com o Lourenço.*) Vamos lá, seu... cumo o *sinhô* se chama?

LOURENÇO – Lourenço, para servir a vossa excelência.

EUSÉBIO – Vamos lá, seu Lourenço... (*Sem arredar pé de onde está.*) Isto é o diabo! Enfim!... Mas que espanhola danada! (*Encaminha-se para a porta e faz lugar para Lourenço passar.*) Faz *favô*!

LOURENÇO (*Inclinando-se.*) – Oh! meu senhor... isso nunca... eu, um cocheiro!... Então? Por obséquio!

EUSÉBIO – Passe, seu Lourenço, passe, que o *sinhô* é de casa e está fardado! (*Lourenço passa e Eusébio acompanha-o. Mutação.*)

## Quadro 7

(*Rico salão de baile profusamente iluminado.*)

### Cena I

*Rodrigues, Dolores, Mercedes, Blanchette, convidados*
(*Estão todos vestidos à fantasia.*)

CORO — Que lindo baile! que bela festa!
Luzes e flores em profusão!
A nossa Lola não é modesta!
Eu sinto aos pulos o coração!

MERCEDES, DOLORES e BLANCHETTE
— Senhores e senhoras,
Divirtam-se a fartar!
Alegremente as horas
Vejamos deslizar!
A mocidade é sonho
Esplêndido e risonho
Que rápido se esvai;
Portanto, a mocidade
Com voluptuosidade
Depressa aproveitai!

BLANCHETTE — Dancemos, que a dança,
Se o corpo nos cansa,
A alma nos lança
Num mundo melhor!

DOLORES — Bebamos, que o vinho,
Com doce carinho,
Nos mostra o caminho
Fulgente do amor!

MERCEDES — Amemos, embora
Chegadas à hora
Da fúlgida aurora,
Deixemos de amar!
Que em nós os amores,
Tal como, nas flores,
Perfumes e cores,
Não possam durar!

AS TRÊS — Dancemos!
Bebamos! Amemos!

RODRIGUES (*Que está vestido de Arlequim.*) — Então? Que me dizem desta fantasia? Vocês ainda não me disseram nada!...

MERCEDES — Deliciosa!

DOLORES — Magnífica.

BLANCHETTE — *Épatante*!

RODRIGUES — Saiu baratinha, porque foi feita em casa pelas meninas. Como sabem, sou o homem da família.

MERCEDES — Você confessou em casa que vinha ao baile da Lola?

RODRIGUES — Não, que isso talvez aborrecesse minha senhora. Eu disse-lhe que ia a um baile dado em Petrópolis pelo ministro Inglês...

TODAS – Ah! ah! ah!...

RODRIGUES (*Continuando.*) – ... baile a que não podia faltar por amor de uns tantos interesses comerciais...

BLANCHETTE – Ah! seu patife!

DOLORES – De modo que, neste momento, a sua pobre senhora julga-o em Petrópolis.

RODRIGUES (*Confidencialmente, muito risonho.*) – Saí hoje de casa com a minha bela fantasia dentro de uma mala de mão, e fingi que ia tomar a barca das quatro horas. Tomei, mas foi um quarto de hotel, onde o austero negociante jantou e onde à noite se transformou no policromo Arlequim que estão vendo. E depois, metendo-me num carro fechado, voei a esta deliciosa mansão de encantos e prazeres. Tenho por mim toda a noite e parte do dia de amanhã, pois só tenciono voltar à tardinha. Ah! não imaginam vocês com que saudade estou da família e com que satisfação abraçarei a esposa e os filhos quando vier de Petrópolis!

MERCEDES – Você é na realidade um pai de família modelo!

DOLORES – Um exemplo de todas as virtudes!

BLANCHETTE – Esse vestuário de Arlequim não lhe fica bem! Você devia vestir-se de Catão!

RODRIGUES – Trocem à vontade, mas creiam que não há no Rio de Janeiro um chefe de família mais completo do que eu. (*Afastando-se.*) Em minha casa não falta nada. (*Afasta-se.*)

MERCEDES – Nada, absolutamente nada, a não ser o marido.

DOLORES – É um grande tipo.

BLANCHETTE – E a graça é que a senhora paga-lhe na mesma moeda!

MERCEDES – É mais escandalosa que qualquer de nós.

DOLORES – Não quero ser má língua, mas há dias encontrei-a num bonde da Vila Isabel muito agarradinha ao Lima Gama!

BLANCHETTE – Aqueles bondes da Vila Isabel são muito comprometedores.

RODRIGUES (*Voltando.*) – Que estão vocês aí a cochichar?

MERCEDES – Falávamos da vida alheia.

BLANCHETTE – Dolores contava que há dias encontrou num bonde da Vila Isabel uma senhora casada que mora em Botafogo.

RODRIGUES – Isso não tira! Talvez fosse ao Jardim Zoológico.

DOLORES – Talvez; mas o leão ia ao lado dela no bonde...

RODRIGUES – Há, efetivamente, senhoras casadas que se esquecem do decoro que devem a si e à sociedade!

AS TRÊS (*Com convicção.*) – Isso há...

RODRIGUES – Por esse lado posso levantar as mãos para o céu! Tenho uma esposa virtuosa!

MERCEDES – Deus lha conserve tal qual tem sido até hoje.

RODRIGUES – Amém.

BLANCHETTE – E Lola, que não aparece?

DOLORES – Está se vestindo: não tarda.

UM CONVIDADO – Oh! que bonito par vem entrando!

TODOS – É verdade!

O CONVIDADO – Façamos alas para recebê-lo!

RODRIGUES – Propomos que o recebamos com um rataplã!

TODOS – Apoiado! Um rataplã!... (*Formam-se duas alas.*)

CORO – Rataplã! Rataplã! Rataplã!
Oh, que elegância! que lindo par!...
Todos os outros vem ofuscar!

## Cena II

*Os mesmos, Figueiredo e Benvinda*

(*Entra Figueiredo, vestido de Radamés, trazendo pela mão Benvinda, vestida de Aída.*)

*Coplas*

I

FIGUEIREDO — Eis Aída,
Conduzida
Pela mão de Radamés!
Vem chibante,
Coruscante,
Da cabeça até os pés!...
Que lindeza!
Que beleza!
Meus senhores, aqui está
A trigueira
Mais faceira
De São João do Sabará!

CORO — A trigueira etc.

## II

FIGUEIREDO
– Diz tolices,
Parvoíces,
Se abre a boca pra falar;
Se se cala,
Se não fala,
Pode as pedras encantar!
Eu a lanço
Sem descanso!
Na pontíssima estará
A trigueira
Mais faceira
De São João do Sabará!

CORO – A trigueira etc.

FIGUEIREDO – Minhas senhoras e meus senhores, apresento a vossas excelências e senhorias, dona Fredegonda, que – depois, bem entendido, das damas que se acham aqui presentes – é a estrela mais cintilante do *demimonde* carioca!

TODOS (*Inclinando-se.*) – Dona Fredegonda!

FIGUEIREDO (*Baixo a Benvinda.*) – Cumprimenta.

BENVINDA – Ó *rev*oá!

FIGUEIREDO (*Baixo.*) – Não. *Au revoir* é quando a gente vai se embora e não quando chega.

BENVINDA – *Entonces*...

FIGUEIREDO (*Baixo.*) – Cala-te! Não digas nada!... (*Alto.*) Convidado pela gentilíssima Lola para comparecer a este forrobodó elegante, não quis perder o magnífico ensejo, que se me oferecia, de iniciar a formosa Fredegonda nos insondáveis mistérios da galanteria fluminense! Espero que vossas excelências e senhorias queiram recebê-la com benevolência, dando o necessário desconto às clássicas emoções da estreia, e ao fato de ser dona Fredegonda uma simples roceira, quase tão selvagem como a princesa etíope que o seu vestuário representa.

TODOS (*Batendo palmas.*) – Bravo! Bravo! Muito bem!

BLANCHETTE (*A Figueiredo.*) – Descanse. A iniciação desta neófita fica por nossa conta. (*Às outras.*) Não é assim?

DOLORES e MERCEDES – Certamente. (*As três cercam Benvinda, que se mostra muito encafifada.*)

FIGUEIREDO (*Vendo Rodrigues aproximando-se dele.*) – Oh! Que vejo! Você aqui!... Você, o homem da família, o moralista retórico e sentimental, o palmatória do mundo!...

RODRIGUES – Sim... é que... são coisas... estou aqui por necessidade... por incidente... por uma série de circunstâncias que... que...

FIGUEIREDO – Deixe-se disso! Não há nada mais feio que a hipocrisia! Naquela tarde em que o encontrei no Largo da Carioca, a mulata mostrou-me seu cartão de visitas...

RODRIGUES – O meu? Ah! sim, dei-lhe o meu cartão... para...

FIGUEIREDO – Para quê?

RODRIGUES – Para...

FIGUEIREDO – Olhe, cá entre nós, que ninguém nos ouve: quer você tomar conta dela?

RODRIGUES – Quê! Pois já se aborreceu?

FIGUElREDO – Todo o meu prazer é lançá-las, lançá-las e nada mais. Você viu a *Mimi Bilontra*?

RODRIGUES – Não.

FIGUEIREDO – Mas sabe o que é lançar uma mulher?

RODRIGUES – Nesses assuntos sou hóspede... você sabe... sempre fui um homem da família... mas quer me parecer que lançar uma mulher é como quem diz atirá-la na vida, iniciá-la neste meio...

FIGUEIREDO – Ah! qui qui! Infelizmente não creio que desta se possa fazer alguma coisa mais que uma boa companheira. É uma mulher que lhe convinha.

RODRIGUES – Mas eu não preciso de companheira! Sou casado, e, graças a Deus, a minha santa esposa...

FIGUEIREDO (*Atalhando.*) – E o cartão?

RODRIGUES – Que cartão? Ah! sim, o cartão do Largo da Carioca... Mas eu não me comprometi a coisa nenhuma!

FIGUEIREDO – Bom; então não temos nada feito... mas veja lá! se quer...

RODRIGUES – Querer, queria... mas não com caráter definitivo!

FIGUEIREDO – Ora vá pentear macacos!

(*As últimas deixas, Eusébio tem entrado, vestido com uma dessas roupas que vulgarmente se chamam de princês. Eusébio aperta a mão aos convidados um por um. Todos se interrogam com os olhos admirados de tão estranho convidado.*)

## Cena III

*Os mesmos, Eusébio*

EUSÉBIO (*Depois de apertar a mão a muitos dos circunstantes.*) – *Tá* tudo *olando* uns pros *outro*, admirado de me *vê* aqui! Eu fui convidado pela madama dona da casa!

BENVINDA (*À parte.*) – *Sinhô* Eusébio!...

FIGUEIREDO (*A quem Eusébio aperta a mão, à parte.*) – Oh! diabo! É o patrão da Benvinda!...

BLANCHETTE – Donde saiu esta figura?

DOLORES – É um homem da roça!

BLANCHETTE – Não será um doido?

EUSÉBIO (*Indo apertar por último a mão de Benvinda, reconhecendo-a.*) – Benvinda!

BENVINDA – Ó *revoá*!

FIGUEIREDO (*À parte.*) – E ela a dar-lhe...

EUSÉBIO – Tu também *tá* de fantasia, mulata! O mundo *tá* perdido!...

BENVINDA – Eu vim com seu Figueiredo... mas *vancê* é que me admira!

EUSÉBIO – Eu vim *falá ca* madama *pro mode* seu Gouveia... e ela me convidou pra festa... e eu tive que *alugá* esta vestimenta, mas vim de *tilbo* porque hoje é *Sabo* de Aleluia e eu não quero embrulho comigo!

FIGUEIREDO (*À parte.*) – Oh! bom! foi o seu professor de português!

BENVINDA – Se *sinhá* soubesse...

EUSÉBIO – Cala a boca! nem *pensá* nisso é *bão*; mas onde *tá* o *tá* seu Figueiredo? Eu sempre quero *oiá* pra cara dele!

BENVINDA – É aquele.

EUSÉBIO (*Indo a Figueiredo.*) – Pois foi o *sinhô* que me desencaminhou a mulata? O *sinhô*, um *home* branco e que já começa a *pintá*? Agora me *alembro* de vê o *sinhô* lá no *hoté* só rondando a porta da gente!...

FIGUEIREDO – Estou pronto a dar-lhe todas as satisfações em qualquer terreno que me peça... mas há de convir que este lugar não é o mais próprio para...

EUSÉBIO (*Atalhando.*) – Ora viva! Eu não quero satisfação! A mulata não é minha *fia* nem parenta minha! mas lá em São João do Sabará há um *home* chamado seu Borge, que se souber... um! um!... é capaz de *vi* na *Capitá Federá*!

FIGUEIREDO – Pois que venha!...

MERCEDES – Aí chega a Lola!

TODOS – Oh! a Lola!... viva a Lola!... viva!...

## Cena IV

*Os mesmos, Lola*

| | |
|---|---|
| CORO | – Até que enfim Lola aparece! |
| | Até que enfim Lola cá está! |
| | Vem tão bonita que entontece! |
| | Lola vem cá! Lola vem já!... |

(*Lola entra ricamente fantasiada à espanhola.*)

| | |
|---|---|
| LOLA | – Querem todos ver a Lola! |
| | Aqui está ela! |
| CORO | – Aqui está ela! |
| LOLA | – Oh, que esplêndida manola |
| | Não há mais bela! |
| CORO | – Não há mais bela! |
| LOLA | – Vejam que graça |
| | Tem a manola! |
| | Não é chalaça! |
| | Não é parola! |

|      |                           |
|------|---------------------------|
| Coro | Como se agita!<br>Como rebola!<br>Isto os excita!<br>Isto os consola!<br>O olhar brejeiro<br>De uma espanhola<br>Do mais matreiro<br>Transtorna a bola,<br>E sem pandeiro,<br>Nem castanhola!<br>– Vejam que graça etc.<br>(*Dança geral.*) |

FIGUEIREDO – Gentilíssima Lola, permite que Radamés te apresente Aída!

LOLA – Folgo muito de conhecê-la. Como se chama?

BENVINDA – Benv... (*Emendando.*) Fredegonda.

EUSÉBIO (*À parte.*) – Fredegonda? Uê! Benvinda mudou de nome!...

FIGUEIREDO – Espero que lhe emprestes um raio da tua luz fulgurante!

LOLA – Pode contar com a minha amizade.

FIGUEIREDO – Agradece.

BENVINDA – *Merci.*

EUSÉBIO (*À parte.*) – Ai, mulata!...

LOLA (*Vendo Eusébio.*) – Bravo! Não imagina como lhe fica bem essa fatiota!

EUSÉBIO – Diz que é vestuário de conde.

LOLA – Está irresistível!

EUSÉBIO – Só a madama podia me *metê* nestas funduras!

BLANCHETTE (*A Lola.*) – Onde foste arranjar aquilo?

LOLA – Cala-te! É um tesouro, um roceiro rico... e primitivo!

BLANCHETTE – Tiraste a sorte grande!

LOLA – Meus amigos, espera-os na sala de jantar um ponche, um ponche monumental, que mandei preparar no intuito de animar as pernas para a dança e os corações para o amor!

TODOS – Bravo! Bravo!...

FIGUEIREDO – Um ponche! Nesse caso, é preciso apagar as luzes!

LOLA – Já devem estar apagadas. (*A Eusébio.*) Fica. Preciso falar-te.

MERCEDES – Ao ponche, meus senhores!

TODOS – Ao ponche!...

LOLA – Vão indo. Eu já vou. Manda-me aqui algumas taças.

DOLORES – Ao ponche!

CORO – Vamos ao ponche flamejante!
 Vamos ao ponche sem tardar!
 O ponche aquece um peito amante
 E as cordas da alma faz vibrar!

(*Saem todos, menos Lola e Eusébio.*)

## Cena V

*Eusébio, Lola*

LOLA – Oh! finalmente estamos sós um instante!

EUSÉBIO (*Em êxtase.*) – Como a madama *tá* bonita!

LOLA – Achas?

EUSÉBIO – Juro por esta luz que nos *alumeia* que nunca vi uma *muié* tão *fermosa*!...

LOLA – Hei de pedir a Deus que me conserve assim por muito tempo para que eu nunca te desagrade! (*Entra Lourenço com uma bandeja cheia de taças de ponche chamejante.*)

## Cena VI

*Os mesmos, Lourenço*

EUSÉBIO – Adeusinho, seu Lourenço. Como passou de *ind'agorinha* pra cá?

LOURENÇO (*Imperturbável e respeitoso.*) – Bem; agradecido a vossa excelência.

LOLA – Deixe a bandeja sobre essa mesa e pode retirar-se. (*Lourenço obedece e vai a retirar-se.*)

EUSÉBIO – Até logo, seu Lourenço. (*Aperta-lhe a mão.*)

LOURENÇO – Oh! Excelentíssimo! (*Faz uma mesura e sai, lançando um olhar significativo a Lola.*)

LOLA (*À parte.*) – É um bruto!

## Cena VII

*Lola, Eusébio*

EUSÉBIO – Este seu Lourenço é muito delicado. Arruma *incelência* na gente que é um gosto!

LOLA (*Oferecendo-lhe uma taça de ponche.*) – À nossa saúde!

EUSÉBIO – Bebida de fogo? Não! não é o *fio* de meu pai!...

LOLA – Prova, que hás de gostar. (*Eusébio prova.*) Então, que tal? (*Ele bebe toda a taça.*)

EUSÉBIO – *Home, é munto bão! Cumo* chama isto?

LOLA – Ponche.

EUSÉBIO – Uê! Ponche não é aquela que a gente veste *cando amonta* a cavalo?

LOLA – Aqui tens outra taça.

EUSÉBIO – Isto não faz *má*? Eu não tenho cabeça forte!

LOLA – Podes beber sem receio.

EUSÉBIO – Então à nossa, pra que Deus nos livre de alguma coça! (*Bebe.*)

LOLA – Dize... dize que hás de ser meu... dá-me a esperança de ser um dia amada por ti!...

EUSÉBIO – Eu já gosto da madama *cumo* quê!

LOLA – Não digas a madama. Trata-me por tu.

EUSÉBIO – Não me ajeito... pode *sê* que *despois*...

LOLA – Depois do quê?

EUSÉBIO (*Com riso tolo e malicioso.*) – Ah! ah!

LOLA (*Dando-lhe outra taça.*) – Bebe!

EUSÉBIO – Ainda?

LOLA – Esgotemos juntos esta taça! (*Bebe um gole e dá a taça a Eusébio.*)

EUSÉBIO – Vou *sabê* dos seus *segredo*. (*Bebe.*)

LOLA – E eu dos teus. (*Bebe.*) Oh! o teu segredo é delicioso... tu gostas muito de mim... da tua Lola... mas receias que eu não seja sincera... tens medo de que eu te engane...

EUSÉBIO (*Indo a dar um passo e cambaleando.*) – Minha Nossa Senhora! Eu *tou* fora de mim! Parece que *tou* sonhando!... O *tá* ponche tem feitiço... mas é *bão*... é muito *bão*!... Quero mais!

103

*Dueto*

**LOLA** — Dize mais uma vez! Dize que me amas!

**EUSÉBIO** — Eu já disse e *arrepito*!

**LOLA**
— O coração me inflama!
Vem aos meus braços! vem!
Assim como eu te amo,
Ai! nunca amei ninguém!
Se deste afeto duvidas,
Se me imaginas perjura,
Com essas mãos homicidas
Me cavas a sepultura!
Será o golpe certeiro,
A morte será horrenda!
Tu és o meu fazendeiro!
E eu sou a tua fazenda!

**EUSÉBIO** — Se é moda a bebedeira, *tou* na moda,
Pois vejo toda a casa andando à roda!

**LOLA** — Bebe ainda uma taça
Agora pode ser que bem te faça.

**EUSÉBIO** (*Depois de beber.*)
— Não posso mais! (*Atira a taça.*)
Oh, Lola, eu *tou* perdido!

**LOLA** — Vem cá, meu bem querido!

*Juntos*

| LOLA | EUSÉBIO |
|---|---|
| — Vem aos meus braços, Eusébio, vem! Os meus abraços Te fazem bem! | — *Tou* nos seus *braço*! Aqui me tem! Mas os *abraço* Não me *faz* bem! |

EUSÉBIO – Oh! *tou* cuma fogueira aqui dentro! mas é tão *bão*! (*Abraçando Lola.*) Lola, eu sou teu... só teu... faz de mim o que tu *quiser*, minha negra!

LOLA – Meu? Isso é verdade? Tu és meu? Meu?

EUSÉBIO – Sim, sou teu! *Tá aí*! E agora? Sou teu e de mais ninguém...

LOLA – Então, esta casa é tua! És o meu senhor, o meu dono, e como tal, quero que todos te reconheçam! (*Indo à porta e batendo palmas.*) Eh! Olá! Venham todos!... venham todos! (*Música na orquestra.*)

## Cena VIII

(*Todos os personagens do ato.*)

CORO FINAL

Lola nos chama!
Que aconteceu?
Que nos quer Lola?
Que sucedeu?

LOLA — Meus amigos, desejo neste instante
Apresentar-lhes o meu novo amante!
Ele aqui está! Eu o amo e ele me ama.

EUSÉBIO — Sim! Aqui está o *home* da madama!

TODOS Ele!... (*Admiração geral.*)

LOLA — És o meu novo dono!
Pode dizer-me: És minha!
É teu, é teu somente
O meu sincero amor!
Eu dava-te o meu trono

Se fosse uma rainha!
Tu, exclusivamente,
És hoje o meu senhor!

*Juntos*

EUSÉBIO — Sou eu seu novo dono!
Posso dizer: É minha!
É meu unicamente
O seu sincero *amó*!
Por ela eu me apaixono!
A Lola é bonitinha!
Eu, exclusivamente,
Sou hoje o seu *sinhô*!

LOLA — És o meu novo dono! etc.

CORO — Eis o seu novo dono!
Pode dizer: É minha!
É dele unicamente
O seu sincero amor!
Gostar assim de um moço
É sorte bem mesquinha!
Ele, exclusivamente,
É hoje o seu senhor!...

FIGUEIREDO (*A Eusébio.*)

— Nossos cumprimentos
Meu amigo, aos centos
Queira receber!
E como hoje é trunfo,
Levado em triunfo
Agora vai ser!

(*Figueiredo e Rodrigues carregam Eusébio. Organiza-se uma pequena marcha, que faz uma volta pela cena, levando o fazendeiro em triunfo.*)

CORO — Viva! viva o fazendeiro
Bonachão e prazenteiro
Que de um peito bandoleiro
Os rigores abrandou,
Conquistando a linda Lola,
Essa esplêndida espanhola
Que o país da castanhola
Generoso nos mandou!

(*Eusébio é posto sobre uma mesa ao centro da cena.*)

EUSÉBIO — Obrigado!
Obrigado!
Mas eu *tô* muito chumbado!
Vejo tudo dobrado!

LOLA — Dancem! dancem! tudo dance!
Ninguém canse
No cancã,[5]
Pois quem se acha aqui presente
Tudo é gente
Folgazã!

CORO — Sim! dancemos! tudo dance!
Ninguém canse
No cancã,
Pois quem se acha aqui presente
Tudo é gente
Folgazã!

(*Cancã desenfreado em volta da mesa.*)

(*Cai o pano.*)

---

[5] 1897 – *cancan* (passim)

## ATO TERCEIRO

### Quadro 8

(*A saleta de Lola.*)

## Cena I

*Eusébio, Lola*

(*Eusébio, ridiculamente vestido à moda, prepara um enorme cigarro mineiro. Lola, deitada no sofá, lê um jornal e fuma.*)

EUSÉBIO – Isto *tá* o diabo! Não sei de dona Fortunata... não sei de Quinota... não sei de Juquinha... não sei de seu Gouveia... Não tenho *corage* de *entrá* em casa!... Se eu me confessar, não encontro um padre que me *absorva*!... Lola, Lola, que diabo de feitiço foi este?... tu *fez* de mim o que tu bem *quis*!

LOLA – Estás arrependido?

EUSÉBIO – Não, arrependido, não *tou*, porque a coisa não se pode *dizê* que não *seje* boa... Mas minha pobre *muié* deve *está* furiosa!... E então quando ela me *vi* assim, todo janota, co'esta roupa de *arfaiate* francês, feito *monsiú* da Rua do *Ouvidô*... Oh! Lola! Lola! as *muié* é os *tormento* dos *home*!... (*Lola, que se tem levantado e que tem ido, um tanto inquieta, até à porta da esquerda, volta ao proscênio e vem encostar-se ao ombro de Eusébio.*)

LOLA – O tormento! Oh! não...

*Coplas*

I

Meu caro amigo, esta vida
Sem a mulher nada vai!
É sopa desenxabida.
Sem uma pedra de sal!
Se a dor torna um homem triste,
Tem ele cura, se quer;
A própria dor não resiste
Aos beijos de uma mulher!

II

Ao lado meu, queridinho,
Serás ditoso e feliz;
Terás todo o meu carinho,
É o meu amor que to diz.
Se tu me amas como eu te amo,
Se respondes aos meus ais,
Nada mais de ti reclamo,
Não te peço nada mais!

EUSÉBIO – Mas... me diz uma coisa, diabo, fala tua verdade... Tu *tá* inteiramente curada de seu Gouveia?

LOLA – Não me fales mais nisso! Foi um sonho que passou. (*Pausa.*) A propósito de sonho... foste ver na vitrine do Luís de Resende o tal broche com que eu sonhei?

EUSÉBIO (*Coçando a cabeça.*) – Fui... sabe quanto custa?

LOLA (*Com indiferença.*) – Sei... uma bagatela... um conto e oitocentos... (*Sobe e vai de novo observar à porta da esquerda.*)

EUSÉBIO (*À parte.*) – Sim, é uma bagatela... a espanhola gosta de mim, é verdade, mas em tão poucos dias já me custa cinco contos de réis! e agora o colar!...

LOLA (*À parte.*) – Que demora! (*Alto, descendo.*) Mas enfim? o colar? Se é um sacrifício, não quero!

EUSÉBIO – O *home* ficou de *fazê* um abatimento e me *mandá* a resposta.

LOLA (*À parte.*) – É meu!

EUSÉBIO – Se ele *deixá* por um conto e *quinhento*, compro! Não dou nem mais um vintém.

LOLA (*À parte.*) – Sobem a escada. É ele!...

EUSÉBIO – Parece que vem gente. (*Batem com força à porta.*) Quem é?

LOLA – Deixa. Eu vou ver. (*Vai abrir a porta. Lourenço entra arrebatadamente. Traz óculos azuis, barbas postiças, chapéu desabado e veste um sobretudo com a gola erguida. Lola finge-se assustada.*)

## Cena II

*Os mesmos, Lourenço*

LOURENÇO – Minha rica senhora, folgo de encontrá-la!

EUSÉBIO – Que é isto?

LOURENÇO – Fui entrando para não lhe dar tempo de me mandar dizer que não estava em casa! É esse o seu costume!

LOLA – Senhor!

EUSÉBIO – Quem é este *home* danado?

LOURENÇO – Quem sou?... Um credor que quer o seu dinheiro! Quer saber também quem é esta senhora? Quer saber? É uma caloteira!

LOLA – Que vergonha! (*Cai sentada e cobre o rosto com as mãos.*)

EUSÉBIO – O *sinhô* é um grande *marcriado*! Não se *insurta* assim uma fraca *muié* que está em sua casa! Faça *favo* de *saí*!...

LOURENÇO – Sair? Eu não saio daqui sem o meu rico dinheiro! O senhor, que tem cara de homem sério, naturalmente há de julgar que sou um grosseirão, um bruto; mas não imagina a paciência que tenho tido até hoje! (*Batendo com a bengala no chão.*) Venho disposto a receber o meu dinheiro!...

LOLA (*Descobrindo o rosto muito chorosa.*) – Com juros de sessenta por cento ao ano!

LOURENÇO – Eu dispenso os juros! Isto prova que não sou nenhum agiota! O que eu quero, o que eu exijo, é o meu capital, os meus dois contos de réis, que me saíram limpinhos da algibeira e seriam quase o dobro com juros acumulados!

LOLA (*Suplicante.*) – Senhor, eu pagarei esse dinheiro logo que puder... Poupe-me tamanha vergonha diante deste cavalheiro que estimo e respeito!

LOURENÇO – Ora deixe-se de partes! Se a senhora não se quisesse sujeitar a estas cenas, solveria os seus compromissos! Mas não passa, já disse, de uma reles caloteira!...

EUSÉBIO – *Home*, o *sinhô arrepare que eu tou* aqui! Faça *favô* de *vê* como fala!...

LOURENÇO – Quem é o senhor? É marido desta senhora? É seu pai? É seu tio? É seu padrinho? É seu parente? Com que direito intervém? Eu tenho ou não tenho razão? Fui ou não fui caloteado?

EUSÉBIO – *Home, o sinhô se cale!* Olhe que eu sou mineiro!

LOURENÇO – Não me calo, ora aí está! E declaro que não me retiro daqui sem estar pago e satisfeito! (*Senta-se.*)

EUSÉBIO – Seu *home*, olhe que eu!...

LOURENÇO (*Erguendo-se.*) – Eh! lá! Eh! lá! Agora sou eu que lhe digo que se cale! O senhor não tem o direito de abrir o bico...

LOLA (*Chorando.*) – Que vergonha! Que vergonha!

EUSÉBIO (*À parte.*) – Coitadinha!...

LOURENÇO – A princípio supus que o senhor fosse o amante desta senhora. Vejo que me enganei... Se o fosse, já teria pago por ela, e não consentiria que eu a insultasse!...

EUSÉBIO – Hein?

LOLA (*Erguendo-se e correndo a Eusébio.*) – Não! Não! Sou eu que não consinto que tu pagues!... Não! Não tires a carteira! Eu mesma pagarei essa dívida!

LOURENÇO – Mas há de ser hoje, porque eu não me levanto desta cadeira. (*Torna a sentar-se.*)

EUSÉBIO – Mas eu...

LOLA – Não! não pagues! Esse dinheiro pedi-o para mandá-lo a minha mãe, que está em Valladolid... Eu é que devo pagá-lo... (*Voltando suplicante para Lourenço.*)... mas não hoje!...

LOURENÇO (*Batendo com a bengala.*) – Há de ser hoje!...

LOLA – Não posso! não posso!...

LOURENÇO – Não pode?... Dê-me esse par de bichas que traz nas orelhas e ficarei satisfeito!

LOLA – Estas bichas custaram três contos!

LOURENÇO – São os juros.

LOLA – Pois bem! (*Vai a tirar as bichas.*)

EUSÉBIO (*Pegando-lhe no braço.*) – Não *tira* as bichas, Lola!... (*Ao credor.*) Seu desgraçado, não tenho dois *conto* aqui no *borso*, mas me acompanha *na* casa do meu correspondente, na Rua de São Bento... vem *recebê* o teu *mardito* dinheiro!

LOURENÇO (*Batendo com a bengala.*) – Já disse que daqui não saio!

LOLA (*Abraçando Eusébio.*) – Não, Eusébio, meu querido Eusébio! Não!...

EUSÉBIO (*Sem dar ouvidos a Lola.*) – Pois não sai, não sai, desgraçado! (*Desvencilhando-se de Lola.*) Espera aí sentado, que eu vou *buscá* teu dinheiro! (*Sai arrebatadamente. Lola, depois de certificar-se de que ele realmente saiu, volta, e desata a rir às gargalhadas. Lourenço levanta-se, tira os óculos, as barbas e o chapéu, e também ri às gargalhadas.*)

## Cena III

*Lola, Lourenço*

LOLA – Soberbo! Soberbo! Foi uma bela ideia! Toma um beijo! (*Dá-lhe um beijo.*)

LOURENÇO – Aceito o beijo, mas olhe que não dispenso os vinte por cento.

LOLA – Naturalmente.

LOURENÇO – Você há de convir que sou um grande artista!

LOLA – E então eu?

LOURENÇO – Você também, mas se eu me houvesse feito cômico em vez de me fazer cocheiro, estava a estas horas podre de rico!

**Tango**

I

Ai! que jeito pro teatro
Que vocação!
Eu faria o diabo a quatro
Num dramalhão!
Mas às rédeas e ao chicote
Jungido estou!
Sou cocheiro de cocote!
Nada mais sou!
Cumprir o nosso destino
Nem eu quis nem você quis!
Fui ator desde menino
E você foi sempre atriz!

II

Quando eu era mais mocinho
(Posso afiançar!)
Fiz furor num teatrinho
Particular!
Talvez outro João Caetano
Se achasse em mim.
Mas o fado desumano
Não quis assim!
Cumprir o nosso destino etc...

LOLA – Mas por que não acompanhaste o fazendeiro? Era mais seguro.

LOURENÇO – Pois eu lá me atrevia a andar por essas ruas de barbas postiças! Nada, que não queria dar com os ossos no xadrez!

LOLA – Tens agora que esperar aqui a pé firme!

LOURENÇO – Estou arrependido de ter perdoado os juros. (*Batem à porta.*)

LOLA – Quem será?

LOURENÇO (*Depois de espreitar.*) – É o filho-família.

LOLA – Ah! o tal Duquinha? Tomaste as necessárias informações? Que me dizes desse petiz?

LOURENÇO (*Abanando a cabeça com ares de competência.*) – Digo que, no seu gênero, não deixa de ser aproveitável... O pai é muito severo, mas a mãe, que é rica, satisfaz todos os seus caprichos... Não digo que você possa tirar dali mundos e fundos, mas é fácil obrigá-lo a contrair dívidas, se for preciso, para dar alguns presentes, e ouro é o que ouro vale.

LOLA – Manda-o entrar.

LOURENÇO – Não se demore muito, porque o fazendeiro foi a todo o vapor e não tarda aí.

LOLA – Temos tempo. A Rua de São Bento é longe. (*Sai, Lourenço tira o sobretudo, a que junta as barbas, os óculos e o chapéu, e vai abrir a porta a Duquinha.*)

## Cena IV

*Duquinha, Lourenço*

(*Duquinha tem dezoito anos e é muito tímido.*)

DUQUINHA – A senhora dona Lola está em casa?

LOURENÇO (*Muito respeitoso.*) – Sim, meu senhor... e pede a vossa excelência que tenha o obséquio de esperar alguns instantes.

DUQUINHA – Muito obrigado. (*À parte.*) É o cocheiro... não sei se deva...

LOURENÇO – Como diz vossa excelência?

DUQUINHA – Se não fosse ofendê-lo, pedia-lhe que aceitasse... (*Tira a carteira.*)

LOURENÇO – Oh! não!... Perdoe vossa excelência... não é orgulho; mas que diria a patroa se soubesse que eu...

DUQUINHA – Ah! nesse caso... (*Guarda a carteira.*)

LOURENÇO (*Que ia sair, voltando.*) – Se bem que eu estou certo que vossa excelência não diria nada à senhora dona Lola...

DUQUINHA (*Tirando de novo a carteira.*) – Ela nunca o saberá. (*Dá-lhe dinheiro.*)

LOURENÇO – Beijo as mãos de vossa excelência. A senhora dona Lola é tão escrupulosa! (*À parte.*) Uma de trinta! O franguinho promete... (*Sai com muitas mesuras, levando o sobretudo e demais objetos.*)

## Cena V

*Duquinha, só*

DUQUINHA (*Só.*) – Estou trêmulo e nervoso... É a primeira vez que entro em casa de uma destas mulheres... Não pude resistir!... A Lola é tão bonita, e o outro dia, no Braço de Ouro, me lançou uns olhares tão meigos, tão provocadores, que tenho sonhado todas as noites com ela! Até versos lhe fiz, e aqui lhos trago... Quis comprar-lhe uma joia, mas receoso de ofendê-la, comprei apenas estas flores... Ai, Jesus! ela aí vem! Que lhe vou dizer?...

## Cena VI

*Duquinha e Lola*

LOLA – Não me engano: é o meu namorado do Braço de Ouro! (*Estendendo-lhe a mão.*) Como tem passado?

DUQUINHA – Eu... sim... bem, obrigado; e a senhora?

LOLA – Como tem as mãos frias!

DUQUINHA – Estou muito impressionado. É uma coisa esquisita: todas as vezes que fico impressionado... fico também com as mãos frias...

LOLA – Mas não se impressione! Esteja à sua vontade! Parece que não lhe devo meter medo!

DUQUINHA – Pelo contrário!

LOLA (*Arremedando-o.*) – Pelo contrário! (*Outro tom.*) São minhas essas flores?

DUQUINHA – Sim... eu não me atrevia... (*Dá-lhe as flores.*)

LOLA – Ora essa! Por quê? (*Depois de aspirá-las.*) Que lindas são!

DUQUINHA – Trago-lhe também umas flores poéticas.

LOLA – Umas quê?

DUQUINHA – Uns versos.

LOLA – Versos? Bravo! Não sabia que era poeta!

DUQUINHA – Sou poeta, sim, senhora... mas poeta moderno, decadente...

LOLA – Decadente? nessa idade?

DUQUINHA – Nós somos todos muito novos.

LOLA – Nós quem?

DUQUINHA – Nós, os decadentes. E só podemos ser compreendidos por gente da nossa idade. As pessoas de mais de trinta anos não nos entendem.

LOLA – Se o senhor se demorasse mais algum tempo, arriscava-se a não ser compreendido por mim.

DUQUINHA – Se dá licença, leio os meus versos. (*Tirando um papel da algibeira.*) Quer ouvi-los?

LOLA – Com todo o prazer.

DUQUINHA (*Lendo.*)
- Ó flor das flores, linda espanhola!
Como eu te adoro, como eu te adoro!
Pelos teus olhos, ó Lola! ó Lola!
De dia canto, de noite choro,
Linda espanhola, linda espanhola!

LOLA – Dir-se-ia que o trago de canto chorado!

DUQUINHA – Ouça a segunda estrofe:
És uma santa, das santas!
Como eu te adoro, como eu te adoro!
Meu peito enlevas, minha alma encantas!
Ouve o meu triste canto sonoro,
Santa das santas, santa das santas!

LOLA – Santa? Eu!... Isto é que é liberdade poética!

DUQUINHA (*Lendo.*)
- Ó flor das flores! Bela andaluza!
Como eu te adoro, como eu te adoro!

Tu és a minha pálida musa!
Desses teus lábios um beijo imploro,
Bela andaluza, bela andaluza!

LOLA – Perdão, mas eu não sou da Andaluzia; sou de Valladolid.

DUQUINHA – Pois há espanholas bonitas que não sejam andaluzas?

LOLA – Pois não! O que não há são andaluzas bonitas que não sejam espanholas.

DUQUINHA – Hei de fazer uma emenda.

LOLA – E que mais?

DUQUINHA – Como?

LOLA – O senhor trouxe-me flores... trouxe-me versos... e não me trouxe mais nada?

DUQUINHA – Eu?

LOLA – Sim... Os versos são bonitos... as flores são cheirosas... mas há outras coisas de que as mulheres gostam muito.

DUQUINHA – Uma caixinha de marrons-glacés?

LOLA – Sim, não digo que não... é uma boa gulodice... mas não é isso...

DUQUINHA – Então que é?

LOLA – Faça favor de me dizer para que se inventaram os ourives.

DUQUINHA – Ah! já percebo... Eu devia trazer-lhe uma joia!

LOLA – Naturalmente. As joias são o "Sésamo, abre-te" destas cavernas de amor.

DUQUINHA – Eu quis trazer-lhe uma joia, quis; mas receei que a senhora se ofendesse...

LOLA – Que me ofendesse?... Oh! santa ingenuidade!... Em que é que uma joia me poderia ofender? Querem ver que o meu amiguinho me toma por uma respeitável mãe de família? Creia que um simples grampo de chapéu, com um bonito brilhante, produziria mais efeito que todo esse:

> Como te adoro, como te adoro,
> Linda espanhola, linda espanhola,
> Santa das santas, santa das santas!

DUQUINHA – Vejo que lhe não agrada a Escola Decadente...

LOLA – Confesso que as joias exercem sobre mim uma fascinação maior que a literatura, e demais, não sou mulher a quem se ofereçam versos... Vejo que o senhor não é da opinião de Bocage....

DUQUINHA – Oh! Não me fale em Bocage!

LOLA – Que mania essa de não nos tomarem pelo que somos realmente! Guarde os seus versos para as donzelinhas sentimentais, e, ande, vá buscar o "Sésamo, abre-te" e volte amanhã. (*Empurra-o para o lado da porta. Entra Lourenço.*)

DUQUINHA – Mas...

LOLA – Vá, vá! Não me apareça aqui sem uma joia. (*A Lourenço.*) Lourenço, conduza este senhor até a porta. (*Sai pela direita.*)

DUQUINHA – Não, não é preciso, não se incomode. (*À parte.*) Vou pedir dinheiro a mamãe. (*Sai.*)

### Cena VII

*Lourenço, só*

LOURENÇO (*Só.*) – As ordens de vossa excelência. A Lola saiu-me uma artista de primeiríssima ordem! Bom! Vou caracterizar-me de credor, que o fazendeiro não tarda por aí. Quatrocentos mil réis cá para o degas! Que bom! Hão de grelar esta noite no Belódromo, onde conto organizar uma mala onça! (*Sai cantarolando o tango. Mutação.*)

*Quadro 9*

(*No Belódromo Nacional.*)

## Cena I

*Lemos, Guedes, um Frequentador do Belódromo, pessoas do povo, depois amadores, depois* S'il-Vous-Plaît, *depois Lourenço*

(*Durante todo este ato, ouve-se a intervalos o som de uma sineta que chama os compradores à casa das pules, à esquerda, e uma voz grita: "Vai fechar!"*)

*Coro*

Não há nada como
Vir ao Belódromo!
São estas corridas
Muito divertidas!
Desgraçadamente
Muito raramente
O povo, coitado!
Não é cá roubado!
Mas o cabeçudo,
Apesar de tudo,

Pules vai comprando,
Sempre protestando!
Tipos aqui pisam,
Mestres em cabalas,
E elas organizam
As famosas malas!
E com artimanha
(Manha mais do que arte)
Quase sempre ganha
Pífio bacamarte! (*Entrada dos amadores.*)

CORO DE AMADORES – Aqui estamos os melhores
Amadores
Da elegante bicicleta!
Nós corremos, prazenteiros,
Mais ligeiros,
Mais velozes
Que uma seta!
A todo o público
Dos belódromos
Muito simpáticos
Se diz que somos.
O povo aplaude-nos
Quando vencemos,
Mas também vaia-nos
Quando perdemos!
Aqui estamos os melhores etc.

O FREQUENTADOR DO BELÓDROMO (*A Lemos e Guedes.*) – Parece impossível!... No páreo passado joguei no número 17 por ser a data em que minha mulher morreu, e, por causa das dúvidas, joguei também no número 18, por ser a data em que ela foi enterrada... e ganhou o número 19! Parece impossível!...

Lemos – É verdade! Parece! (*A Guedes.*) Você já viu velho mais cabuloso?

Frequentador – Agora vou jogar no 25... Não pode falhar, porque a sepultura dela tem o número 525.

Guedes – É... é isso... vá comprar, vá.

Frequentador – Vou jogar uma em primeiro e duas em segundo. (*Afasta-se para o lado da casa das pules.*)

Lemos – E que me dizes a esta, ó Guedes? O *S'il-Vous-plaît* foi arranjar tudo, e do Lourenço nem novas nem mandados!

Guedes – Quem sabe se ele teve de levar Lola de carro a algum teatro?...

Lemos – Qual! Não creias! Pois se ele é um cocheiro que faz da patroa o que bem quer!...

Guedes – Está só pelo diabo! Uma mala segura, e não há dinheiro para o jogo!... Olha, aqui está de volta o *S'il-Vous-plaît*.

S'il-Vous-Plaît (*Aproximando-se, vestido de corredor.*) – Venho da pista. Está tudo combinado.

Lemos – Sim, mas ainda não temos o melhor! O caixa da mala não aparece!

S'il-Vous-Plaît – Que diz você? Pois o Lourenço...

Guedes – O Lourenço até agora!

Lourenço (*Aparecendo entre eles.*) – Que estão vocês aí a falar do Lourenço?

Os Três – Ora graças!...

Lourenço – Vocês sabem que eu sou de palavra... Quando digo que venho é porque venho!

Lemos – Estávamos sobre brasas!

LOURENÇO – Já estão vendendo?

GUEDES – Há que tempos!

S'IL-VOUS-PLAÎT – Já se fez a segunda apregoação.

LOURENÇO – O que está combinado?

S'IL-VOUS-PLAÎT – Ganha o *Menelik*.

LOURENÇO – O *Félix Faure* não corre?

S'IL-VOUS-PLAÎT – Está combinado que ele cairá na quinta volta.

LOURENÇO – Quantas voltas são?

S'IL-VOUS-PLAÎT – Oito.

LOURENÇO – Quem mais corre?

S'IL-VOUS-PLAÎT – O *Garibaldi*, o *Carnot* e o *Colibri*.

LOURENÇO – Que *Colibri* é esse?

S'IL-VOUS-PLAÎT – É um pequenote... um bacamarte... não vale nada... nem eu o meti na combinação!

LOURENÇO – Os outros quatro quanto recebem?

S'IL-VOUS-PLAÎT – Quinze mil réis cada um.

LOURENÇO – E dez por cento dos lucros para vocês três... Bom. (*Dando dinheiro a Lemos.*) Tome, seu Lemos: vá comprar dez pules... (*Dando dinheiro a Guedes.*) Tome, seu Guedes: compre outras dez... Vá cada um por sua vez, para disfarçar... Senão, o rateio não dá para o buraco de um dente! Eu compro três cheques. Vamos. (*Afastam-se todos.*)

## Cena II

*Benvinda, Figueiredo*

BENVINDA – Me deixe! Já *le* disse que não quero mais *sabê* do *sinhô*!

FIGUEIREDO – Por quê, rapariga?

BENVINDA – O *sinhô* co'essa mania de *querê* me *lançá* é um cacete insuportave! *Tá* sempre me dando lição e *raiando* comigo! Pra isso eu não *percisava* saí de casa de *sinhô* Eusébio!

FIGUEIREDO – Mas é para o teu bem que eu...

BENVINDA – Quais *pera* meu bem nem *pera nada*! Hei de *encontrá* quem me queira mesmo falando *cumo* se fala na roça!

FIGUEIREDO – Estás bem aviada!

BENVINDA – Eu mesmo posso me *lançá* sem *percisar* do *sinhô*!

FIGUEIREDO – Oh! mulher, olha que tu não tens nenhuma experiência do mundo. És uma tola... uma ignorantona... não sabes o que é a Capital Federal!

BENVINDA – Como o *sinhô* se engana! Eu já *tou meia* capitalista-federalista!

FIGUEIREDO – Bom; tua alma, tua palma! Estou com a minha consciência tranquila. Mas vê lá: se algum dia precisares de mim, procura-me.

BENVINDA – *Merci*! (*Vai-se afastando.*)

FIGUEIREDO – Adeus, Fredegonda!

BENVINDA (*Parando.*) – Que Fredegonda! Assim é que o *sinhô* me *lançô*! Me deu logo um nome tão feio que toda a gente se ri quando ouve ele!

FIGUEIREDO – É porque não sabem a história! Fredegonda foi uma rainha... era casada com Chilperico...

BENVINDA – Pois eu por minha desgraça não sou casada nem com seu Borge. Ó revoá. (*Afasta-se.*)

FIGUEIREDO (*Só.*) – No fundo, estou satisfeito, porque decididamente não havia meio de fazer dela alguma coisa... Parece que vai chover... mas já agora vou assistir à corrida. (*Afasta-se.*)

## Cena III

*Lourenço, Lemos, Guedes, depois o Frequentador do Belódromo*

LOURENÇO – Bom! venham as pules. (*Lemos e Guedes entregaram as pules, que ele guarda.*)

LEMOS – A mala não transpirou. *Félix Faure* é o favorito.

GUEDES – Queira Deus que o *S'il-Vous-plaît* não dê com a língua nos dentes!

O FREQUENTADOR (*Voltando.*) – Comprei no 25... Mas agora me lembro... somando o número da sepultura dá a soma de 12. Cinco e dois, sete; e cinco, 12. Ora, 12 e 12 são 24.

LEMOS – Vinte e quatro é o tal *Colibri*. Não deite o seu dinheiro fora!

O FREQUENTADOR – Aceito o conselho... Já cá tenho o 25... e não pode falhar! O diabo é que parece que vai chover. O tempo está muito entroviscado! (*Afasta-se.*)

LOURENÇO (*Que tem estado a calcular.*) – Se o *Félix Faure* é o favorito, o *Menelik* não pode dar menos de sete mil réis.

GUEDES – Para cima!

LOURENÇO – Separemo-nos. Creio que a diretoria já nos traz de olho... No fim da corrida esperá-los-ei no lugar do costume para a divisão dos *lúcaros*. Até logo!

LEMOS e GUEDES – Até logo. (*Afastam-se. Benvinda volta passeando.*)

## Cena IV

*Lourenço e Benvinda*

LOURENÇO (*Consigo.*) – Estes malandretes ganham pela certa... não arriscam um nicolau... (*Vendo Benvinda.*) Não me engano: é a celeste Aída do sábado de aleluia... Reconhecerá ela na minha *filosostria* o cocheiro da Lola? Vejamos! (*Passa e acotovela Benvinda.*) Adeus, coração dos outros!

BENVINDA – Vá passando seu caminho e não bula *ca* gente!

LOURENÇO – Tão zangada, meu Deus!

BENVINDA – Que deseja o *sinhô*?

LOURENÇO – Pelo menos saber onde mora.

BENVINDA – Moro na rua *das* casa.

LOURENÇO – Não seja má! Bem sei que é aqui mesmo na Rua do Lavradio.

BENVINDA – Quem *le* disse?

LOURENÇO – Ninguém. Fui eu que *lhe* vi na janela.

BENVINDA – Pois não vá lá, que não *lhe arrecebo*!

LOURENÇO – Por que não me *arrecebe, marvada*?

BENVINDA – Vou *sê* franca... Só *arrecebo* quem *quisé* me *tirá* desta vida. Não nasci pra isto. Quero *vivê* em família.

LOURENÇO – Ah, seu benzinho! Isso é que não pode ser! Hoje em dia não é possível viver em família!

BENVINDA – Por quê?

LOURENÇO – Por quê? Ainda me perguntas, amor?

*Coplas*

I

LOURENÇO – Já não se encontra casa decente,
              Que custe apenas uns cem mil réis,
              E os senhorios constantemente
              O preço aumentam dos aluguéis!
              Anda o povinho muito inquieto,
              E tem – pudera – toda a razão;
              Não aparece nenhum projeto
              Que nos arranque desta opressão!
                  Um cidadão neste tempo
                  Não pode andar amarrado...
                  A gente vê-se, e adeusinho:
                  Cada um vai pro seu lado!

II

              Das algibeiras some-se o cobre,
              Como levado por um tufão!
              Carne de vaca não come o pobre,
              E qualquer dia não come pão!
              Fósforos, velas, couve, quiabos,
              Vinho, aguardente, milho, feijão,

Frutas, conservas, cenouras, nabos,
Tudo se vende pr'um dinheirão!
Um cidadão neste tempo etc.

BENVINDA – Tenho sede, venha *pagá* um copo de cerveja.

LOURENÇO – Com muito gosto, mas da Babilônia, que as *alamoas* estão pela hora da morte!

BENVINDA – *Vamo.*

LOURENÇO – Como você se chama, seu benzinho?

BENVINDA – Artemisa.

LOURENÇO – Que bonito nome! Vamos ali no botequim do Lopes. (*Saem.*)

## Cena V

*Eusébio, Lola, Mercedes, Dolores, Blanchette, depois Figueiredo*

(*Eusébio entra no meio das mulheres; traz o chapéu atirado para a nuca, e um enorme charuto. Vêm todos alegres. Acabaram de jantar e lembraram-se de dar uma volta pelo Belódromo.*)

EUSÉBIO – Não, Lola! Tu hoje *há* de me *deixá i* pra casa! Dona Fortunata deve *está* furiosa!

LOLA – Que dona Fortunata nem nada!

MERCEDES – Havemos de acabar a noite num gabinete do München!

DOLORES – Não o deixamos!

BLANCHETTE – Está preso!... E, demais, vamos ter chuva!

EUSÉBIO – Na chuva já *tou eu*, se não me engano. Aquele vinho é *bão*, mas é *veiaco*!

FIGUEIREDO (*Aproximando-se.*) – Olá! viva a bela sociedade!

LOLA – Olha quem ele é! o Figueiredo!

MERCEDES – O Radamés!

DOLORES – Você no Belódromo!

FIGUEIREDO – Por mero acaso... Não gosto disto... No Rio de Janeiro não há divertimentos que prestem! Não temos nada, nada!

EUSÉBIO (*Num tom magoado.*) – Como vai a Fredegonda, seu Figueiredo?

FIGUEIREDO – A Fredegonda já não é Fredegonda!

TODOS – Ah!...

FIGUEIREDO – Tornou a ser Benvinda, como antigamente. Deixou-me!

TODOS – Deixou-o?

FIGUEIREDO – Deixou-me, e anda à procura de alguém que saiba lançá-la melhor do que eu!

EUSÉBIO – Uê!

FIGUEIREDO – Deve estar aqui no Belódromo... Acompanhei-a até cá, para pedir-lhe que tivesse juízo, mas a sua resolução é inabalável... Pobre rapariga!...

EUSÉBIO (*Muito comovido, para o que concorre o vinho que bebeu.*) – Coitada da Benvinda!... Podia *tá* casada e agora... anda atirada por aí como uma coisa à-toa... sem ninguém que tome conta dela... (*Com lágrimas na voz.*) Coitada!... não *façum* caso... Eu vi ela pequena... nasceu e cresceu lá em casa... (*Chorando.*) Minha *fia* mamou o leite da mãe dela!

Todos – Que é isso?! Chorando?! Ora esta!...

Eusébio (*Com soluços.*) – Que chorando que nada! Já passou!... Não foi nada!... Que *qué vacés*! Mineiro tem muito coração!...

Todos – Vamos lá! Que é isso? Então?...

Lola – Há de passar. São efeitos do *Chambertin*! Eusébio, onde... então?... vá comprar umas pules para tomar interesse pela corrida.

Eusébio – Eu não entendo disso!

Figueiredo – Escolha um nome daqueles. Olhe, ali, na pedra... *Ligúria, Carnot, Menelik, Colibri* e *Félix Faure*.

Eusébio – *Colibri*! Eu quero *Colibri*!

Figueiredo – Ouvi dizer que não vale nada... É o que aqui chamam um bacamarte... Não lhe sorri nenhum dos presidentes da República Francesa?

Eusébio – Não *sinhô*, não quero outro! *Colibri* é o nome de um jumento que tenho lá na fazenda.

Dolores, Mercedes e Blanchette (*Ao mesmo tempo.*) – Não faça isso! Se é bacamarte, não presta! É dinheiro deitado fora!

Lola – Deixem-no lá! É um palpite! Vá comprar cinco pules naquele guichê.

Eusébio – Naquele quê?

Figueiredo – Naquele buraco.

Eusébio – *Canto* custa?

Figueiredo – Cinco pules são dez mil réis.

Eusébio – Mas como se faz?

Figueiredo – Estenda o braço, meta o dinheiro dentro do buraco, abra a mão, e diga: "*Colibri*".

Eusébio – Sim, *sinhô*. (*Afasta-se.*)

Figueiredo – Pois é o que lhes conto: estou livre como o lindo amor!

Mercedes – Se me quiser tomar sob a sua valiosa proteção...

Dolores – Se quiser fazer a minha ventura...

Blanchette – Se me quiser lançar...

Lola – Vocês estão a ler! Ele só gosta de...

Figueiredo (*Atalhando.*) – De trigueira! Eu digo trigueira, por ser menos rebarbativo... Acho que as brancas são encantadoras, apetitosas, adoráveis, lindíssimas, mas que querem? tenho cá o meu gênero...

Mercedes – Isso é um crime!

Dolores – Devia ser preso!

Blanchette – Deportado!

Lola – Sim, deportado... para a Costa da África!...

*Quinteto*

| | |
|---|---|
| Lola | – Ó Figueiredo, eu cá sou franca; <br> Estou com pena de você! |
| As Outras | – Nós temos pena de você! |
| Figueiredo | – Façam favor, digam por quê! |
| Lola | – Por não gostar da mulher branca! |
| As Outras | – Por não gostar da mulher branca! |
| Figueiredo | – Meu Deus! Deveras! <br> Por isso só? |

| | |
|---|---|
| TODAS | – Somos sinceras!<br>Causa-nos dó! |
| FIGUEIREDO | – Oh! oh! oh! oh! |
| TODAS | – Oh! oh! oh! oh! |

*Coplas*

I

| | |
|---|---|
| LOLA | – Pele cândida e rosada,<br>Cetinosa e delicada<br>Sempre teve algum valor! |
| FIGUEIREDO | – Que tolice! |
| TODAS | – Sim, senhor! |
| LOLA | – A cor branca, pelo menos,<br>Era a cor da loura Vênus,<br>Deusa esplêndida do amor. |
| FIGUEIREDO | – Quem lhe disse? |
| TODAS | – Sim, senhor! |
| FIGUEIREDO | – Se eu da Mitologia<br>Fosse o reformador,<br>Vênus transformaria<br>Numa mulata! |
| TODAS | – Horror!... |

II

| | |
|---|---|
| FIGUEIREDO | – A mimosa cor do jambo<br>Pede um meigo ditirambo<br>Cinzelado com primor! |

| | |
|---|---|
| LOLA | – Que tolice! |
| TODAS | – Não, senhor! |
| FIGUEIREDO | – Eu com os ovos, por sistema<br>Deixo a clara e como a gema,<br>Porque tem melhor sabor. |
| LOLA | – Quem lhe disse? |
| TODAS | – Não, senhor! |
| FIGUEIREDO | – Se eu da Mitologia<br>Fosse o reformador,<br>Vênus transformaria<br>Numa mulata! |
| TODAS | – Horror!... |

*Juntos*

| FIGUEIREDO | AS COCOTES |
|---|---|
| – Gosto do amarelo!<br>Que prazer me dá!<br>Nada mais anelo,<br>Nem aspiro já! | – Gosta do amarelo!<br>Maus exemplos dá!<br>Vara de marmelo<br>Merecia já! |

EUSÉBIO (*Voltando.*) – Aqui *está* cinco *papezinho* do *Colibri*. Custou! Toda a gente queria *comprá*! Eu meti o dinheiro no buraco, e o *home* lá de dentro perguntou: "Onde leva?" Eu respondi: "*Colibri*", e ele ficou muito espantado, e disse: "É o *premero* que compra nesse bacamarte".

FIGUEIREDO – Vamos ver a corrida lá de cima. Pedirei um camarote ao Cartaxo.

TODOS – Vamos! (*Saem.*)

## Cena VI

*Benvinda, Lourenço e povo*

LOURENÇO (*Correndo.*) – Correndo ainda apanho; mas olhe que o *Menelik*... (*Desaparece.*)

BENVINDA – Não, *sinhô*, não, *sinhô*! Não quero *Menelik*! Compre no que eu disse. (*Só, no proscênio.*) Não gosto deste *home*: tem cara de padre... é muito enjoado... Nem deste, nem de nenhum... Não gosto de ninguém... O que eu tenho a *fazê* de *mió* é *vortá* para casa e *pedi* perdão a *sinhá véia*. (*Ouve-se o sinal do fechamento do jogo.*)

PESSOAS DO POVO – Fechou! Fechou! Ora, e eu que não comprei! (*Dirigem-se todos para o fundo: vão assistir à corrida.*)

LOURENÇO (*Voltando.*) – Sempre cheguei a tempo de comprar a pule! (*Dando a pule a Benvinda.*) Mas que lembrança a sua de jogar no *Colibri*!

BENVINDA – É porque é o nome de um burrinho que há numa fazenda onde eu fui *passá* uns *tempo*.

LOURENÇO – Ah! é cábula? (*Ouve-se um toque de campainha elétrica.*) Se ele vencesse, você levava a casa das pules! (*Ouve-se um tiro de revólver e um pouco de música.*) Começou a corrida! Vamos ver! (*Afastam-se para o fundo.*)

## Cena VII

*Gouveia, Fortunata e Quinota*

FORTUNATA (*Entrando apressada à frente de Gouveia e Quinota.*) – Não! não quero *vê* meu *fio corrê* na *tá* história!... E logo que

*acabá* a corrida, levo *ele* pra casa, e aqui não *vorta*!...
Que coisa!... Benvinda desaparece... seu Eusébio desaparece... Juquinha não sai do Belódromo... *Tou* vendo quando Quinota me deixa!...

QUINOTA – Oh! mamãe! não tenha esse receio!

FORTUNATA – Que terra! Eu bem não queria *vi no* Rio de Janeiro!

QUINOTA – Que vida tão diversa da vida da roça! (*A Gouveia.*) Não ficaremos aqui depois de casados.

GOUVEIA – Por quê?

QUINOTA – A vida fluminense é cheia de sobressaltos para as verdadeiras mães de família!

FORTUNATA – Olhe seu Eusébio, um *home* de cinquenta *ano*, que teve até agora tanto juízo! *Arrespirou* o *a* da *Capitá Federá*, e perdeu a cabeça!

GOUVEIA – Apanhou o micróbio da pândega!

QUINOTA – Aqui há muita liberdade e pouco escrúpulo... faz-se ostentação do vício... não se respeita ninguém... É uma sociedade mal constituída.

GOUVEIA – Não a supunha tão observadora...

QUINOTA – Eu sou roceira, mas não tola, que não veja o mal onde se acha.

FORTUNATA – Parece que já está chuviscando... Eu senti um pingo...

QUINOTA – O senhor, por exemplo, o senhor, se pensa que me engana, engana-se. Conheço perfeitamente os seus defeitos.

FORTUNATA (*À parte.*) – Aí!

GOUVEIA – Os meus defeitos?

QUINOTA – Oh! são muitíssimos e o menor deles não é querer aparentar uma fortuna que não existe. Desagradam-me esses visíveis esforços que o senhor faz para iludir os outros. O melhor partido que o senhor tem a tomar... e olhe que este é o conselho da sua noiva, isto é, da pessoa que mais o estima neste mundo... o melhor partido que o senhor tem a tomar é abrir-se com papai... confessar-lhe que é um jogador arrependido...

GOUVEIA – Oh! Quinota!...

FORTUNATA – Não tem ó Quinota nem nada! É a verdade!...

QUINOTA – Irá conosco para a fazenda, onde não lhe faltará ocupação.

FORTUNATA – Sim, *sinhô*; é *mió trabaiá* na roça que *fazê* vida de vagabundo na cidade! Outro pingo!

QUINOTA – Papai precisa muito associar-se a um moço inteligente, nas suas condições. Sacrifique à sua tranquilidade os seus prazeres; case-se, faça-se agricultor, e sua esposa, que não será muito exigente e terá muito bom senso, todos os anos lhe dará licença para vir matar saudades daquilo a que o senhor chama o micróbio da pândega.

GOUVEIA (*À parte.*) – Sim, senhor, pregou-me uma lição de moral mesmo nas bochechas!

FORTUNATA – Seu Gouveia, é *mió* a gente *i* pro *lugá* por onde Juquinha tem de *saí*.

GOUVEIA – Deve sair por acolá... Vamos esperá-lo na passagem. (*Estendendo o braço.*) É verdade, já está chuviscando.

(*Saem. O final da corrida. Um toque de campainha elétrica. Pouco depois um pouco de música. Vozeria do povo, que vem todo ao proscênio.*)

*Coro*

– Oh! Quem diria
Que ganharia
O *Colibri*
Ganhou à toa!
Pule tão boa
Eu nunca vi
Aqui!

## Cena VIII

*Lemos, Guedes, Lourenço, o Frequentador do Belódromo, depois Eusébio, Figueiredo, Lola, Mercedes, Dolores, Blanchette, depois* S'il-Vous-Plaît, *Juquinha, depois Fortunata, Quinota, Gouveia, depois Benvinda, depois Lourenço*

LEMOS – Ganhou o *Colibri*! Quem diria!

GUEDES – O *Colibri*!... que pulão!...

LOURENÇO – Que desgraça!... O *Félix Faure* caiu de propósito, mas por cima do *Félix Faure* caiu o *Menelik*, por cima do *Menelik* o *Ligúria*, por cima do *Ligúria* o *Carnot*, e o *Colibri*, que vinha na bagagem, não caiu por cima de ninguém e ganhou o páreo! Que palpite de mulata! Onde estará ela? Vou procurá-la. (*Desaparece.*)

O FREQUENTADOR (*A Lemos e Guedes.*) – Então? eu não dizia? ganhou o 24! Doze e doze, vinte e quatro. (*Com uma ideia.*) Ah!

OS DOIS – Que é?

O FREQUENTADOR – Fui um asno! Vinte e quatro é a data da missa de sétimo dia de minha mulher! (*Lemos e Guedes afas-*

*tam-se rindo.*) Ora esta! ora esta!... E era um pulão! (*Abre o guarda-chuva.*) Chove... Naturalmente não há mais corridas hoje... (*Afasta-se. Há na cena alguns guarda-chuvas abertos. Aparecem Eusébio, Figueiredo e as cocotes. Vêm todos de guarda-chuvas abertos.*)

FIGUEIREDO – Bravo! Foi um tiro, seu Eusébio, foi um tiro!... O *Colibri* vendeu apenas seis pules e o senhor tem cinco!

S'IL-VOUS-PLAÎT (*Metendo-se na conversa, e abrigando-se no guarda-chuva de Eusébio.*) – Dá mais de cem mil réis cada pule!...

EUSÉBIO – Mais de cem mil réis? Então? Eu não disse? Co'aquele nome o menino não podia *perdê*! O *Colibri* é um jumento de muita sorte! (*A S'il-Vous-Plaît.*) O *sinhô* conhece *ele*?

S'IL-VOUS-PLAÎT – Quem? O *Colibri*? Sim senhor!

EUSÉBIO – Vá *chamá* ele. Quero *le dá* uma *lambuge*!

S'IL-VOUS-PLAÎT – Nem de propósito! Ele aí vem. (*Chamando Juquinha, que aparece.*) Ó *Colibri*! está aqui um senhor que jogou cinco pules em você e quer dar-lhe uma gratificação.

JUQUINHA (*Aproximando-se muito lampeiro.*) – Aqui estou, *quê dê* o *home*?

EUSÉBIO – Era o Juquinha!

JUQUINHA – Papai! (*Deita a correr e foge.*)

EUSÉBIO – Ah! tratante! O *Colibri* era ele! *Alembrou-se* do jumento!... E foge do pai! Ora espera lá! (*Corre atrás do Juquinha e desaparece. A chuva cresce. O povo corre todo e abandona a cena.*)

LOLA – Onde vai? Espere! (*Corre atrás de Eusébio e desaparece.*)

AS MULHERES – Vamos também! Vamos também. (*Correm atrás de Lola e desaparecem.*)

FIGUEIREDO – Então, minhas filhas? Não corram! (*Vai atrás delas e desaparece.*)

FORTUNATA (*Entrando de guarda-chuva.*) – É ele! É seu Eusébio! (*Sai correndo pelo mesmo lado.*)

QUINOTA (*Entrando, idem.*) – Mamãe! Mamãe! (*Corre acompanhando Fortunata.*)

GOUVEIA (*Idem.*) – Minhas senhoras!... Minhas senhoras! (*Corre e desaparece.*)

BENVINDA (*Entrando perseguida por Lourenço, ambos de guarda-chuva.*) – Me deixe! Me deixe!... (*Desaparece.*)

LOURENÇO (*Só em cena.*) – Dê cá a pule, seu benzinho, dê cá a pule, que eu vou receber! (*Desaparece. Mutação.*)

*Quadro 10*

(*A Rua do Ouvidor.*)

## Cena I

*Primeiro Literato, Segundo Literato, pessoas do povo, depois Fortunato, Quinota, Juquinha*

CORO — Não há rua como a Rua
Que se chama do Ouvidor!
Não há outra que possua
Certamente o seu valor!
Muita gente há que se mace
Quando, seja por que for,
Passe um dia sem que passe
Pela Rua do Ouvidor!

1º LITERATO – Tens visto o Duquinha?

2º LITERATO – Qual! Depois que se meteu com a Lola, ninguém mais lhe põe a vista em cima!

1º LITERATO – É pena! Um dos primeiros talentos desta geração...

2º LITERATO – Apaixonado por uma cocote!

1º LITERATO – Felizmente a arte lucra alguma coisa com isso... O Duquinha faz magníficos versos à Lola. Ainda ontem me deu uns que são puros Verlaine. Vou publicá-los no segundo número da minha revista.

2º LITERATO – Que está para sair há seis meses?

1º LITERATO – Oh! vê que linda rapariga ali vem!

2º LITERATO – Parece gente da roça. (*Ficam de longe, a examinar Quinota, que entra com a mãe e o irmão. Vêm todos três carregados de embrulhos.*)

FORTUNATA – *Vamo*, minha *fia, vamo tomá* o bonde no Largo de São Francisco. As *nossa compra está* feita. *Amenhã* de *menhã* vamos embora!

QUINOTA – Sem papai?

FORTUNATA – Ele que vá quando *quisé*. Hei de *mostrá* que lá em casa não se *percisa* de *home*!

QUINOTA – E... seu Gouveia?

FORTUNATA – Não me fale de seu Gouveia! Há oito *dia* não aparece! Fez *cumo* teu pai! Foi *mió* assim...Havia de *sê muito* mau marido!

JUQUINHA – Eu não quero *i* pra fazenda!

FORTUNATA – Eu te *amostro si* tu *vai* ou não *vai*! Anda pra frente! (*Vão saindo.*)

1º LITERATO (*À Quinota.*) – Adeus, teteia!

FORTUNATA – Quem é que é teteia? *Arrepita* a gracinha, seu desavergonhado, e verá como *le* parto este *chapéu-de-só* no lombo!... (*Risadas.*) *Vamo*! *Vamo*!... Que terra!... Eu bem não queria *vi* no Rio de Janeiro! (*Saem entre risadas.*)

## Cena II

*Primeiro Literato, Segundo Literato, pessoas do povo, depois Duquinha*

2º LITERATO – Tu ainda um dia te sais mal com esse maldito costume de bulir com as moças!

1º LITERATO – Nada disse que a ofendesse. "Adeus, teteia" não é precisamente um insulto.

2º LITERATO – Pois sim, mas que farias tu, se dissessem o mesmo à tua irmã?

1º LITERATO – Não é a mesma coisa! Minha irmã é...

2º LITERATO – Não é melhor que as irmãs dos outros. (*Entra Duquinha, vem pálido e com grandes olheiras.*)

DUQUINHA – Ah! meus amigos! meus amigos! Se soubessem o que me aconteceu?

OS DOIS – Que foi?

DUQUINHA – O fazendeiro... aquele fazendeiro de quem lhes falei?...

OS DOIS – Sim!

DUQUINHA – Apanhou-me com a boca na botija!...

1º LITERATO – Mas que tem isso?

DUQUINHA – Como que tem isso? Aquele homem é rico! Dava tudo à Lola!

2º LITERATO – Eu também não lhe dava pouco!

DUQUINHA (*Vivamente.*) – Dinheiro nunca lhe dei, nem ela o aceitaria...

1º LITERATO – Pois sim!

DUQUINHA – Joias... vestidos... pares de luvas... leques... chapéus... Dinheiro nem vintém. Quem sempre me apanhava algum era o Lourenço, o cocheiro.

2º LITERATO – És um pateta! Mas conta-nos isso!

DUQUINHA – Estávamos – ela e eu – na saleta, e o bruto dormia na sala de jantar. Eu tinha levado à Lola umas pérolas com que ela sonhou... Vocês não imaginam como aquela rapariga sonha com coisas caras!

1º LITERATO – Imaginamos! Adiante!

DUQUINHA – Eu lia para ela ouvir os meus últimos versos... aqueles que te dei ontem para a revista...
 Depois que te amo, depois que és minha,
 Nado em delícia, nado em delícia...

1º LITERATO – Eu sei, Verlaine puro.

DUQUINHA – Obrigado. No fim de cada estrofe, eu dava-lhe um beijo... um beijo quente e apaixonado... um beijo de poeta!... Pois bem, depois da terceira estrofe:
 Oh! se algum dia, destino fero
 Nos separasse, nos separasse...

1º LITERATO (*Continuando.*)
 – O que faria contar não quero...

143

DUQUINHA – Que se o contasse, que se o contasse... No fim dessa estrofe, Lola, que esperava a deixa, estende-me a face, eu beijo-a, e o fazendeiro, de pé, na porta da saleta, com os olhos esbugalhados dá este grito: Ah! seu pelintreca!...

2º LITERATO – E tu?

DUQUINHA – Eu?... Eu... eu cá estou. Não sei o que mais aconteceu. Quando dei por mim estava dentro de um bonde elétrico, tocando a toda para a cidade!...

1º LITERATO – Fizeste uma bonita figura, não há dúvida! Podes limpar a mão à parede!

DUQUINHA – Por quê?

1º LITERATO – Essa mulher não te perdoará nunca tal covardia!

2º LITERATO – Olha, o melhor que tens a fazer é não voltares lá!

DUQUINHA – Ah! meu amigo! isso é bom de dizer, mas eu estou apaixonado...

2º LITERATO – Tu estás mas é fazendo asneiras! Aonde vais tu buscar dinheiro para essas loucuras?

DUQUINHA – Mamãe tem me dado algum... mas confesso que contraí algumas dívidas, e não pequenas. Ora adeus! não pensemos em coisas tristes, e vamos tomar alguma coisa alegre!

OS DOIS – Vamos lá!

(*Afastam-se pela direita, cumprimentando Mercedes, Dolores e Blanchette, que entram por esse lado e se encontram com Lola, que entra da esquerda muito nervosa e agitada. Figueiredo entra da direita, observa as cocotes, para, e, colocado por trás, ouve tudo quanto elas dizem.*)

## Cena III

*Lola, Mercedes, Dolores, Blanchette, Figueiredo,
pessoas do povo, depois Duquinha*

Lola – Ah! venham cá. Estou aflitíssima. Não calculam vocês que série de desgraças!

*Rondó*

Lola     – Com o Duquinha há pouco eu estava
Na saleta a conversar,
E o Eusébio ressonava
Lá na sala de jantar.
O Duquinha uns versos lia,
Mas não lia sem parar,
Que a leitura interrompia
Para uns beijos me furtar;
Mas ao quarto ou quinto beijo,
Sem se fazer anunciar,
Entra o Eusébio, e o poeta vejo
Dar um grito e pôr-se a andar!
Pretendi novos enganos,
Novas tricas inventar,
Mas o Eusébio pôs-se a panos:
Não me quis acreditar!
Vendo a sorte assim fugir-me,
Vendo o Eusébio se escapar,
Fui ao quarto pra vestir-me
E sair para o apanhar.
Mas no quarto vi, de chofre,
– 'Stive quase a desmaiar! –
Vi as portas do meu cofre

Abertas de par em par!
O ladrão foi o cocheiro!
Nada ali me quis deixar!
Levou joias e dinheiro!
Que nem posso avaliar!

BLANCHETTE – O cofre aberto!

DOLORES – Joias e dinheiro!

MERCEDES – O cocheiro!

LOLA – Sim, o cocheiro, o Lourenço, que desapareceu!

BLANCHETTE – Mas como soubeste que foi ele?

LOLA – Por esta carta, a única coisa que encontrei no cofre! Ainda por cima escarneceu de mim! (*Tem tirado a carta da algibeira.*)

MERCEDES – Deixa ver.

LOLA – Depois! Agora vamos à polícia! Não! à polícia, não!

AS TRÊS – Por quê?

LOLA – Não convém. Logo saberão por quê. Vamos a um advogado! (*Julga guardar a carta, mas está tão nervosa que deixa-a cair.*) Vamos!

AS TRÊS – Vamos! (*Vão saindo e encontram com Duquinha.*)

AS OUTRAS – Que foi? que foi?

DUQUINHA – Lola!

LOLA (*Dando-lhe um empurrão.*) – Vá para o diabo!

AS TRÊS – Vá para o diabo! (*Saem as cocotes, Figueiredo disfarça e apanha a carta que Lola deixou cair.*)

DUQUINHA (*Consigo.*) – Estou desmoralizado! Ela não me perdoa o ter saído, deixando-a entregue à fúria do fazendeiro! Sou um desgraçado! Que hei de fazer?.. Vou desabafar em verso... Não! vou tomar uma bebedeira!... (*Sai.*)

## Cena IV

*Figueiredo, pessoas do povo*

FIGUEIREDO – Ora aqui está como uma pessoa, sem querer, vem ao conhecimento de tanta coisa! Vejamos o que o cocheiro lhe deixou escrito. (*Põe a luneta e lê.*) "Lola. – Eu sou um pouco mais artista que tu. Saio da tua casa sem me despedir de ti, mas levo, como recordação da tua pessoa, as joias e o dinheiro que pude apanhar no teu cofre. Cala-te; se fazes escândalo, ficas de mau partido, porque eu te digo: primeiro, que de combinação representamos uma comédia pra extorquir dinheiro ao Eusébio; segundo, que induziste um filho-família a contrair dívidas para presentear-te com joias; terceiro, que nunca foste espanhola, e sim ilhota; quarto, que foste a amante do teu ex-cocheiro – Lourenço." Sim, senhor, é de muita força a tal senhora dona Lola!... Não há, juro que não há mulata capaz de tanta pouca-vergonha! (*Sai.*)

## Cena V

*Gouveia, pessoas do povo, depois Pinheiro*

(*Gouveia traz as botas rotas, a barba por fazer, um aspecto geral de miséria e desânimo.*)

GOUVEIA – Ninguém, que me visse ainda há tão pouco tão cheio de joias, não acreditará que não tenho dinheiro nem crédito para comprar um par de sapatos! Há oito dias não vou à casa de minha noiva, porque tenho vergonha de lhe aparecer neste estado!

PINHEIRO (*Aparecendo.*) – Ó Gouveia! como vai isso?

GOUVEIA – Mal, meu amigo, muito mal...

PINHEIRO – Mas que quer isto dizer? Não me pareces o mesmo! Tens a barba crescida, a roupa no fio... Desapareceu do teu dedo aquele esplêndido e escandaloso farol, e tens umas botas que riem da tua esbodegação!

GOUVEIA – Fala à vontade. Eu mereço os teus remoques.

PINHEIRO – E dizer que já me quiseste pagar, com juros de cento por cento, dez mil réis que eu te havia emprestado!

GOUVEIA – Por sinal que disseste, creio, que esses dez mil réis ficavam ao meu dispor.

PINHEIRO – E ficaram. (*Tirando dinheiro do bolso.*) Cá estão eles. Mas, como um par de botinas não se compra com dez mil réis, aqui tens vinte... sem juros. Pagarás quando quiseres!

GOUVEIA – Obrigado, Pinheiro; bem se vê que tens uma alma grande e nunca jogaste a roleta.

PINHEIRO – Nada! Sempre achei que o jogo, seja ele qual for, não leva ninguém para diante. Adeus, Gouveia... aparece! Agora, que estás pobre, isso não te será difícil... (*Sai.*)

## Cena VI

*Gouveia, depois Eusébio*

GOUVEIA – Como este tipo faz pagar caro os seus vinte mil réis! Ah! ele apanhou-me descalço! Enfim, vamos comprar os sapatos! (*Vai saindo e encontra-se com Eusébio, que entra cabisbaixo.*) Oh! o senhor Eusébio!...

EUSÉBIO – Ora! inda bem que le encontro!...

GOUVEIA (*À parte.*) – Naturalmente já voltou à casa... Como está sentido!... Vai falar-me de Quinota!...

EUSÉBIO – Hoje de *menhã* encontrei ela beijando um mocinho!

GOUVEIA – Hein?

EUSÉBIO – É levada do diabo! não sei como o *sinhô* pôde *gostá* dela!

GOUVEIA – Ora essa! a ponto de querer casar-me!

EUSÉBIO – Era uma burrice!

GOUVEIA – Custa-me crer que ela...

EUSÉBIO – Pois creia! Beijando um mocinho, um pelintreca, seu Gouveia... Veja o *sinhô* de que serviu *gastá* tanto dinheiro com ela!...

GOUVEIA – Sim, o senhor educou-a bem... ensinou-lhe muita coisa...

EUSÉBIO (*Vivamente.*) – Não, *sinhô*! não ensinei nada!... Ela já sabia tudo! O *sinhô*, sim! Se *arguém* ensinou foi o *sinhô*, e não eu! Beijando um pelintreca, seu Gouveia!...

GOUVEIA – Dona Fortunata não viu nada?

EUSÉBIO – Dona Fortunata?... Uê!... Como é que *havera* de vê? Olhe, eu lá nao *vorto*!

GOUVEIA – Não volta! ora esta!

EUSÉBIO – Não quero mais *sabê* dela.

GOUVEIA – Deve lembrar-se que é pai!

EUSÉBIO – Por isso mesmo! Ah! seu Gouveia, se *arrependimento sarvasse*... Bem; o *sinhô* vai me *apadrinhá*, como noutro tempo se fazia *cum* preto fugido... Não me *astrevo* a *entrá in* casa sozinho depois de tantos dias de *osença*!

GOUVEIA – Em casa? Pois o senhor não me acaba de dizer que lá não volta porque dona Quinota...

EUSÉBIO – Quem *le* falou de Quinota?

GOUVEIA – Quem foi então que o senhor encontrou aos beijos com o pelintreca? Ah! agora percebo! A Lola!...

EUSÉBIO – Pois quem *havera* de *sê*?

GOUVEIA – E eu supus... Onde tinha a cabeça? É... Perdoa, Quinota, perdoa! Vamos, senhor Eusébio... Eu apadrinharei, mas com uma condição: o senhor por sua vez me há de apadrinhar a mim, porque eu também não apareço à minha noiva há muitos dias!

EUSÉBIO – Por quê?

GOUVEIA – Em caminho tudo lhe direi. (*À parte.*) Aceito o conselho de Quinota: vou abrir-me. (*Alto.*) Tenho ainda que comprar um par de sapatos e fazer a barba.

EUSÉBIO – *Vamo*, seu Gouveia! (*Saem. Ao mesmo tempo aparece Lourenço perseguido por Lola, Mercedes, Dolores e Blanchette.*)

## Cena VII

*Lourenço, Lola, Mercedes, Dolores, Blanchette,
pessoas do povo*

LOLA e os outros – Pega ladrão! (*Lourenço é agarrado por pessoas do povo e dois soldados que aparecem. Grande vozeria e confusão. Apitos. Mutação.*)

*Quadro 11*

(*O sótão ocupado pela família de Eusébio.*)

## Cena I

*Juquinha, depois Fortunata, depois Quinota*

JUQUINHA (*Entrando a correr da esquerda.*) – Mamãe! Mamãe!

FORTUNATA (*Entrando da direita.*) – Que é, menino?

JUQUINHA – Papai *tá i*!

FORTUNATA – *Tá i*?

JUQUINHA – Eu encontrei ele ali no canto e ele me disse que viesse *vê* se *va'mercê tava* zangada; que se tivesse, ele não entrava.

FORTUNATA – Oh! aquele *home*, aquele *home* o que merecia! Vai, vai *dizê* a ele que não *tô* zangada!

JUQUINHA – Seu Gouveia *ta* junto *co* ele.

FORTUNATA – Bem! *venha* todos dois. (*Juca sai correndo.*) Quinota, Quinota!

A VOZ DE QUINOTA – Senhora?

FORTUNATA – Vem cá, minha *fia*. Eu não ganho nada me consumindo. Já *tou veia*; não quero me *amofiná*. (*Entra Quinota.*) Quinota, teu pai vem aí... mas o que está *arresolvido* está *amenhã* de *menhã vamo* embora.

QUINOTA – E seu Gouveia?

FORTUNATA – Também vem aí.

QUINOTA (*contente.*) – Ah!

FORTUNATA – Não quero mais *ficá* numa terra onde os *marido passa* dias e noite fora de casa...

## Cena II

*Fortunata, Quinota, Juquinha, Eusébio, depois Gouveia*

JUQUINHA (*Entrando.*) – *Tá i* papai!

EUSÉBIO (*Da porta.*) – Posso *entrá*? Não *temo* briga?

QUINOTA – Estando eu aqui, não há disso!

FORTUNATA – Sim, minha *fia*, tu é o anjo da paz.

QUINOTA (*Tomando o pai pela mão.*) – Venha cá. (*Tomando Fortunata pela mão.*) Vamos! Abracem-se!...

FORTUNATA (*Abraçando-o.*) – Diabo de *home veio* sem juízo!

EUSÉBIO – Foi uma maluquice que me deu! *Raie, raie,* dona Fortunata!

FORTUNATA – Pai de *fia* casadeira!

EUSÉBIO – *Tá* bom! *tá* bom! juro que nunca mais! Mas deixe *le dizê*...

FORTUNATA – Não! não diga nada! Não se defenda! É *mió* que as *coisas fique* como está.

JUQUINHA – Seu Gouveia *tá* no *corredô*.

QUINOTA – Ah! (*Vai buscar Gouveia pela mão. Gouveia entra manquejando.*)

EUSÉBIO – Assim é que o *sinhô* me apadrinhou?

GOUVEIA – Deixe-me! Estes sapatos novos fazem-me ver estrelas.

FORTUNATA – Seu Gouveia, *le* participo que *amenhã* de *menhã tamo* de *viage*.

EUSÉBIO – Já conversei *co* ele.

GOUVEIA (*A Quinota.*) – Eu abri-me.

EUSÉBIO – Ele vai *coa* gente. Não tem que *fazê* aqui. *Tá* na pindaíba, mas é o *memo*. Casa com Quinota e fica sendo meu sócio na fazenda.

QUINOTA – Ah! papai! quanto lhe agradeço!

JUQUINHA – A Benvinda *tá i*.

TODOS – A Benvinda!

FORTUNATA – Não quero *vê* ela! não quero *vê* ela!

(*Quinota vai buscar Benvinda, que entra a chorar, vestida como no primeiro quadro, e ajoelha-se aos pés de Fortunata.*)

## Cena III

*Os mesmos, Benvinda*

BENVINDA – *Tô* muito arrependida! Não valeu a pena!

FORTUNATA – Rua, sua desavergonhada!

EUSÉBIO – Tenha pena da mulata.

FORTUNATA – Rua!

QUINOTA – Mamãe, lembre-se de que eu mamei o mesmo leite que ela.

FORTUNATA – Este diabo não tem *descurpa*! Rua!

GOUVEIA – Não seja má, dona Fortunata. Ela também apanhou o micróbio da pândega.

FORTUNATA – Pois bem, mas se não se *comportá dereto*... (*Benvinda vai para junto de Juquinha.*)

EUSÉBIO (*Baixo à Fortunata.*) – Ela há de *casá com* seu *Borge*... Eu dou o dote...

FORTUNATA – Mas seu *Borge*...

EUSÉBIO – Quem não sabe é como quem não vê. (*Alto.*) A vida da *Capitá* não se fez para nós... E que tem isso?... É na roça; é no campo, é no sertão, é na lavoura que está a vida e o progresso da nossa querida pátria. (*Mutação.*)

## Quadro 12

(*Apoteose à vida rural.*)

*Toda a música desta peça é composta pelo senhor Nicolino Milano, à exceção das coplas às páginas 27 e 150, do coro à página 31, do duetino à página 42 e do quarteto à página 55, que foram compostos pelo senhor doutor Pacheco, e da valsa à página 15, composição do senhor Luís Moreira.*

(*Cai o pano.*)

# O MAMBEMBE

*Burleta em três atos e doze quadros*

Música de Assis Pacheco

*Representada pela primeira vez no Teatro Apolo, do Rio de Janeiro, no dia 7 de dezembro de 1904 e reprisada no Teatro Municipal, no dia 12 de novembro de 1959, e, em seguida, no Teatro Copacabana, durante cinco meses consecutivos.*

# Personagens

MALAQUIAS, *moleque*
EDUARDO
DONA RITA
LAUDELINA
FRAZÃO
MONTEIRO, *negociante*
GARÇOM[1]
PRIMEIRO FREGUÊS
SEGUNDO FREGUÊS
FÁBIO, *literato*
BROCHADO
LOPES
UM MENINO
VILARES
MARGARIDA
FLORÊNCIO
ISAURA
COUTINHO

---

[1] 1960 – *Garçon*.

## ATO PRIMEIRO

*Quadro 1*

(*Sala de um plano só em casa de dona Rita. Ao fundo, duas janelas pintadas. Porta à esquerda dando para a rua, e porta à direita dando para o interior da casa.*)

### Cena I

*Malaquias, moleque, depois Eduardo*

(*Ao levantar o pano, a cena está vazia. Batem à porta da esquerda.*)

MALAQUIAS (*Entrando da direita.*) – Quem será tão cedo? Ainda não *deu* oito horas! (*Vai abrir a porta da esquerda.*) Ah! é seu Eduardo!

EDUARDO (*Entrando pela esquerda.*) – Adeus, Malaquias. Quedê dona Rita? Já está levantada?

MALAQUIAS – *Tá* lá dentro, sim, *sinhô*.

EDUARDO – E dona Laudelina?

MALAQUIAS – Inda tá *drumindo*, sim, *sinhô*.

EDUARDO – Vai dizer a dona Rita que eu quero falar com ela.

MALAQUIAS – Sim, *sinhô*. (*Puxando conversa.*) Seu Eduardo *onte tava* bom *memo*!

EDUARDO – Tu assististe ao espetáculo?

MALAQUIAS – Ora, eu não falho! *Siá* dona Rita não me leva, mas eu fujo e vou. Fico no fundo espiando só!

EDUARDO – Gostas do teatro, hein?

MALAQUIAS – Quem é que não gosta do que é *bão*? Que coisa bonita quando seu Eduardo fingia que morreu quase no fim! Xi! Parecia que *tava* morrendo *memo*. Só se via o branco do olho! E dona Laudelina ajoelhada, abraçando seu Eduardo! Seu Eduardo *tava* morrendo, mas *tava* gostando, não é, seu Eduardo?

EDUARDO – Gostando, por quê? Cala-te!

MALAQUIAS – Então *Malaquia* não sabe que seu Eduardo gosta de dona Laudelina?

EDUARDO – E ela?... Gosta de mim?

MALAQUIAS – Eu acho que gosta... pelo *meno* não gosta de outro... eu sou fino; se ela tivesse outro namorado, eu via logo. Aquele moço que mora ali no chalé *azu*, que diz que é guarda-livro, outro dia quis se *engraçá* com ela e ela bateu coa *jinela* na cara dele: pá... eu gostei *memo* porque gosto de seu Eduardo, e sei que seu Eduardo gosta dela!

EDUARDO – Toma lá quinhentos réis.

MALAQUIAS – Ih! Obrigado, seu Eduardo. (*Vai a sair pela direita. Entra dona Rita.*)

DONA RITA – Que ficaste fazendo aqui, moleque?

MALAQUIAS – Nada, não, senhora; fui *abri* a porta a seu Eduardo e ia *dizê* a *vosmecê* que ele *tava* aí.

DONA RITA – Vai acabar de lavar a louça, mas vê lá se me quebras alguma coisa. (*A Eduardo.*) Não se passa um dia que este capeta não me quebra um prato... um copo... uma xícara... Vai!

MALAQUIAS – Sim, senhora. (*Sai pela direita.*)

## Cena II

*Eduardo, dona Rita*

DONA RITA – Bom dia. (*Aperta-lhe a mão.*) O senhor madrugou!

EDUARDO – Diga antes: "O senhor não dormiu", que diz a verdade. Ah, dona Rita! Quem ama como eu amo não dorme!

DONA RITA – Pois o senhor deve estar moído! Olhe que aquele papel de Luís Fernandes não é graça! E o senhor representa ele com tanto calor!

EDUARDO – Porque o sinto, porque o vivo! O meu trabalho seria outro, se outra fosse a morgadinha...

DONA RITA (*Sorrindo.*) – Acredito.

EDUARDO – Mas a morgadinha é ela, é dona Laudelina, sua afilhada, sua filha de criação, que "eu amo cada vez mais com um amor ardente, louco, dilacerante, ó Cristo, ó Deus!"

DONA RITA – Esse pedacinho é da peça.

EDUARDO – É da peça, mas adapta-se perfeitamente à minha situação! "Sempre, sempre esta visão fatal a perseguir-me! No sonho, na vigília, em toda a parte a vejo, a sigo, a adoro! Como me entrou no coração este amor, que não posso arrancar sem arrancar o coração e a vida?" Tudo isto é da peça, mas vem ao pintar da faneca.

*Coplas*

### I

Eu vivia feliz no meu cantinho,
Sem a mais leve preocupação,
Fazendo os meus galãs no teatrinho
Ou trabalhando na repartição;

Minha vida serena deslizava,
Como barquinho em bonançoso mar;
Apesar de amador, eu não amava,
Eu não amava nem queria amar.

### II

Mas, de repente, vida tão serena,
Buliçosa, agitada se tornou:
Eu comecei a amar fora de cena,
E o mesmo homem de outrora já não sou.

Foi dona Laudelina que esta chama
Veio aqui dentro um dia espevitar,
Mas, conquanto amadora, ela não me ama,
Ela não me ama nem me quer amar.

DONA RITA – Acalme-se, seu Eduardo, o senhor não está em si. Vamos, sente-se nesta cadeira e me diga qual o motivo da sua visita à hora em que não costuma entrar nesta casa outro homem senão o do lixo. (*Sentam-se ambos.*)

EDUARDO – Pois não adivinha o que aqui me trouxe? O meu amor! Se vim tão cedo, foi porque tinha a certeza de que dona Laudelina ainda estava recolhida ao seu quarto.

DONA RITA – Naturalmente; o papel da morgadinha também é muito fatigante, e Laudelina é uma amadora: não é uma atriz, não se sabe poupar, como bem disse ontem o Frazão.

EDUARDO – Mas a senhora também representou a morgada, e aí está fresca e bem disposta.

DONA RITA – Oh! O papel da morgada é um papel de dizer... Eu faço ele com uma perna às costas... Ah, se o senhor me visse na *Nova Castro*, quando meu marido era vivo e eu tinha menos quinze anos!

EDUARDO – A senhora é uma das mais distintas amadoras do Rio de Janeiro.

DONA RITA – Obrigada. O teatro foi sempre a minha paixão... o teatro particular, bem entendido, porque na nossa terra ainda há certa prevenção contra as artistas.

EDUARDO – O preconceito...

DONA RITA – Como o senhor sabe, Laudelina é órfã de pai e mãe... não tem parentes nem aderentes... veio para a minha companhia assinzinha, e fui eu que eduquei ela. Quando descobri que a pequena tinha tanta queda para o teatro, fiquei contente, e consenti, com muito prazer, que ela fizesse parte do Grêmio Dramático Familiar de Catumbi, sob condição de só entrar nas peças em que também eu entrasse. Mas lhe confesso, seu Eduardo, que tenho os meus receios de que ela pretenda seriamente abraçar a carreira teatral...

EDUARDO – Sim... aquele fogo... aquele entusiasmo... aquele talento inquietam...

DONA RITA – O senhor queixa-se de que ela não faz caso do senhor...

EDUARDO – Não! Não é disso que me queixo; sim, porque, afinal, não posso dizer que ela não faça caso de mim... Mas não é franca, de modo que não sei se sou ou não correspondido, e é esta incerteza que me acabrunha!

DONA RITA – É que Laudelina, por enquanto, só tem um namorado: o teatro; só tem uma paixão: a arte dramática. Ah! Mas eu sei o que devo fazer...

EDUARDO – Que é?

DONA RITA – Afastar-nos completamente do Grêmio Dramático Familiar de Catumbi. Se preciso for, mudar-nos-emos para outro bairro, e adeus teatrinho!

EDUARDO – Mas há teatrinho em todos os bairros!

DONA RITA – Sempre há de haver algum em que não haja. Verá então que, afastada desse divertimento, ela olhará para o senhor com outros olhos, porque, francamente, seu Eduardo, eu bem desejava que o senhor se casasse com ela.

EDUARDO – Ah!

DONA RITA – Onde poderá Laudelina encontrar melhor marido? O senhor, não é por estar em sua presença, é um moço de boa família, estima ela deveras e tem um bom emprego.

EDUARDO – Obrigado, dona Rita! As suas palavras enchem-me de esperança e alegria! Peço-lhe que advogue a minha causa. Foi só para fazer-lhe este pedido que vim à sua casa à hora do homem do lixo.

DONA RITA – Já tenho falado a ela muitas vezes no senhor. Não posso obrigar ela, mesmo porque já é maior... mas prometo empregar toda a minha autoridade de mãe adotiva para convencê-la de que deve ser sua esposa. (*Levanta-se.*)

EDUARDO (*Levantando-se.*) – A senhora é o meu bom anjo! Quero beijar-lhe as mãos, e de joelhos!... (*Ajoelha-se diante de dona Rita.*)

## Cena III

*Os mesmos, Laudelina*

LAUDELINA (*Entrando.*) – "Um discípulo de Voltaire ajoelhado aos pés da cruz!"

EDUARDO (*Erguendo-se.*) – "A cruz é o amparo dos que padecem..."

DONA RITA – Alto lá!... Olhem que eu não sou cruz!

LAUDELINA – "E padece? Por minha causa, não é verdade? Fui injusta, bem sei; nas frases que soltara ao vento, decerto por desfastio quis ver uma ofensa. Era cruel, sinto-o agora. Esqueçamos isso, e sejamos amigos bons e leais, sim?" (*Apertando-lhe a mão com uma risada e mudando de tom.*) Como passou a noite, seu Eduardo?

EDUARDO – Em claro, pensando no meu amor!

LAUDELINA – Também eu pensando no meu triunfo! Que bela noite! Nunca me senti tão bem no papel de morgadinha! O efeito foi estrondoso! Estava na plateia o ator Frazão...

DONA RITA – Foi convidado pela diretoria.

LAUDELINA – Com que entusiasmo batia palmas! Via-se que aquilo era sincero! Depois do quarto ato foi cumprimentar-me na caixa. Deu-me um abraço, e disse-me: "Filha, tu não tens o direito de não estar no teatro; cometes um estelionato, de que é vítima a arte".

DONA RITA – O Frazão disse-te isso?

LAUDELINA – Sim, senhora!

DONA RITA – Pois se eu ouvisse, tinha lhe dado o troco. (*Outro tom.*) Mas que me dizem daquela minha fala? "Por que se envergonha de chorar diante de mim? Sou mãe dela e não hei de saber o quanto custará perdê-la?"

EDUARDO (*Escondendo o rosto nas mãos.*) – "Ah! quanto padeço!"

DONA RITA – "Ânimo, filho, então? Quando chegar ao 'acaso' da vida"...

EDUARDO (*Emendando*) – "Ocaso". A senhora sempre diz "acaso", mas é "ocaso".

DONA RITA – Ocaso? Que diabo é ocaso?

EDUARDO – É o pôr-do-sol... O ocaso da vida quer dizer o fim da vida.

DONA RITA – No papel está "acaso".

LAUDELINA – Foi erro do copista, dindinha. Seu Eduardo tem razão.

DONA RITA – Enfim... (*Representando.*) "Quando chegar ao 'acaso'..."

EDUARDO e LAUDELINA – Ocaso.

DONA RITA – Já estou viciada. (*Representando.*) "Quando chegar ao ocaso da vida e, voltando os olhos para esta quadra tempestuosa, lhe disser a consciência que soube cumprir um dever, há de sentir uma consolação sublime, uma legítima ufania!" (*Outro tom.*) Muito sentimento, hein?

LAUDELINA – E então eu? (*Representando.*) "A nada mais se atende, não é assim? Ela que se console com a ideia do dever, das leis da sociedade, exatamente? quando acabava de calcar essas leis, para voar, num ímpeto de abnegação, para quem de joelhos lhe implorava amor?"

EDUARDO (*Idem.*) – "Ah, não me fale assim, se não quer que eu perca a pouca razão que me resta! (*Tomando as mãos de Laudelina.*) Não vês que te amo mais loucamente do que nunca? Não vês que uma palavra tua me arroja[2] de novo ao abismo?"

---

[2] 1960 – tua arroja.

Laudelina (*Idem.*) – "Vejo que te importa"... (*Tem uma hesitação de memória.*)

Dona Rita (*Sugerindo-lhe.*) – ... "se eu me arrojo"...

Laudelina – "Que te importa, se eu me arrojo a ele contigo? (*Frazão aparece à porta da esquerda.*) Amas-me e hesitas ainda? Tudo mais que vale? Há aqui obstáculos que se opõem ao nosso afeto? Receias a luta? As apreensões dos teus, os desprezos dos outros? Mas tens o meu amor e isso te basta! Fujamos ambos; vamos esconder bem longe de Portugal o nosso flóreo ninho!" (*Eduardo vai cingi-la de acordo com a rubrica da peça, mas Frazão que aos poucos se tem aproximado dela enlevado, empurra Eduardo.*)

Frazão – Saia daí, seu arara! Eu já tenho representado o papel de Luís Fernandes mais de cinquenta vezes! (*Enlaçando Laudelina.*) "Ah! Caia sobre mim o desprezo do mundo, a maldição de Deus, persiga-me o remorso, espere-me o inferno, mas agora é que te juro que ninguém te arrancará dos meus braços!" (*Outro tom.*) Bravos, bravos, filha! Tens muito talento! Quem to diz é o Frazão!

## Cena IV

*Os mesmos, Frazão*

Frazão (*Para Eduardo.*) – Desculpe se o chamei arara, meu caro amador: foi sem querer; reconheço, pelo contrário, que o senhor é um curioso de muita habilidade. Mas que esquisitice é esta? A isto é que se pode chamar amor da arte! Pois representaram a peça ontem à noite, e hoje pela manhã já estão a ensaiá-la de novo?

DONA RITA – Não, senhor, não era um ensaio... isto veio naturalmente, na conversa; mas... a que devo a honra de[3] sua visita?

FRAZÃO – Preciso falar-lhe, minha senhora. Escolhi esta hora matinal porque tenho o dia todo ocupado, visto que depois de amanhã devo partir com a companhia que estou organizando.

EDUARDO – Vejo que sou demais.

FRAZÃO – Não, demais não é; entretanto, o assunto que aqui me traz é muito reservado.

EDUARDO – Retiro-me, mesmo porque tenho que ir a uma cobrança a mando do patrão. (*Indo apertar a mão de dona Rita.*) Até logo, dona Rita (*Baixo.*) Desconfio desta visita... não caia!...

DONA RITA – Deixe estar.

EDUARDO (*Subindo e indo cumprimentar Laudelina.*) – Até logo, dona Laudelina.

LAUDELINA – Até logo, seu Eduardo.

EDUARDO – Passar bem, senhor Frazão.

FRAZÃO – Adeus, jovem, e esqueça-se daquele arara... Foi sem querer.

EDUARDO – Ora! (*Sai.*)

## Cena V

*Frazão, dona Rita, Laudelina*

LAUDELINA – Também eu me retiro.

---

[3] 1960 – de.

FRAZÃO – Não; a senhora pode ficar, porque a conversa lhe diz respeito.

DONA RITA – Sentemo-nos. (*À parte.*) Pois sim!

FRAZÃO – Sentemo-nos. (*Sentam-se os três.*) O caso é este, minha senhora... vou expor-lho em poucas palavras, porque não tenho tempo a perder. Os meus minutos estão contados. Devo cavar três contos de réis de hoje para amanhã. (*Pausa.*) Como a senhora sabe, a vida do ator no Rio de Janeiro é cheia de incertezas e vicissitudes. Nenhuma garantia oferece. Por isso, resolvi fazer-me, como antigamente, empresário de uma companhia ambulante, ou, para falar com toda a franqueza, de um mambembe.

AS DUAS – Mambembe?

FRAZÃO – Dar-se-á caso que não saibam o que é um mambembe? Nunca leram o *Romance cômico*, de Scarron?

AS DUAS – Não, senhor.

FRAZÃO – É pena, porque eu lhes diria que o mambembe é o romance cômico em ação e as senhoras ficariam sabendo o que é. Mambembe é a companhia nômade, errante, vagabunda, organizada com todos os elementos de que um empresário pobre possa lançar mão num momento dado, e que vai, de cidade em cidade, de vila em vila, de povoação em povoação, dando espetáculos aqui e ali, onde encontre um teatro ou onde possa improvisá-lo. Aqui está quem já representou em cima de um bilhar!

LAUDELINA – Deve ser uma vida dolorosa!

FRAZÃO – Enganas-te, filha. O teatro antigo principiou assim, com Téspis, que viveu no século VI antes de Cristo, e o teatro moderno tem também o seu mambembeiro no divino, no imortal Moliére, que o fundou. Basta isso para amenizar na alma de um artista inteligente quanto possa haver de doloroso nesse vagabundear constante. E, a par dos[4] incômodos e contrariedades, há o prazer do imprevisto, o esforço, a luta, a vitória! Se aqui o artista é mal recebido, ali é carinhosamente acolhido. Se aqui não sabe como tirar a mala de um hotel, empenhada para pagamento de hospedagem, mais adiante encontra todas as portas abertas diante de si. Todos os artistas do mambembe, ligados entre si pelas mesmas alegrias e pelo mesmo sofrimento, acabam por formar uma só família, onde, embora às vezes não o pareça, todos se amam uns aos outros, e vive-se, bem ou mal, mas vive-se!

LAUDELINA – E... a arte?

FRAZÃO – Tudo é relativo neste mundo, filha. O culto da arte pode existir e existe mesmo num mambembe. Os nossos primeiros artistas – João Caetano, Joaquim Augusto, Guilherme Aguiar, Xisto Bahia – todos mambembaram, e nem por isso deixaram de ser grandes luzeiros do palco.

LAUDELINA – Mas de onde vem essa palavra, mambembe?

FRAZÃO – Creio que foi inventada, mas ninguém sabe quem a inventou. É um vocábulo anônimo trazido pela tradição de boca em boca e que não figura ainda em nenhum dicionário, o que aliás não tardará muito tempo. Um dia disseram-me que, em língua mandinga, mambembe quer dizer pássaro. Como o pássaro é livre e percorre o espaço como nós percorremos a terra, é possível que a origem seja essa, mas nunca o averiguei.[5]

---

[4] 1960 – de.
[5] 1960 – nunca averiguei.

## Cena VI

*Os mesmos, Malaquias*

MALAQUIAS – A senhora quer que eu bote o *armoço* na mesa?

DONA RITA – Sim; o senhor Frazão almoçará conosco...

FRAZÃO – Agradecido, minha senhora; tenho muito que fazer e ainda é cedo para almoçar.

DONA RITA (*A Malaquias, que, em vez de se retirar, ficou parado a olhar para Frazão e a rir-se.*) – Vai-te embora, moleque! Que fazes aí parado?

MALAQUIAS (*Rindo, sem responder.*) – Eh! eh! eh!...

DONA RITA – Então?

MALAQUIAS – É seu Frazão... ele *tava onte* lá no teatro... Que *home* engraçado! (*Sai.*)

## Cena VII

*Frazão, dona Rita, Laudelina*

DONA RITA – Desculpe... este moleque é muito confiado... mas eu ensino ele!...

FRAZÃO – Deixe-o lá!... Isto é a popularidade, é a glória em trocos miúdos, como disse o outro.

DONA RITA – Agora diga o motivo da sua visita.

FRAZÃO – É muito simples, minha senhora. Vinha propor-lhe contratar dona Laudelina para primeira-dama da minha companhia. A minha primeira-dama, a Rosália, foi visitar, durante a nossa última excursão, uma fazenda no Capivari, e lá ficou com o fazendeiro. Já se casaram. Recebi há dias a participação do casamento.

DONA RITA – Senhor Frazão, esta menina não se destina ao teatro...

LAUDELINA – Por quê, dindinha? É uma profissão como outra qualquer!

DONA RITA – Cala-te! Pois eu havia de consentir que fosses por aí fora? Deus me livre!

FRAZÃO – Dona Laudelina nasceu para o teatro, e é pena, realmente, que não se faça atriz de profissão; entretanto, não vim aqui fazer de Mefistófeles; não tento nem seduzo ninguém. Principiei por pintar com toda a lealdade a nossa vida, com os seus altos e baixos, os seus prós e contras. Supus – desculpem-me a franqueza e não se ofendam com ela – supus que as senhoras estivessem em más condições de fortuna (*Olhando em volta de si.*), e lhes sorrisse a proposta de um empresário honesto e bem-intencionado... Quero apenas ouvir de seus lábios, minha senhora, um "sim" ou um "não". Juro-lhe que não insistirei.

DONA RITA (*Resolutamente.*) – Não!

FRAZÃO (*Erguendo-se.*) – Bom! Vou tratar de procurar outra!

DONA RITA (*Erguendo-se.*) – Se eu quisesse que ela fosse atriz, não seria decerto num mambembe!

FRAZÃO – Pois deixe-me dizer, minha senhora, que o mambembe tem a vantagem de exercitar o artista. A contingência em que ele se acha de aceitar papéis de todos os gêneros e estudá-los rapidamente produz um *entraînement*[6] salutar e contínuo, que não pode senão aproveitar ao seu talento. Dona Laudelina faria as suas primeiras armas lá fora e, quando se

---

[6] Trad.: treino, experiência, cancha.

apresentasse ao público desta capital, seria uma atriz feita. Juro que dentro de um ano ela triunfaria nos palcos do Rio de Janeiro, e eu teria a glória de havê-la iniciado na arte!...

Dona Rita – Procure outra, seu Frazão; não é, minha filha?

Laudelina (*Que se conservou sentada, muito comovida, mal podendo conter as lágrimas.*) – Por meu gosto aceitava. Que futuro me espera fora do teatro? Ser costureira toda a vida? Casar com seu Eduardo, que não ganha o suficiente para viver solteiro? Encher-me de filhos e de cuidados? Se tenho realmente, como dizem, algum jeito para o teatro, não seria melhor aproveitar a minha habilidade?... (*Chora. Nisto ouve-se à direita grande bulha de louça quebrada.*)

Dona Rita – Lá o moleque me quebrou mais louça! Com licença! Vou ver o que foi. (*Sai pela direita.*)

## Cena VIII

*Frazão, Laudelina*

Laudelina (*Erguendo-se e enxugando os olhos.*) – Senhor Frazão, quando tenciona partir com a sua companhia?

Frazão – Depois de amanhã, se até lá arranjar, como espero, uma primeira-dama... e os três contos de réis.

Laudelina (*Resoluta.*) – Irei com o senhor.

Frazão – A senhora? Mas sua madrinha...

Laudelina – Tenho vinte e dois anos, sou maior, sou senhora das minhas ações, posso dispor de mim como entender.

Frazão – Não! Não quero contrariar essa senhora que lhe tem servido de mãe. E, deixe lá, no fundo ela não deixa ter razão.

LAUDELINA – Amanhã procurá-lo-ei... Onde mora?

FRAZÃO – Numa casa de pensão. (*Dando-lhe um cartão.*) Aí tem a minha residência. Mas veja o que vai fazer!

LAUDELINA – Descanse. Levarei hoje todo o dia a catequizar dindinha. Ela acabará, como sempre, por me fazer a vontade. E, se não fizer, adeus! Não quero sacrificar-me ao bem que lhe devo!

FRAZÃO – Estás me assustando, filha! Não vá sua madrinha dizer...

LAUDELINA – Diga o que quiser! Não sou nenhuma criança! Amanhã procurá-lo-ei, senhor Frazão. (*Guarda o cartão.*)[7]

## Cena IX

*Frazão, Laudelina, dona Rita, depois Malaquias*

DONA RITA – Que estás dizendo?

LAUDELINA – A verdade! Quero ser atriz!...

FRAZÃO – Isso é uma coisa que se decidirá entre as senhoras. Lavo as mãos. E não digo mais nada! A minha responsabilidade fica salva! Minhas senhoras... (*Cumprimenta e sai pela esquerda.*)

DONA RITA – Este homem veio te desencaminhar!...

LAUDELINA – Não, dindinha... Se não fosse ele, seria outro qualquer... seria o meu próprio instinto. Depois do almoço conversaremos... espero persuadi-la... o meu destino é esse!...

DONA RITA – O teu destino é esse! Mas sabes o que te espera?

LAUDELINA – Será o que Deus quiser.

---

[7] Ms – *bilhete.*

Dona Rita – Pois olha, se fores para o tal mambembe, irei contigo! Não me separarei um momento de ti!

Laudelina – Terei com isso muito prazer.

Dona Rita – Que dia aziago! O moleque me quebrou mais três pratos, e agora tu... (*Vendo entrar Malaquias.*) Cá está o demônio! Devias ter levado uma coça!...

Malaquias – *Armoço tá* na mesa.

Dona Rita – Vamos almoçar.

Laudelina – Oh, o teatro!... A arte!... O público!... O imprevisto!... (*Sai.*)

Dona Rita – O diabo do tal Frazão veio pôr ela doida!... (*Sai pela direita.*)

Malaquias (*Só, arremedando Laudelina.*) – Oh, o teatro!... A arte!... O público!... Moça *tá* assanhada. (*Sai pela direita. Mutação.*)

### Quadro 2

(*Botequim nos fundos de um armazém de bebidas. Ao fundo, além de uma arcada, o armazém com balcão e prateleiras e duas portas largas dando para a rua. À esquerda, a entrada de um bilhar. À direita, parede com pipas e barris. Mesinhas redondas, de mármore. Bancos.*)

## Cena I

*Monteiro, o Caixeiro, Lopes, Fábio, Primeiro Freguês, Segundo Freguês, Fregueses*

(*Ao levantar o pano, Monteiro, em mangas de camisa, percorre as mesas: é o dono da casa. Fábio sentado a uma mesa à esquerda escreve. Lopes sentado ao fundo lê um jornal. À direita, o Primeiro e o Segundo Fregueses bebem e conversam. Os outros fregueses fazem o mesmo. Durante o quadro entram e saem fregueses no armazém ao fundo e são servidos pelo Caixeiro. Veem-se passar transeuntes na rua.)*

*Pequeno Coro*

Quer de noite, quer de dia
– Quem já viu fortuna assim? –
Nunca falta freguesia
Neste belo botequim!

PRIMEIRO FREGUÊS – É Monteiro!

MONTEIRO (*Aproximando-se.*) – Que é?

PRIMEIRO FREGUÊS (*Idem.*) – Quem é aquele sujeito que está escrevendo? (*Aponta à esquerda.*)

MONTEIRO – É o Fábio.

PRIMEIRO FREGUÊS – Que faz ele?

MONTEIRO – Nada, que eu saiba.

SEGUNDO FREGUÊS – Não lhe disse? É um vadio. Conheci-o empregado no comércio.

MONTEIRO – Sim, creio que foi... Depois fez-se poeta... andou a rabiscar nos jornais...

PRIMEIRO FREGUÊS – Que está ele escrevendo ali?

MONTEIRO (*Rindo.*) – Aquilo é uma revista-de-ano em que há três anos trabalha.

SEGUNDO FREGUÊS – Faz da tua casa o seu gabinete?

Monteiro – A esta hora é infalível àquela mesa... Pede uma garrafa de parati... Escreve durante duas horas... Quando se levanta, tem a revista mais uma cena e ele está que não se pode lamber!

Segundo Freguês – Coitado! Com semelhante processo de trabalho não poderá ir muito longe!

Primeiro Freguês – A tua casa é muito frequentada por gente de teatro.

Monteiro – Pode-se dizer que não tenho outra freguesia. Isto é uma espécie de quartel-general dos nossos atores. Entre estas paredes discutem-se peças, arrasam-se empresários, amaldiçoam-se críticos, fazem-se e desfazem-se companhias.

Segundo Freguês – Estão sempre a brigar uns com os outros.

Monteiro – Isso não quer dizer nada... Vocês veem dois artistas dizerem-se horrores um do outro: parecem inimigos irreconciliáveis... mas a primeira desgraça que aconteça a um deles, abraçam-se e beijam-se. Boa gente, digo-lhes eu, boa gente, injustamente julgada.

Primeiro Freguês (*Erguendo-se.*) – Bom! são horas!

Segundo Freguês (*Idem.*) – Ainda é cedo. Vem daí jogar uma partida do pauzinho.

Monteiro (*Apontando para a esquerda.*) – Ambos os bilhares estão desocupados.

Os Dois – Vamos lá! Quantas levas? (*Saem pela esquerda e daí a pouco ouvem-se as bolas batendo umas nas outras.*)

## Cena II

*Monteiro, Fábio, Lopes, Brochado,
o Caixeiro, Fregueses*

MONTEIRO (*Indo ao encontro de Brochado, que entra.*) – É s'or Brochado! De volta! Seja bem aparecido!

BROCHADO – É verdade, cheguei hoje... (*Dando-lhe uma nota.*) e trago-lhe estas cinquenta por conta de maior quantia. Desculpe não pagar tudo.

MONTEIRO – É senhor, mais deva! Pague quando puder!...

BROCHADO – Vou ver se faço um benefício... Ah, meu amigo, aquilo lá por fora está pior que no Rio de Janeiro! Mal por mal, antes aqui... Sempre se encontra crédito.

MONTEIRO – Pois olhe, aqui está uma desgraça. O público espera pelas companhias estrangeiras.

BROCHADO – E dizer que um artista do meu valor não tem trabalho na capital do seu país! Ah, meu caro Monteiro, se eu não considerasse a arte como um sacerdócio, se lhe não tivesse sacrificado toda a minha mocidade, toda a minha existência, há muito tempo teria abandonado o teatro!... Mas que quer?... Depois de ter tido no teatro a posição que tive, não hei de ir puxar uma carroça!

MONTEIRO – Na realidade, não se compreende que o senhor não esteja empregado!

BROCHADO – Onde queria você que eu me empregasse? Para trabalhar com quem? Nem *eles* me querem, porque lhes faço sombra, nem eu os quero, porque não me confundo. Dou ainda o meu recado. Ainda há dias, em São Paulo, levantei a plateia com uma simples poesia, a "Cerração no Mar". Todos os espectadores ficaram de pé.

LOPES (*Que deixa o seu jornal e se aproxima.*) – Eu estava lá.

BROCHADO – Ah! tu estavas lá? É ou não é exato?

LOPES – Eu sou franco. Todos os espectadores se levantaram mas foi para ir-se embora.

BROCHADO – Porque estava terminada a poesia.

LOPES – Faltavam ainda muitos versos. Tu és um bom artista, mas tens o defeito de não estudares nada novo. Desengana-te. Com essas velharias não chegas lá! Eu sou franco!

BROCHADO – Um ignorante é o que és! Sabes lá o que é bom e o que é mau! O que eu admiro é a tua audácia! Quem és tu?.. que tens feito no teatro?... E conheces-me porventura? Já me viste no *Cabo Simão*... na *Pobre das ruínas*? No *Paralítico*?... (*Lopes encolhe os ombros e volta ao seu jornal.*)

MONTEIRO – Bom! não briguem! (*Afasta-se e vai ao balcão.*)

BROCHADO – Pretensioso!...

FÁBIO (*Que foi distraído pela discussão, levanta-se e vai a Brochado.*) – Olá, Brochado, você por aqui! Fazia-o lá pela terra dos Andradas!

BROCHADO – Terminei a minha excursão.

FÁBIO – Em que companhia estava?

BROCHADO – Em que companhia? Ora essa! Que companhia acha você aí digna de mim? Ah não, eu não me confundo, meu caro poeta! Fiz a minha excursão sozinho.

FÁBIO – Sozinho?

BROCHADO – Antes só que mal acompanhado.

FÁBIO – E o repertório?

BROCHADO – Monólogos... poesias... cenas dramáticas... Eu cá me arranjo. Quer saber qual foi um dos meus grandes sucessos? A fala do Carnioli, da *Dalila*!

FÁBIO – "Chorava o arco"?

BROCHADO – Essa mesma.

LOPES (*Do seu lugar.*) – O Furtado Coelho dizia-a muito bem.

BROCHADO – Cala-te! Não sejas tolo! O Furtado era artificial... faltava-lhe isto... (*Bate no coração.*) e para dizer aquilo como deve ser dito, é indispensável isto... (*Idem.*)

LOPES – E isto! (*Bate na testa.*)

BROCHADO – Deixa estar que te hei de pedir umas lições. (*A Fábio.*) Idiota! O Furtado não passava de um amador inteligente. Daqui a nada aquela azêmola vai dizer que o Dias Braga, o Eugênio e o Ferreira valem mais do que eu! (*Voltando-se para Lopes.*) Olha, tenho pena que não me visses no tio Gaspar.

LOPES – Quê! Você fez os *Sinos de Corneville*?

BROCHADO – Apenas a cena do castelo... reduzida a monólogo.

LOPES – Sem a armadura?

BROCHADO – Sim, sem a armadura. Onde queria você que eu fosse buscar uma armadura? Mas arranjei uns comparsas, que fizeram de fantasmas... (*Sentando-se.*) Não gosto de falar dos mortos, mas olha que para causar na plateia um entusiasmo indescritível, não precisei de uma cabeleira de arame, como o defunto Guilherme, que Deus perdoe.

LOPES – Deus te perdoe a ti, que tem mais que perdoar.

BROCHADO – Pode falar à vontade! Faço como o público: não te tomo a sério. (*À parte.*) No Ribeirão Preto não houve meio de arranjar uma cabeleira de arame! (*A Fábio, que se tem sentado de novo.*) Que é isso?... Que está você a escrever?... Versos?...

FÁBIO – Não. Uma revista-de-ano.

BROCHADO – É o que dá. Como se intitula?

FÁBIO – O *Trouxa*.

BROCHADO – O título não é mau. Para que teatro é?

FÁBIO – Sei lá! Está escrita há três anos, de modo que de vez em quando tenho que modificá-la... pôr-lhe umas coisas... tirar-lhe outras, por causa da atualidade. Estou sempre a bulir-lhe!

BROCHADO – A sua revista é como o Teatro Lírico: sempre em obras.

FÁBIO – Dizem que o Ferraz vai organizar uma companhia para o Lucinda... talvez inaugure com o *Trouxa*. Venha cá, sente-se aqui... quero ler-lhe umas cenas... (*Brochado vai sentar-se à mesa de Fábio.*)

BROCHADO – Se você pudesse encaixar aí um personagem dramático, que só dissesse monólogos... e que estivesse sempre sozinho em cena...

FÁBIO – Esse personagem pode ser o Progresso e aparecer na cena do eixo da Avenida Central... ou noutras, que eu inventarei.

BROCHADO – Só assim eu poderia figurar numa dessas tropas fandangas.

FÁBIO – Ouça lá! (*Gritando.*) Ó menino, outra garrafa de parati! (*A Brochado.*) Você toma outra coisa?

BROCHADO – Não; parati mesmo, que o do Monteiro é bom.

FÁBIO – Traga outro cálice! (*O Caixeiro, que estava no balcão, traz uma garrafa de parati e um cálice, que põe sobre a mesa de Fábio, e leva a outra garrafa, depois de se certificar, contra a luz, que ela está vazia. Fábio começa a ler a revista em voz baixa a Brochado, que está de costas para o público.*)

LOPES (*Vendo Monteiro.*) – O Frazão marcou a reunião para o meio-dia em ponto, e já passa.

MONTEIRO – Mais um quarto de hora, menos um quarto de hora, não quer dizer nada. Ele anda atrapalhando. Ficaram de dar-lhe o cobre às onze e meia; pode ser que tenha havido qualquer demora. O dinheiro nunca é pontual. Olhe, aí vêm o Vilares e a Margarida.

## Cena III

*Os mesmos, Vilares, Margarida, artistas*

VILARES (*A Lopes.*) – Já chegou o homem?

LOPES – Ainda não.

MARGARIDA – Ele arranjaria a primeira-dama que procurava?

LOPES – Duvido. Não há nenhuma disponível.

MARGARIDA – A falar a verdade, não sei para que essa primeira-dama. Não estou eu na companhia?

LOPES – Tu? (*Rindo-se.*)[8] Pf... Que pilhéria!

MARGARIDA – Pilhéria por quê?

VILARES – Eu sou suspeito... mas a Margarida não deixa de ter razão. Estou certo que daria conta do recado.

LOPES – É filho, pois seriamente entrou-te em cabeça que a Margarida pode fazer primeiros papéis?

---

[8] 1960 *Rindo.*

VILARES – Mas por que não?

LOPES – Eu sou franco; ela...

MARGARIDA – Aqui no Rio de Janeiro não digo nada; mas no interior...

LOPES – Estás enganada: aqui no Rio de Janeiro é que o público engole tudo!

MARGARIDA – Achas então que não sirvo para nada?

LOPES – Não disse isso... tens o teu lugar no teatro... mas não podes fazer primeiros papéis. Eu sou franco!

*Tercetino*

LOPES – Eu não nego que és bonita,
Que és simpática também;
Nesse olhar de amor palpita,
Toda gente te quer bem;
Mas, menina, com franqueza:
Não te basta essa beleza.

VILARES – Queres tu desanimá-la?

LOPES – É sempre o que se diz a quem verdade fala!

MARGARIDA – Deixa-o dizer o que quiser...
Pois, meu amigo, no teatro,
Quando é bonita uma mulher
Pode fazer o diabo a quatro.

LOPES – Pode fazer, ninguém o nega,
Mas não é isto ser atriz!

VILARES – Deixe-a! não sejas mau colega!

LOPES – A quem verdade fala é sempre o que se diz!

182

| | |
|---|---|
| MARGARIDA | – Tendo alguma habilidade,<br>Linda boca, olhos gentis,<br>Cinturinha de deidade,<br>Pode a gente<br>Certamente,[9]<br>Tanto aqui como em Paris<br>Ser no teatro um chamariz. |
| LOPES | – Não é isto ser atriz;<br>Mas tu dizes a verdade... |
| OS TRÊS | – Sim, tu dizes a verdade...<br>Sim, sim, sim, digo a verdade...[10]<br>Tendo alguma habilidade,<br>Linda boca, olhos gentis etc. |
| LOPES[11] | – Contenta-te com o teu lugar. |
| VILARES | – Não digo nada porque sou suspeito. |
| LOPES | – Por que estás com ela? Então também eu sou... |
| MARGARIDA | – Ora essa! então tu estás comigo? |
| LOPES | – Não estou, mas já estive. E olha que nunca te enchi a cabeça de caraminholas! |

## Cena IV

*Os mesmos, Florêncio, Coutinho, Isaura, outros artistas que vêm chegando aos poucos, depois Vieira, depois Frazão*

FLORÊNCIO – O Frazão já apareceu?

---

[9] 1960 – bis.
[10] 1960 – idem.
[11] 1960 – (*Falando.*)

VILARES – Não; mas não deve tardar.

ISAURA – Ele arranjou a primeira-dama?

LOPES – Não sei.

ISAURA – Se não arranjou, cá estou eu.

LOPES – Tu?!

ISAURA – Então?... à falta de outra...

LOPES (*A rir.*) – Pf!... Eu sou franco: antes a Margarida.

ISAURA – Oh! a Margarida é uma principiante.

MARGARIDA – E tu és uma acabante!

LOPES – É filha, pois não vês que não podes dar senão caricatas?

FLORÊNCIO (*Consultando o relógio.*) – Meio-dia e meia hora... aposto que ele não arranjou o arame.

VILARES – Aí vem o pessimista!

FLORÊNCIO – Pessimista, não: filósofo; espero sempre o pior.

COUTINHO – Duvido que o Frazão venha.

TODOS – Por quê?

COUTINHO – Era quase meio-dia quando ele tomou no largo de São Francisco o bonde da Praia Formosa.

MARGARIDA – Que iria lá fazer?

COUTINHO – Sei lá!

FLORÊNCIO – Homem, se ele não aparecesse, não seria a primeira vez.

LOPES – Não seja má língua! O Frazão foi sempre homem de palavra!

FLORÊNCIO – Queres me dizer a mim quem é o Frazão?

Lopes – Ele deve-te alguma coisa?

Florêncio – Não.

Lopes – Eu sou franco. Devias ser-lhe agradecido. Estás desempregado há dois anos, e ele lembrou-se agora de ti.

Florêncio – Porque precisava.

Lopes – Querem ver que também te propões a substituir a primeira-dama? (*Risadas.*)

Margarida – Quem sabe? Talvez esta demora seja porque ele anda atrás dela.

Isaura – Por que não manda um telegrama à Réjane?

Lopes – Se a Réjane representasse em português, tu dirias o diabo dela! Eu sou franco. (*Entra Vieira todo vestido de preto, tipo fúnebre, fisionomia triste.*)

Coutinho – Meus senhores, bom dia.

Margarida – Como o Vieira vem triste!

Vieira – Algum dia me viste mais alegre?[12]

Coutinho – Sim, mas hoje estás mais triste que de[13] costume.

Vieira – É, talvez, por causa desta viagem... vou deixar família... os filhos... não posso estar longe deles. Já tenho um nó na garganta.

Florêncio – E é que o Frazão não aparece! Pois olhem, sem adiantamento eu não posso me mexer.

Vilares – Nem eu!

---

[12] 1960 – viste alegre?
[13] 1960 – do

COUTINHO – Nem eu. Vi uma casaca num belchior da rua da Carioca, que me assenta como uma luva. O defunto tinha o meu corpo. Mas estou com medo de não a encontrar mais... Esta demora!

PRIMEIRO FREGUÊS (*Aparecendo à porta do bilhar, com um taco na mão.*) – Ó Monteiro, tens aí um pedaço de giz?

MONTEIRO – Lá vou. (*Acode ao Primeiro Freguês.*)

FLORÊNCIO – Mas, afinal, isto é um abuso! Nós não somos criados do senhor Frazão!...

LOPES – Esperem! (*Começam todos os artistas a falar ao mesmo tempo, uns a defender; outros a acusar a Frazão.*)

MONTEIRO – Que bulha é esta? Calem-se! (*Vai para a porta da rua.*)

*Coro*

UNS — Tenham todos paciência!
O Frazão não tardará!
Sempre é muita impertinência
Dizer que ele não virá.[14]

OUTROS — Já me falta a paciência!
O Frazão tardando está!
E demais tanta insolência!
Grosseria assim não há!

MONTEIRO (*Vindo a correr do fundo.*)
— Supondes que o Frazão pregou-vos uma peça
Mudai de opinião,
Porquanto a toda pressa
Aí chega o Frazão!

---

[14] 1960 – ele virá.

(*Frazão aparece à porta, entra esbaforido e senta-se num banco que lhe oferecem.*)

CORO — Viva o Frazão!
Viva o Frazão!
É de Palavra o maganão!

FRAZÃO (*Sentado.*) — Quero tomar respiração.

(*As mulheres abanam-no com os seus leques.*)

CORO — Toma, Frazão,
Respiração!

## I

FRAZÃO — Por causa do dinheiro
Que neste embrulho está,
Andei o dia inteiro
De cá pra lá!
Fui a São Diogo,
A Andaraí,
A Botafogo
E a Catumbi.

CORO — Foi a São Diogo etc.

## II

FRAZÃO — Andei toda a cidade,
Mexi, virei, corri!
Só apanhei metade
Do que pedi!
Fui às Paineiras,

>           Fui ao Caju,
>           Às Laranjeiras
>           E ao Cabuçu!

CORO — Foi às Paineiras etc.

FRAZÃO (*Erguendo-se.*) — É verdade! Vocês não imaginam como os tempos andam bicudos!

TODOS — Imaginamos.

FRAZÃO — Foi um verdadeiro trabalho de Hércules a conquista destes miseráveis dois contos de réis! E ainda me falta outro pacote que prometeram levar-me a[15] casa logo às cinco horas, com toda a certeza. Se não vierem, estou frito!

TODOS — Hão de vir!

FRAZÃO — Vamos a isto! (*Dispõe ao centro da cena uma mesa e uma cadeira. Senta-se e tira do bolso um papel e um lápis.*)

MARGARIDA (*Durante esse movimento.*) — Então? Já arranjou a primeira-dama?

FRAZÃO — Já.

TODOS — Já! Quem é? Quem é?...

FRAZÃO — É uma surpresa. A seu tempo saberão. Vamos aos adiantamentos. (*Chamando.*) Lopes!

LOPES — Pronto!

FRAZÃO (*Dando-lhe dinheiro.*) — Aí tens. Confere.

LOPES — Está certo.

FRAZÃO — Florêncio!

---

[15] Ms – à.

FLORÊNCIO – Pronto! (*Todos os artistas, de costas voltadas para o público, formam um círculo em volta da mesa em que está Frazão distribuindo o dinheiro.*[16] *Entram do fundo, timidamente, dona Rita e Laudelina.*)

## Cena V

*Os mesmos, dona Rita, Laudelina*

DONA RITA – É a primeira vez que entro nos fundos de uma venda!

LAUDELINA – Tenha paciência, dindinha, é por amor da arte... (*A Monteiro, que se aproxima, solícito.*) Tem a bondade de me dizer se é aqui o escritório da empresa Frazão?

MONTEIRO – Não, minha senhora... isto é o meu estabelecimento, não é escritório de nenhuma empresa.

LAUDELINA – Desculpe.

MONTEIRO – Mas é aqui que o senhor Frazão trata dos seus negócios.

DONA RITA – Ele não está?

MONTEIRO – Está, sim, senhora. Está ali fazendo os adiantamentos aos artistas da companhia que hoje segue para fora. Se quiserem sentar-se e esperar um pouquinho? (*Dá-lhes dois bancos; elas sentam-se agradecendo com gestos e sorrisos.*) As senhoras querem tomar alguma coisa?

AS DUAS – Muito obrigada.

MONTEIRO (*À parte.*) – É bem boa...

---

[16] 1960 – *distribuindo dinheiro.*

LAUDELINA – Tenha a bondade de me dizer: aquele ator que ali está vestido de preto não é o Vieira?

MONTEIRO – É, sim, senhora.

DONA RITA – Quê!... aquele cômico tão engraçado... que faz rir tanto!...

MONTEIRO – Em cena. Fora de cena, tem uma cara de missa de sétimo dia. Está sempre triste. (*Afastando-se à parte.*) Bem boa...

LAUDELINA – Como o teatro engana!

DONA RITA – Menina, eu acho melhor irmos para casa. Uma carreira artística que começa nos fundos de uma venda não pode dar bons resultados.

LAUDELINA – Aí vem a senhora! Estamos comprometidas... Fomos ontem à casa do Frazão... já mandamos as nossas bagagens para a estrada de ferro... e ficamos de vir aqui hoje, à uma hora, para recebermos o adiantamento. Agora não podemos recuar.

DONA RITA – Queira Deus que não te arrependas!

LAUDELINA – Nada me poderá suceder. Minha madrinha está a meu lado para proteger-me.

DONA RITA – Tua madrinha! E quem protege ela? Eu também sou uma fraca mulher...

FRAZÃO (*Erguendo-se.*) – Pronto, meus senhores! Já receberam os adiantamentos e os bilhetes de passagem. Tratem de mandar as suas bagagens para a estação, e às seis horas estejam a postos. O trem parte às seis e meia.

TODOS – Sim... sim... Descanse... não haverá novidade etc.

FRAZÃO – Até lá!

Todos – Até lá! (*Dispõem-se*[17] *todos a sair.*)

Frazão (*Vendo Laudelina.*) – Ah, cá está ela!

Todos – Quem?

Frazão – A nossa primeira-dama!

Todos – Ah!

Frazão (*Tomando Laudelina pela mão, apresentando-a aos artistas.*)

*Canto*[18]

     – Meus senhores, aqui lhes apresento
     Uma nova colega de talento,
     Que brilhante carreira principia
     E faz parte da nossa companhia!

Coro   – Receba, pois, o nosso cumprimento[19]
     Esta nova colega de talento,
     Que brilhante carreira principia
     E faz parte da nova companhia.

Laudelina – Não sei como agradecer, na verdade
     Tanta amabilidade!

*Coplas*

I

Sou uma simples curiosa,
Que se quer fazer atriz;

---

[17] 1960 – *dispõem*.
[18] 1960 – *artista, canta*.
[19] 1960 – bis [nos seis versos seguintes].

           Por não ser pretensiosa,
           Eu espero ser feliz.
           Tudo ignoro por enquanto
           Da bela arte de Talma,
           Mas prometo estudar tanto,
           Que o povinho enfim dirá:
           *Elle a quelque...*
           *Quelque chose...*
           *Elle a quelque chose lá!*[20]

CORO      – *Elle a quelque* etc.

## II

LAUDELINA – O que me alenta e consola
           Na carreira que me atrai,
           É sair da mesma escola
           De onde tanto artista sai.
           Quanta moça analfabeta
           Que não sabe o bê-á-bá
           Fez-se atriz, atriz completa
           E do público ouviu já:
           *Elle a quelque...* etc.

CORO      – *Elle a quelque...* etc.

FRAZÃO – Bom. Agora deixem-me tratar com estas senhoras.

MARGARIDA (*Saindo com Vilares.*) – A primeira-dama, isto?

ISAURA (*A um outro artista.*) – É tão feia! Tão desajeitada!

COUTINHO – Já tem a sua idade...

LOPES (*A dona Rita.*) – E a senhora também é atriz?

---

[20] Trad.: Ela tem alguma.../ alguma coisa.../ Ela tem alguma coisa lá!

Dona Rita – Não, senhor, sou sua madrinha e acompanho ela.

Lopes – Ah!

Vieira (*Saindo, a Frazão.*) – Vou para casa derramar algumas lágrimas no seio da família. Estas ausências matam-me! (*Saem todos os artistas da companhia Frazão.*)[21]

## Cena VI

*Monteiro, Caixeiro, Fábio, Brochado, Frazão, dona Rita, Laudelina*

Frazão – Então? Prontas?...

Laudelina – Prontas.

Dona Rita – Deixei a casa entregue a uma comadre minha e despedi o moleque. As bagagens já foram para a estação.

Frazão – Aqui têm os bilhetes de[22] passagem... e o adiantamento... (*Dá-lhes os bilhetes e o dinheiro.*)

Laudelina – O primeiro dinheiro ganho com o meu trabalho artístico! (*Beija-o.*)

Dona Rita – E ganho antes de trabalhar!

Frazão – Está satisfeita?

Laudelina – Estou. Só levo um aperto no coração.

Frazão – Qual é?

Laudelina – É seu Eduardo. Para que hei de mentir? Ele gosta de mim... não sou ingrata...

---

[21] 1960 – *companhia.*
[22] 1960 – *da*

FRAZÃO – Quem é seu Eduardo?

DONA RITA – É o Luís Fernandes.

FRAZÃO – Ah! o tal que eu chamei arara...

LAUDELINA – Escrevi-lhe despedindo-me dele.

DONA RITA – Coitado! (*A Frazão.*) Bom, então até o trem!

FRAZÃO – Até o trem!

DONA RITA – Olhe que se minha afilhada for infeliz, não lhe perdoo, seu Frazão! Foi o senhor que desencabeçou ela!

FRAZÃO – Há de ser muito feliz!

AS DUAS – Até logo! (*Saem.*)

FRAZÃO – Fiquei reduzido a dezoito mil réis.

## Cena VII

*Os mesmos, menos dona Rita e Laudelina*

MONTEIRO – Você é dos diabos! Onde foi desencantar aquela joia?...

FRAZÃO – Numa sociedade particular.

MONTEIRO – É séria?

FRAZÃO – É, sim, senhor! Não esteja a arregalar os olhos, que aquilo não se faz[23] para os seus beiços!

MONTEIRO – Nem para os seus.

FRAZÃO – Naturalmente. Serei um pai para ela. Sou um empresário moralizado.

---

[23] 1960 – não é.

MONTEIRO – Com que, então, custou-lhe muito a arranjar o cobre, hein? Andou pelas Paineiras, pelo Cabuçu!...

FRAZÃO – Não andei senão até à Prainha, mas suei o topete! E se o Madureira não me mandar o conto de réis que me prometeu, estou frito. Você bem me podia acudir...

MONTEIRO – É que...

FRAZÃO – Sim, já sei que dessa mata não sai coelho. Benza-o Deus! (*Reparando em Brochado e Fábio, que adormeceram defronte um do outro.*) Que é aquilo? O Brochado? Não sabia que ele estivesse de volta!

MONTEIRO – Chegou hoje.

FRAZÃO – Já se cansou de impingir monólogos aos paulistas?

MONTEIRO (*Examinando contra a luz a garrafa de parati.*) – Adormeceram ambos, depois de esvaziar uma garrafa de parati! (*Sacudindo-os.*) Eh! lá, acordem...

FRAZÃO – Bom! Vou tratar da vida! (*Sai pelo fundo.*)

BROCHADO (*Sonhando.*) – Chorava o arco... chorava o madeiro... tudo chorava...

MONTEIRO – Acordem! (*Erguem-se os dois esfregando os olhos.*)

BROCHADO – Meu poeta, o seu *Trouxa* fez-me dormir. não presta!

FÁBIO (*Cambaleando.*) – Perdão: não foi o *Trouxa*, foi o parati. (*Forte da orquestra. Mutação.*)

*Quadro 3*

(*O corredor da casa de pensão em que mora Frazão À esquerda, a porta da rua, e, à direita, a cancela com cordão de campainha.*)

## Cena I

*Eduardo, depois um Criado*

EDUARDO (*Entrando.*) – É aqui! É aqui a casa de pensão em que mora esse maldito empresário! Recebi uma carta de Laudelina em que me participava que parte hoje no noturno com a companhia Frazão... Ainda me parece um sonho! Já pedi ao patrão licença e um adiantamento de dois a três meses... Hei de acompanhá-la por toda a parte! Não a deixarei sozinha por montes e vales, exposta sabe Deus a que perigos! Mas, antes disso, quero entender-me com este homem, que odeio, porque foi ele quem lhe meteu na cabeça essa loucura! Oh! eu!... (*Vai a puxar o cordão da campainha e*[24] *arrepende-se.*) Tenhamos calma... Que vou dizer a esse empresário?... com que direito aqui venho?... É meu coração, meu pobre coração!

*Coplas*

I

Piedade eu te mereço
Ó minha doce amada!
Esta alma torturada
Está por teu amor!
As mágoas que eu padeço
São grandes, muito grandes,
Porque nem Luís Fernandes
Amava assim Leonor.

---

[24] 1960 – *mas.*

## II

Oh! não me bastam cartas!
No teu caminho incerto
De ti quero estar perto,
Ó minha linda flor!
Aonde quer que partas,
Por onde quer que tu andes,
O teu Luís Fernandes
Te seguirá, Leonor!...

Coragem! (*Toca a campainha.*) Também eu quero fazer parte da companhia Frazão!...

CRIADO (*Abrindo a cancela.*) – Quem é?

EDUARDO – Mora aqui o ator Frazão?

CRIADO – Sim, senhor.

EDUARDO – Está em casa?

CRIADO – Sim, senhor, e à sua espera! Vou chamá-lo! (*Sai.*)

## Cena II

*Eduardo, depois Frazão*

EDUARDO (*Só.*) – À minha espera? Isso é que não! À espera de outro será!

FRAZÃO (*Entrando a correr.*) – Dê cá, meu amigo, dê cá! Estava pelos cabelos! Já passa das cinco! Dê cá!

EDUARDO – Dê cá o quê!

Frazão (*Reparando-o.*) – Desculpe... julguei que o senhor fosse portador do conto de réis do Madureira! Um conto que espero com impaciência! Mas se não me engano é o Luís Fernandes, de Catumbi!

Eduardo – Sim senhor! É o Luís Fernando, de Catumbi, que vem[25] perguntar: Frazão, que fizeste da morgadinha?

Frazão – A morgadinha parte esta noite comigo no noturno: está na minha companhia.

Eduardo (*Furioso.*) – Na sua companhia?

Frazão – Dramática... Na minha companhia dramática... Nada de trocadilhos! Descanse: a morgada vai com ela.

Eduardo – A morgada não basta: é uma senhora. Eu, que a amo, que a adoro, que desejo que ela, só ela seja mãe dos meus futuros filhos, quero acompanhá-la também, e venho oferecer-me para galã da companhia!

Frazão – Galã? Já tenho o Lopes e estou com a folha muito sobrecarregada.

Eduardo – Mas eu não quero que o senhor me pague ordenado.

Frazão – Ah! não quer? Por esse preço, convém-me. Pode ir; mas já distribuí todos os bilhetes de passagem.

Eduardo – Também não quero que me pague a passagem. Peço apenas para fazer parte do elenco.

Frazão – Pois não! E se o senhor me pudesse arranjar, pelo mesmo preço, um pai nobre que me falta...

Eduardo – Pelo preço contente-se com um galã. E adeus! Vou preparar-me!

---

[25] 1960 – que lhe vem.

FRAZÃO – Adeus! Se encontrar pelo caminho um caixeiro, ou coisa que o valha, com um conto de réis na mão, diga-lhe que venha depressa!

EDUARDO – Bem. (*À parte.*) Vou com ela! (*Sai.*)

## Cena III

*Frazão, depois o Criado*

FRAZÃO (*Consultando o relógio.*) – Cinco e vinte. Se se demora mais dez minutos, já não apanho o trem senão de tílburi! (*Chamando.*) Ó Joaquim! Estou num formigueiro! Que maldade a do Madureira! Prometer-me um conto de réis, e faltar à última hora! (*Ao Criado, que entra.*) Ó Joaquim, vai ali na praça buscar um tílburi! Depressa!

CRIADO – É já! (*Sai.*)

FRAZÃO (*Só.*) – E levo esta vida há trinta anos! pedindo hoje... pagando amanhã... tornando a pedir... tornando a pagar... sacando sobre o futuro... contando com o incerto... com a hipótese do ganho... com as alternativas da fortuna... sempre de boa-fé, e sempre receoso de que duvidem de mim, porque sou cômico, e ser cômico, vem condenado de longe... Mas por que persisto?... por que não fujo à tentação de andar com o meu mambembe às costas, afrontando o fado?... Perguntem às mariposas por que se queimam na luz... perguntem aos cães por que não fogem quando avistam ao longe a carrocinha da prefeitura, mas não perguntem a um empresário de teatro por que não é outra coisa senão empresário[26] de teatro... Isto é uma fatalidade a que nos condena o nosso

---

[26] 1960 – senão um empresário.

próprio temperamento. O jogador [é] infeliz porque joga? O fraco bebedor, por que bebe?... Também isto é um vício, e um vício terrível porque ninguém como tal o considera, e, portanto, é confessável, não é uma vergonha, é uma profissão... uma profissão... uma profissão que absorve toda a atividade... toda a energia... todas as forças, e para quê?... Qual o resultado de todo este afã? Chegar desamparado e paupérrimo a uma velhice cansada! Aí está o que é ser empresário no Brasil! Mas este conto de réis que não chega!

CRIADO (*Entrando.*) – O tílburi! Aí está!

FRAZÃO – Falta apenas um quarto de hora para a partida do trem. Vou pôr o chapéu e tomar o tílburi! Entrego-me à sorte, ao deus-dará! (*Sai pela direita.*)

## Cena IV

*O Criado, um Velhote*

CRIADO (*Só.*) – Coitado do senhor Frazão! Parece que lhe roeram a corda! (*Vai saindo.*)

VELHOTE (*Entrando muito devagar e falando muito descansado.*)[27] – Psiu! Ó amigo!

CRIADO – Que é?

VELHOTE – Mora aqui um cômico por nome Frazão?

CRIADO – Mora, sim, senhor. É o senhor que lhe vem trazer um dinheiro?

VELHOTE – Que tem você com isso?

---

[27] 1960 – *falando descansado*.

CRIADO – Ele está impaciente à sua espera! São quase horas do trem!

VELHOTE – Ah! Tem pressa! Pois eu não tenho nenhuma.

CRIADO – Vou chamá-lo. (*Sai.*)

## Cena V

*O Velhote, depois Frazão*

VELHOTE (*Só.*) – O senhor Madureira faz mal. Emprestar um conto de réis a um cômico! Isto é gentinha a quem não se deve fiar nem um alfinete! Como sou amigo do senhor Madureira, que é um excelente patrão, demorei-me quanto pude no caminho, a ver se o tal Frazão partia sem o dinheiro! Este há de o senhor Madureira ver por um óculo!

FRAZÃO (*Entrando de mala na mão e guarda-pó debaixo do braço.*) – Então, o dinheiro?

VELHOTE – Cá está! (*Tira[28] um maço de notas.*) Venha primeiro o recibo!

FRAZÃO – Que recibo, que nada! Mandá-lo-ei pelo correio. (*Toma o dinheiro e sai correndo.*)

VELHOTE – Venha cá! Venha cá! Quero o recibo! (*Sai correndo. Mutação. Música na orquestra até o final do ato.*)

*Quadro 4*

(*Na plataforma da Estação Central da Estrada de Ferro.*)

---

[28] 1960 – *Tirando.*

## Cena I

*A Companhia Frazão, amigos, o Chefe do Trem, depois Frazão*

(*Ao erguer do[29] pano, o trem que tem de levar a companhia está prestes a sair. Alguns artistas espiam pelas portinholas, inquietos por não verem chegar Frazão.*)

ARTISTAS – O Frazão? O Frazão?

VOZES – Não arranjou o dinheiro!

OUTROS – Que será de nós?

CHEFE DO TREM – (*Apitando.*) Quem tem que embarcar embarca! (*Embarca. O trem põe-se em movimento. Entra Frazão a correr.*)

ARTISTAS – É ele! Para! Para!

FRAZÃO – Para! (*Atira a mala para dentro do trem, pendura-se no [tênder] do último carro-dormitório. O trem desaparece, levando Frazão pendurado, enquanto as pessoas que se acham na plataforma riem e aplaudem.*)

(*Cai o pano.*)

---

[29] 1960 – *o*.

## ATO SEGUNDO

*Quadro 5*

(*Praça numa cidade do interior. À esquerda, grande árvore e, à direita, um sobrado de duas janelas, onde mora o coronel Pantaleão.*)

## Cena I

*Dona Rita, Laudelina, Eduardo, Vilares, Margarida, Florêncio, Coutinho, Vieira, artistas, pessoas do povo*

(*Ao levantar o pano, os artistas e as pessoas do povo formam dois grupos distintos; aqueles à esquerda, debaixo da árvore, e estes à direita, fundos. As bagagens da Companhia Frazão, caixões, malas, sacos de viagem, pacotes etc., estão debaixo da árvore. Os artistas estão uns sentados nas malas, outros de pé e ainda outros deitados, parecendo todos fatigados por uma viagem penosa. Dona Rita dorme a sono solto, sentada numa das malas, e Vieira também sentado e um pouco afastado dos companheiros lê uma carta, sempre com o seu ar fúnebre. As pessoas do povo examinam os artistas de longe, curiosamente, mas como receosos de se aproximarem deles.*)

*Coro das pessoas do povo*

Aquela gente, de surpresa
Aqui na terra amanheceu!
E ninguém sabe com certeza
Como foi que ela apareceu!

CORO — São ciganos!

OUTROS — São artistas!

UNS — São ciganos!

OUTROS — Não insistas!

UNS — São ciganos!

OUTROS — Não há tal!
Com certeza é pessoal
Teatral!

CORO[30] — Com certeza é pessoal
Teatral!

OS ARTISTAS (*Entre si.*)
— Aquela gente não se aproxima...
Falar deseja, mas não se anima.
Está decerto desconfiada
De que nós somos ladrões de estrada,
E de que temos, talvez, vontade
De saquear-lhes toda a cidade!

*Junção dos dois Coros*

Aquela gente, de surpresa etc.
Aquela gente não se aproxima... etc.

---

[30] 1960 – [omitido este coro].

LAUDELINA – Como estão desconfiados!

EDUARDO – Que olhares nos lançam!

FLORÊNCIO – Demo-nos a conhecer.

VILARES – Sim, porque do contrário são capazes de nos correr a pedrada!

MARGARIDA (*A Eduardo.*) – Tu, que és o nosso orador oficial, vai ter com eles.

EDUARDO – Dizes bem. Vou dirigir-lhes a palavra! (*Encaminhando-se para as pessoas do povo.*) Meus senhores... (*Vendo Eduardo aproximar-se, as pessoas do povo soltam um grito estridente, e fogem por todos os lados. Só ficam em cena os artistas que, à exceção de Vieira, riem às gargalhadas.*) Bonito! Fugiram todos!

VILARES – Estamos arranjadinhos... Aqui o público foge dos artistas!...

COUTINHO – Eu bem disse que não viéssemos cá... que era uma asneira!

MARGARIDA – Mas que lembrança do Frazão! Vir a uma cidade que ele não conhecia e onde não conhecia ninguém!

FLORÊNCIO – Sem trazer sequer uma carta de recomendação!

EDUARDO – Nem dinheiro!

LAUDELINA (*A Eduardo.*) – Olhe, dindinha adormeceu...

EDUARDO – Pudera! Com esta viagem de três dias!

LAUDELINA – Se ainda fosse em trem de ferro, mas em carros de boi!

VILARES – E em burros!

FLORÊNCIO (*Olhando para dona Rita.*) – Pudesse eu fazer o mesmo! Se apanho uma cama, há de me parecer um sonho! (*Vieira soluça forte.*)

TODOS (*Voltando-se.*) – Que é isto?

VILARES – É o Vieira, que chora! Recebeu há cinco dias aquela carta da família, e tantas vezes a tem lido que já deve sabê-la de cor e salteada!

FLORÊNCIO – Assim decorasse ele os seus papéis!

VIEIRA (*Como para si.*) – Meus pobres filhos!

MARGARIDA – Estão doentes? (*Aproxima-se dele.*)[31]

VIEIRA – Não; mas estão longe, muito longe!

EDUARDO – Vê, dona Laudelina, em que deu a sua loucura? Que triste desilusão! Durante o primeiro mês a coisa não foi mal, mas daí por diante tem sido o diabo. Estavam-nos reservadas todas as contrariedades.

VILARES – Todas? Falas assim porque és marinheiro de primeira viagem. Pelo menos o nosso empresário até hoje nos tem pago em dia...

FLORÊNCIO – Pois sim, mas durante as viagens suspende os ordenados!

COUTINHO – E como levamos todo o tempo a viajar...

VIEIRA (*Fúnebre.*) – É com dificuldade que se manda algum socorro à família.

MARGARIDA – Outro que não fosse o Frazão já nos teria abandonado. Isso é que é verdade!

VILARES – O caso é que temos vivido... e que ele pouco deve. O seu primeiro cuidado foi mandar pagar no Rio os três contos que pediu emprestados.

---

[31] 1960 – *deles*.

COUTINHO – Fez mal em pagar tão depressa: ficou sem fundo de reserva.

FLORÊNCIO – Qual ficou, qual nada! Pois vocês acreditam que o Frazão não tenha dinheiro?

TODOS (*Protestando.*) – Não! Isso não! Oh!...

FLORÊNCIO – Ora! Querem vocês conhecê-lo melhor do que eu! Aquele sabe viver!

MARGARIDA – És muito má língua! O que vale é que ninguém faz caso do que tu dizes.

FLORÊNCIO – Bem fez o Lopes: quando viu que a coisa desandava, rodou, e por aqui é o caminho.

LAUDELINA – Perdão, senhor Florêncio, não foi por isso que o senhor Lopes se retirou.

EDUARDO – Foi porque ficou enciumado comigo, e disse que a companhia não precisava de dois galãs dramáticos.

VILARES – Pudera! Se dona Laudelina não queria representar senão contigo!

LAUDELINA – Porque o senhor Lopes não era sério... fazia muito ao vivo os seus papéis...

COUTINHO – É um artista consciencioso.

DONA RITA (*Que abriu os olhos.*) Pois sim, mas não precisava beijar ela quando a peça não mandava! (*Risos.*)

MARGARIDA – Ah, isso é costume antigo do Lopes. Foi assim que começaram os nossos amores... e foi por isso que o deixei, porque, depois de estar comigo entendeu que devia continuar a fazer o mesmo com as outras... Todas as vezes que entrava para a companhia uma atriz nova e bonita, ele abusava dos beijos!

LAUDELINA – E dos abraços! E dos apertos de mão!

DONA RITA (*Erguendo-se.*) – Eu cá é que nunca imaginei representar senão em sociedades particulares, onde os beijos são suprimidos. O artigo 17 dos estatutos do Grêmio Dramático Familiar de Catumbi diz o seguinte: "É proibido aos amadores beijar as amadoras em cena, a menos que para isso estejam autorizados por quem de direito."

EDUARDO – Mas o Frazão teve a habilidade de convencê-la de que a senhora devia substituir a Engrácia!

FLORÊNCIO – Substituir é um modo de dizer, meu caro amigo... uma amadora não substitui uma artista...

DONA RITA – Ora quem sabe! Talvez o senhor se julgue insubst... insubst...

TODOS – Insubstituível.

DONA RITA – Quem sabe? Pois agradeçam à Providência haver à mão uma amadora, porque, se assim não fosse, muitas peças ficavam desmontadas!

VILARES – Tem razão, dona Rita: com peças desmontadas não se faz fogo! (*Risadas.*)

FLORÊNCIO – Mas o Frazão, o Frazão, que não volta!

COUTINHO – Há uma hora que foi procurar um hotel... e deixou-nos acampados aqui, como um bando de ciganos.

FLORÊNCIO – Sabe Deus se não passou as palhetas!

TODOS (*Protestando.*) – Oh!

FLORÊNCIO – Vocês não o conhecem, como eu!

MARGARIDA – Cala a boca, má língua! Ali vem ele!

TODOS – Ah! (*Erguem-se todos os artistas que estavam sentados ou deitados. Frazão entra do fundo, à direita, com as mãos nas algibeiras, o chapéu deitado para trás e fisionomia contrariada.)*

## Cena II

*Os mesmos, Frazão*

ARTISTAS – Então? Arranjou um hotel? (*Frazão passeia de um lado para outro, sem responder.*) Então? Fale! Responda! (*Mesmo jogo de cena.*) Vamos! diga alguma coisa!

FRAZÃO (*Parando.*) – Sebo!

OS ARTISTAS – Hein?

FRAZÃO – Sebo! Três vezes sebo! (*Pausa. Ansiedade geral.*) Há, nesta próspera e florescente cidade de Tocos, um hotel... um único... o Hotel dos Viajantes...

LAUDELINA – Então estamos bem.

FRAZÃO – Bem mal. O dono do hotel diz que não tem lugar nem comida para tanta gente.

DONA RITA – Mas ao menos eu e minha afilhada, que somos as principais figuras da companhia...

(*Ao mesmo tempo.*)
> VILARES – Protesto!
> MARGARIDA – Olhem a velha!
> FLORÊNCIO – Aqui não há primeiras figuras!
> COUTINHO – Toleirona!
> OUTROS ARTISTAS – Isso é que não! Alto lá!...

FRAZÃO – Desculpem-na. Dona Rita não tem ainda bastante prática do ofício... não sabe guardar as conveniências.

VIEIRA (*Num tom fúnebre.*) – A primeira figura da companhia, modéstia à parte, e sem ofender os colegas, sou eu.

FRAZÃO – Tem razão, Vieira. Pelo menos, depois de mim, és o que mais agrada.

VIEIRA (*No mesmo tom.*) – Quando estou em cena, o público torce-se de riso...

DONA RITA – Por isso, aquele crítico de Uberaba disse que o senhor tinha muita noz-vômica.

FRAZÃO – Que noz-vômica! *Vis comicas!*[32] (*Risadas.*)

VILARES – Mas vamos ao que serve... o hotel? Quantos cabemos lá?

FRAZÃO – Nenhum, porque o homem diz que não fia.

EDUARDO – Por quê?

FRAZÃO – A última companhia que aqui esteve pregou-lhe um calo de quatrocentos e oitenta e sete mil, e duzentos réis.

LAUDELINA – Como o senhor decorou a quantia!

FRAZÃO – Pelo hábito de decorar os papéis. Fiz-lhe ver que havia muita diferença entre um empresário da minha categoria e o Chico dos Tiros, que aqui esteve; mas todo o meu talento, toda a minha eloquência, todos os meus esforços foram vãos!

TODOS – Oh!

VILARES – Insiste-se.

FRAZÃO – Não há que insistir. O dono do Hotel dos Viajantes é um antigo colega nosso.

TODOS – Sim? Um ator?

---

[32] Trad.: veia cômica, queda para fazer rir.

FRAZÃO – Um ator muito ordinário. Veio há muitos anos para esta cidade com um mambembe que aqui se dissolveu. Diz ele que conhece a classe. Respondi-lhe com uma descompostura daquelas... vocês sabem!... e contive-me para não lhe quebrar a focinheira!

FLORÊNCIO – Que grande patife! Não saiamos daqui sem lhe dar uma lição!

TODOS – Apoiado!

FRAZÃO (*Levando o dedo polegar à testa.*) – Tenho uma ideia!

TODOS – Uma ideia! Qual?

FRAZÃO – Onde dormimos nós esses três dias que levamos do Tinguá até aqui?

LAUDELINA – Nos carros que nos trouxeram.

FRAZÃO – Pois bem, hospedemo-nos neles, até acharmos casa.

EDUARDO – Pois o senhor não viu que mal nos apeamos dos burros e as senhoras desceram dos carros, tudo voltou para o Tinguá?

VILARES – Só ficou o carreiro para receber nestes três dias os duzentos mil réis da condução.

FRAZÃO – É isso, é (*Com um repente, elevando a voz e erguendo as mãos para o céu.*) Manes de Téspis e de Molière! Alma do defunto Cabral, o maior mambembeiro de que há notícia nos fastos da arte nacional, inspirai-me nesta situação tremenda!... (*A Vilares, indicando-lhe uma rua.*) Ó Vilares, vai tu com a Margarida por esta rua fora, e façam o possível por descobrir alguma coisa.

VILARES – Está dito! (*A Margarida.*) Nem que seja só para nós.

FRAZÃO – O ponto de reunião é nesta praça, daqui a uma hora.

MARGARIDA – Vamos cavar. (*Sai com Vilares.*)

FRAZÃO – Florêncio, vai com a Marcelina por esta outra rua.

FLORÊNCIO – Por que com a Marcelina?

FRAZÃO – Para parecer gente casada... Oh, eu sei o que são estes lugares!...

FLORÊNCIO – Vamos lá! (*Sai com uma das coristas.*)

FRAZÃO – Coutinho, embica por acolá, e leva contigo a Josefina.

COUTINHO – Anda daí! Olha que vais passar por minha mulher! Vê lá como te portas! (*Saem.*)

FRAZÃO – Tu, Vieira...

VIEIRA – Deixa-me. Vou informar-me onde é o cemitério e passar lá uma hora... apraz-me o silêncio dos túmulos. (*Sai.*)

FRAZÃO (*Contemplando-o enquanto ele vai saindo.*) – Quem será capaz de dizer que ali vai o rei da gargalhada? (*Distribuindo outros atores e atrizes.*) Vocês por aqui, vocês por ali... (*A um ator velho.*) Tu, meu velho, ficas tomando conta da bagagem. (*Têm saída todos menos Frazão, dona Rita,[33] Laudelina, Eduardo e o ator velho.*) Eu e dona Rita vamos por este lado. O Eduardo e a Laudelina por aquele...

DONA RITA – Não. O melhor é seu Eduardo ir com o senhor, e eu com Laudelina.

LAUDELINA – Ó dindinha! É para parecermos todos casados!

DONA RITA – Nesse caso, vai com seu Frazão e eu vou com seu Eduardo.

FRAZÃO – Como eu disse está bem! Que receia a senhora? Pois se não temos casa, quanto mais quartos!

---

[33] 1960 – *Frazão e dona Rita.*

DONA RITA – Enfim... (*Sai com Frazão.*)

EDUARDO (*À parte.*) – Passar por marido dela! Que ironia da sorte! (*Sai com Laudelina.*)

## Cena III

*Irineu, o Velho Ator, sentado numa das malas, depois Pantaleão*

IRINEU (*Entrando da direita alta, estacando diante das bagagens.*) – Que é isto? Ah! Já sei... é a bagagem da companhia dramática chegada hoje do Tinguá! (*Ao Velho Ator.*) Não é? (*Sinal afirmativo do Velho Ator.*) Eu vinha justamente dar esta grande novidade ao coronel Pantaleão. (*Indo bater à porta de Pantaleão.*) Coronel! Coronel! Na sua qualidade de dramaturgo, ele vai ficar contentíssimo com a notícia!

PANTALEÃO (*Aparecendo à janela do sobrado em mangas de camisa.*) – Quem é? Ah! É você, capitão?

IRINEU – Em primeiro lugar, cumprimento a vossa senhoria por ser hoje o dia do seu aniversário natalício, e colher mais uma flor no jardim da sua preciosa existência.

PANTALEÃO – Muito obrigado!

IRINEU – Em segundo lugar, dou-lhe uma notícia, uma grande notícia que interessa a vossa senhoria, não só como ilustre presidente da Câmara Municipal de Tocos, mas também, e principalmente, como dramaturgo!

PANTALEÃO – Ah, sim? Qual é?...

IRINEU – Chegou esta manhã, há uma hora, uma companhia dramática!

Pantaleão – Uma companhia dramática! Que está dizendo?

Irineu – Para a prova aqui estão as bagagens (*Lendo o letreiro de uma caixa.*) "Companhia Frazão."

Pantaleão – Frazão? Será o célebre, o popularíssimo Frazão?

Irineu – Deve ser. Não creio que haja dois Frazões.

Pantaleão – Vou vestir o rodaque e desço já! (*Saindo da janela.*) Ó dona Bertolesa!

Irineu – Ficou entusiasmado! Já não quer saber de outra coisa! O teatro é a sua cachaça! Quem não deve gostar é dona Bertolesa, que tem muitos ciúmes das cômicas.

Pantaleão (*Saindo de casa a vestir o rodaque.*) – Ora muito me diz! Uma companhia dramática! (*Vai examinar as bagagens e cumprimenta o Velho Ator.*) O senhor é o célebre Frazão?

Velho Ator – Ai, não, senhor, quem me dera!

Pantaleão – Mas é artista?

Velho Ator – Sim, senhor, do pano do fundo[34]... só faço pontas.

Pantaleão (*A Irineu.*) – Diz que só faz pontas. Esta linguagem teatral é incompreensível!

Irineu – Já sei que vossa senhoria vai de novo fazer representar o seu drama?

Pantaleão – Não me fale! Um drama que me obrigou a estudos de história, de geografia, da mitologia e da Bíblia, para afinal não ser compreendido por estes idiotas!...

Irineu – Ele foi pateado porque o Chico dos Tiros não o pôs em cena como devia pôr.

---

[34] 1960 – do pano fundo.

PANTALEÃO – Como não, se gastei perto de cinco contos de réis? Foi o major Eufrásio que promoveu a pateada, por fazer oposição à municipalidade! Mandou para o teatro toda a sua gente!...

IRINEU – E a coisa acabou num formidável turumbamba![35] O subdelegado suspendeu o espetáculo!

PANTALEÃO – E a representação não acabou! Ah, mas o meu drama há de ir à cena, quer queiram, quer não queiram! Você já viu o Frazão?

IRINEU – Já... isto é, creio que foi ele que eu vi, no Hotel dos Viajantes, passando uma descompostura ao tenente Gaudêncio, porque este não quis hospedar a companhia.

PANTALEÃO – Gaudêncio está escabreado.

## Cena IV

*Os mesmos, Eduardo e Laudelina*

EDUARDO – E esta! Demos uma volta e, sem querer, viemos ter à mesma praça de onde saíramos!

LAUDELINA – Estão ali dois sujeitos... pergunte-lhes...

EDUARDO (*Dirigindo-se a Pantaleão e cumprimentando-o com muita cortesia.*) – Bom dia. O cavalheiro dá-me uma informação?

PANTALEÃO – Pois não! Se puder... (*Acotovela Irineu, mostrando-lhe Laudelina com os olhos, que arregala.*)

EDUARDO – Indica-me com quem se poderá, nesta cidade, contratar casa e comida para o pessoal da grande Companhia Dramática Frazão, do Teatro São Pedro de Alcântara, da

---

[35] 1960 – turumbanda.

Capital Federal, que vem dar aqui uma pequena série de representações?

PANTALEÃO – Ah! Os senhores são artistas?

EDUARDO – Eu sou o galã e esta senhora é a primeira-dama da companhia.

PANTALEÃO – Minha senhora... (*À parte.*) É um pancadão!

LAUDELINA – Meus senhores...

IRINEU – Excelentíssima.. (*À parte.*) Que teteia!...

EDUARDO – A companhia é dirigida pelo afamado e ilustre ator Frazão e traz um escolhido repertório de dramas e comédias.

PANTALEÃO – De dramas?... Representam dramas?... Dramas compridos, que levam muito tempo?

LAUDELINA – Compridos e curtos!

EDUARDO – De todos os tamanhos!

PANTALEÃO (Subindo.) – Esta é a bagagem?

EDUARDO – Sim, senhor.

PANTALEÃO – Não deve ficar na rua. Vou mandá-la para o teatro. (*A Irineu.*) Capitão Irineu, você fica encarregado disso. A chave do teatro está ali em casa. Peça-a a dona Bertolesa.

IRINEU – Às ordens de vossa senhoria. (*Entra em casa de Pantaleão.*)

EDUARDO (*Alegre.*) – Ah! O cavalheiro é o dono do teatro?

PANTALEÃO – Quase.

LAUDELINA – Como quase?

PANTALEÃO – O teatro é da municipalidade... e como eu sou presidente da Câmara Municipal...

EDUARDO e LAUDELINA – Ah!

PANTALEÃO – É como se fosse dono do teatro.

EDUARDO e LAUDELINA – É.

IRINEU (*Saindo da casa de Pantaleão.*) – Aqui está a chave do Templo das Musas. Vou abri-lo! (*A Eduardo.*) Quer vê-lo?

EDUARDO – Pois não! (*Baixo a Laudelina.*) Trate de agradar-lhe. (*Sai com Irineu. Ao sair, recomenda ao Velho Ator, por um gesto, que tenha olho em Laudelina. O Velho Ator, por outro gesto, diz-lhe que vá descansado.*)

## Cena V

*Pantaleão, Laudelina, o Velho Ator*

LAUDELINA (*À parte.*) – Agradar-lhe como?...

PANTALEÃO – Com que, então, a senhora é a primeira-dama?

LAUDELINA – Sim, senhor.

PANTALEÃO – A sua graça é?...

LAUDELINA – Laudelina Pires, uma sua criada.[36]

PANTALEÃO – Pois eu sou Pantaleão Praxedes Gomes, coronel comandante[37] superior da Guarda Nacional, negociante, venerável da Maçonaria, presidente da Câmara Municipal e autor do drama em doze atos e vinte e um quadros *A passagem do Mar Amarelo*.

LAUDELINA – Ah! É dramaturgo?

PANTALEÃO (*Modestamente.*) – Sim... dramaturgo.

---

[36] 1960 – gaioso, uma criada.
[37] 1960 – comandante.

217

LAUDELINA (*À parte.*) – Ai, o Frazão aqui! (*Alto.*) Por que não aproveita a nossa vinda e não pede ao empresário que leve a sua peça?

PANTALEÃO – Se ele quiser... O drama está montado... os cenários e vestuários estão no teatro. O papel da primeira-dama é um papelão!

LAUDELINA – Deveras?

PANTALEÃO – Ouça esta fala: "Faraó é rigoroso[38] nas suas crenças e inimigo de Moisés, a quem hostilizou em todos os terrenos, tanto que, regressando da guerra, por um decreto real, proibiu aos habitantes de Mênfis dar casa e comida a esse povo..."

LAUDELINA – Casa e comida? Mas olhe que não somos hebreus!

PANTALEÃO – Não me refiro à companhia. (*Outro tom.*) ..."a esse povo, e ainda sinto horror ao recordar-me da crueldade dos soldados e esbirros torturando essas vítimas inocentes!"

LAUDELINA – Mas deixe-me dizer... O Mar Amarelo fica entre a China e o Japão, e o senhor fala em Moisés e Faraó. Creio que se enganou de cor: deve ser o Mar Vermelho.

PANTALEÃO – Vejo que a senhora sabe geografia. Ainda bem! Eu lhe explico: o assunto do drama é, realmente, a ida do povo de Moisés à terra da Promissão, mas se eu o fizesse sair ali da Palestina para levá-lo ao Egito, passando pelo Mar Vermelho, seria uma coisa à toa! Quis dar mais peripécias ao drama. Fiz com que o povo desse uma volta maior. Levei-o pela Sibéria, para haver uma cena nos gelos... De lá ele desce à Manchúria, da Manchúria à Coreia, da Coreia ao Japão, do Japão atravessam o Mar Amarelo. Fim do sexto ato. No dia seguinte...

---

[38] 1960 – religioso.

LAUDELINA – Como no dia seguinte?

PANTALEÃO – O meu drama leva dois dias a representar-se. Então a senhora queria que eu fizesse toda essa viagem numa noite só? No dia seguinte, o povo de Moisés vem pela China, Indostão, Afeganistão, Beluquistão, Arábia, e então é que passa o Mar Vermelho! Fim do ato décimo segundo!

LAUDELINA – Deve ser bonito!

*Duetino*

PANTALEÃO — Creia, senhora, que o meu drama
Não é de todo mau; talvez
Que ao dramaturgo desse fama,
Se fosse acaso ele francês;
Porém metido aqui na roça,
Sem um estímulo qualquer,
Autor não há que alçar-se possa,
Tenha o talento que tiver!

LAUDELINA — C'ronel, por que razão
Não aprende o francês e não vai para a França?

PANTALEÃO — Senhora, eu já não sou criança.
Não posso ter essa ambição,
De mais a mais eu sou casado e pai de filhos,
E tenho muitos outros empecilhos.

LAUDELINA — Sim, já me disse vossa senhoria
Que é venerável da Maçonaria...

PANTALEÃO — E coronel da Guarda Nacional...

LAUDELINA — E presidente...

PANTALEÃO — Perfeitamente...

AMBOS – Da Câmara Municipal. (*Repetem três ou quatro vezes.*)

LAUDELINA – Tarda-me ver no programa
　　　　　　Da Companhia Frazão
　　　　　　Anunciando o seu drama
　　　　　　Que espero ser um dramão.

PANTALEÃO – Um dramão?

LAUDELINA – Não quis dizer um dramalhão.
　　　　　　Hei de vê-lo fazendo furor,
　E o povinho gritando – que belo!
　　　　　　Bravos! Bravos! À cena o autor
　　　　　　Da *Passagem do Mar Amarelo*! ⎤ (*Bis, pelos dois.*)

PANTALEÃO – Agradece-lhe tanta simpatia
　　　　　　O venerável da Maçonaria...

LAUDELINA – E[39] coronel da Guarda Nacional!...

PANTALEÃO – E presidente...

LAUDELINA – Perfeitamente...

AMBOS – Da Câmara Municipal! (*Repetem quatro vezes.*)
　　　　　Municipal!

LAUDELINA – Fale hoje mesmo ao Frazão, que não tarda aí.

PANTALEÃO – Logo mais, agora não tenho tempo: estou pondo em ordem uns papéis da Câmara. Demais, faço hoje anos, e é provável que os amigos repitam, o que têm feito nos anos anteriores... uma manifestação espontânea... Preciso mandar avisar alguns.

LAUDELINA – Avisá-los para quê? Se é espontânea...

---

[39] 1960 – E o.

PANTALEÃO – Sim, mas talvez não se lembrem. Aqui não é como no Rio de Janeiro, onde há jornais para anunciar quem faz anos. O boticário é o promotor da manifestação. Pelo menos o tem sido nos outros anos.

LAUDELINA – O boticário?

PANTALEÃO – Sim, o capitão Irineu... aquele que ainda há pouco saiu daqui com seu marido.

LAUDELINA – Meu marido, não.

PANTALEÃO – Ah! Não são casados?

LAUDELINA – Nem casados nem outra coisa.

PANTALEÃO – Desculpe... mas como a vi ao lado dele...

LAUDELINA – Não quer dizer nada.

PANTALEÃO – Seu marido é outro?

LAUDELINA – Não, senhor. Eu sou solteira.

PANTALEÃO (*Contente.*) – Ah! é solteira?

LAUDELINA (*À parte.*) – Já tardava!

PANTALEÃO – Bom... até logo... Vou ver os papéis da Câmara!

LAUDELINA – Até logo, senhor coronel.

PANTALEÃO (*À parte.*) – Solteira! (*Entra em casa.*)

LAUDELINA – E dizer que em toda a parte tem sido a mesma coisa: não há pedaço de asno que não me faça perguntinhas impertinentes. Não! Noutro mambembe não me apanham nem que me dourem!... Mas é preciso avisar o Frazão da existência providencial deste dramaturgo de Tocos.

## Cena VI

*Laudelina, o Velho Ator, Eduardo,
Irineu e carregadores*

EDUARDO (*A Laudelina, coçando as pernas.*) – O teatro não presta para nada, mas em compensação tem muitas pulgas.

IRINEU (*Que também se coça, aos carregadores.*) – Levem tudo isto para o teatro! (*Os carregadores obedecem, ajudados por Eduardo e pelo Velho Ator.*)

LAUDELINA (*A Irineu.*) – Capitão, dá-me uma palavra?

IRINEU – Ó minha senhora!... Duas, três, quantas queira! (*À parte, coçando-se.*) É uma teteia!...

LAUDELINA – É verdade que o senhor vai promover uma manifestação ao coronel presidente da Câmara?

IRINEU – Quem lhe disse?

LAUDELINA – Ele mesmo.

IRINEU – Ah! Está com a boca doce? Mas nessa não caio eu! Há já três anos que faço tal engrossamento e ainda não sou vereador. Só a música me tem custado setenta e cinco mil réis.

LAUDELINA – Por ano?

IRINEU – Ah, não! Vinte e cinco mil réis de cada vez. Fora os foguetes!

LAUDELINA – Não é caro.

IRINEU – Ainda mesmo que este ano eu quisesse fazer a manifestação, não podia, porque, segundo ouvi dizer, o major Eufrásio tratou a banda de música por quarenta mil réis, só para meter ferro ao coronel Pantaleão.

LAUDELINA – Major... coronel... aqui todos os senhores têm postos...

IRINEU – Todos! Até eu sou capitão!

LAUDELINA – Bem sei.

*Coplas*

I

IRINEU
– Aqui, não sendo a gente
Ou padre ou bacharel,
Apanha uma patente
E chega a coronel.
Não há maior desgosto,
Nem mais profundo mal
Do que não ter um posto
Na Guarda Nacional!

II

Alferes e tenente,
Já fui; sou capitão,
E espero brevemente
Major ser, pois então!
E peço a Deus, na Igreja,
Pois sou devoto fiel,
Viver até que seja
Tenente-coronel!

(*Terminada esta cena todas as bagagens devem ter desaparecido. Irineu, Eduardo e o Velho Ator acompanharam as últimas.*)

## Cena VII

*Laudelina, Frazão, dona Rita, Vilares,
Margarida, Florêncio, Coutinho, artistas,
depois Eduardo, depois Vieira, depois Irineu*

FRAZÃO – Sem nos combinarmos, fomos todos ter no largo da Matriz e aqui estamos juntos. Só falta o Vieira, que se meteu no cemitério.

VILARES – Foi ver se os defuntos lhe davam de almoçar!

DONA RITA – Estamos perdidos, seu Frazão! Vamos todos morrer de fome!...

FLORÊNCIO – Fogem de nós como se fôssemos a peste!

FRAZÃO – Não desanimem!... Já lhes disse que do Tinguá telegrafei ao Madureira, pedindo-lhe que me tornasse a emprestar o conto de réis que paguei. A todo o momento pode chegar a resposta.

EDUARDO (*Entrando.*) – As bagagens estão no teatro.

FRAZÃO – As bagagens? (*Reparando.*) É verdade!

ARTISTAS (*Idem.*)[40] – É verdade!

FRAZÃO – Como foi isso?!...

LAUDELINA – Alegrem-se! Travei conhecimento com o coronel Pantaleão não sei de quê, venerável da Maçonaria e presidente da Câmara Municipal de Tocos!...

EDUARDO – Foi ele quem mandou as bagagens para o teatro.

LAUDELINA – Esse ilustre cidadão, que mora ali, dar-nos-á casa e comida...

---

[40] 1960 – [omitida a rubrica].

Todos – Deveras?.. (*Entra Vieira, sempre muito triste.*)

Laudelina – Mas para isso, serão necessárias duas coisas...

Todos – Quais?

Laudelina – Primeira, que o senhor se comprometa a representar um drama que ele escreveu, de grande espetáculo, em doze atos e vinte e um quadros!

Frazão – Doze atos? Olha que são muitos atos!

Laudelina – A peça está montada... os cenários e as vestimentas estão no teatro...

Eduardo (*Coçando-se.*) – Por sinal que devem ter muitas pulgas.

Frazão – E qual é a segunda coisa?

Laudelina – Fazer ao mesmo coronel, venerável e dramaturgo, uma manifestação obrigada a banda de música e foguetes, pois que[41] é hoje o dia dos seus anos!

Frazão – Sim... mas onde vamos buscar dinheiro para os foguetes e a música? Nós estamos a nenhum!

Eduardo – Vou dizer-lhes uma coisa pasmosa! Preparem-se para pasmar!

Todos – Que é?

Eduardo – Ainda me restam vinte e sete mil e quinhentos réis dos ordenados que me adiantaram no Rio de Janeiro!

Todos – Oh!... Vinte e sete mil e quinhentos réis!... Oh!...

Frazão (*Passando o braço em volta do pescoço de Eduardo.*) – Meus senhores, mirem-se neste exemplo! Dos meus artistas é ele o único que não ganha, e foi o único que economizou!

---

[41] 1960 – pois é.

EDUARDO – Quanto custará essa música?

LAUDELINA – Vinte e cinco mil réis, disse-me o capitão-boticário. (*A Eduardo.*) Ainda ficam dois mil e quinhentos réis.

FRAZÃO – Para os foguetes.

EDUARDO – Vocês limpam-me!

FRAZÃO – Dê cá o cobre. Eu me encarrego de tudo!

EDUARDO (*Dando-lhe o dinheiro.*) – Mas o senhor não sabe onde se trata a música!

FRAZÃO – Quem tem boca vai a Roma! (*Entra Irineu.*)

LAUDELINA – Cá está quem sabe. (*A Irineu.*) Capitão, onde se contrata a música?

IRINEU – É perto. Quem é que vai?

FRAZÃO – Eu.

IRINEU (*Tomando-o pelo braço e levando-o ao bastidor.*) – Não tem que saber. O senhor vai por esta rua... vai indo... vai indo... quebra a segunda esquina... e pergunta onde mora o mestre Carrapatini... um sapateiro italiano... é logo ali.

FRAZÃO – Sapateiro?

IRINEU – Sim, sapateiro e mestre da banda. Creio até que eles estão ensaiando. Os músicos estão reunidos.

FRAZÃO – Não é preciso mais nada. (*Sai a correr.*)

## Cena VIII

*Os mesmos, menos Frazão*

EDUARDO (*A Irineu.*) – O senhor é amigo do homem?

IRINEU – Que homem? O Carrapatini?

EDUARDO – Não; o coronel.

IRINEU – Amicíssimo.

EDUARDO – Nesse caso, tenha a bondade de convidar outros amigos para aderirem à manifestação que nós queremos fazer ao eminente dramaturgo de Tocos... Como é mesmo que ele se chama?

IRINEU – Coronel Pantaleão Praxedes Gomes.

EDUARDO – ... Praxedes Gomes!

IRINEU – Não é preciso. Basta mandar tocar a música, soltar foguetes e dar umas voltas pela cidade gritando "Viva o coronel Pantaleão", para que o povo acuda.

VILARES – É então muito popular esse homem?

IRINEU – Não... quase toda a gente embirra com sua senhoria... mas como se sabe que em casa dele há comida e bebida em penca... (*Os artistas descem e aproximam-se.*)[42]

DONA RITA – Comida!

VILARES – Bebida!

MARGARIDA – Em penca!

TODOS  Em penca! Comida! Bebida! Não é um sonho? Oh, que bom! (*Dançam à volta de Irineu.*)

IRINEU (*Espantado.*) – Sim! Comida e bebida! Leitão! Arroz de forno! Peru recheado! Fritada de palmito!...

TODOS – Leitão! Peru! Arroz de forno! Palmito!... (*Dançam e abraçam Irineu. Ouve-se ao longe a banda de música, que pouco a pouco se vem aproximando.*)

---

[42] 1960 – [omite a rubrica].

EDUARDO – Aí vem a música!

TODOS – Sim, aí vem, aí vem a música!

IRINEU – Pois olhe, não supus que ele arranjasse a banda. O Carrapatini disse-me que o major Eufrásio já a tinha[43] tratado por quarenta mil réis.

EDUARDO – Quem sabe? Vem talvez por conta desse major Eufrásio.

FLORÊNCIO (*Olhando para fora.*) – Não, porque o Frazão vem à frente!

MARGARIDA – Sim, é o Frazão, que dá os vivas!

A VOZ DE FRAZÃO – Viva o coronel Pantaleão!

VOZES – Viva!... (*A banda de música, cujos sons se têm aproximado aos poucos, entra em cena trazendo à frente Carrapatini a reger; e Frazão entusiasmado a dar vivas. Vêm atrás dela algumas pessoas do povo.*)

## Cena IX

*Os mesmos, Frazão, Carrapatini, músicos, povo, depois Pantaleão à janela*

FRAZÃO – Viva o coronel Pantaleão!

TODOS – Viva!

PANTALEÃO (*Aparecendo à janela com a família.*) – Muito obrigado! Muito obrigado! (*Quer fazer um discurso mas não pode falar por causa do barulho da música. Bate palmas.*)

---

[43] 1960 – já tinha.

TODOS – Psiu! Psiu! Para! Para! *(A banda deixa de tocar.)*

PANTALEÃO – Meus senhores, eu...

IRINEU *(Aproximando-se da janela e interrompendo-o.)*[44] – Coronel! Coronel!

PANTALEÃO – Que é, capitão?

IRINEU – Ainda não é hora. Precisamos reunir mais gente.

PANTALEÃO – Ah, sim, eu espero. Saia da janela, dona Bertolesa... saiam, meninas!... *(Saem da janela.)*

IRINEU *(A Frazão.)* – Vamos dar uma volta pela cidade para arrebanhar mais povo.

FRAZÃO – Mas é que a fome é muita.[45]

IRINEU – Não faz mal: eu já almocei. *(A Carrapatini.)* Então a banda não estava tratada pelo major Eufrásio?

CARRAPATINI – *Si, per cuarenta, ma il signore Frazone trató por xinquanta.*[46]

EDUARDO – Por cinquenta?

CARRAPATINI – *Ha dato vinte e xinque per conta.*[47]

FRAZÃO – E *ficate* devendo *altri vinte e xinque...* Siga a banda. Viva o coronel Pantaleão!

TODOS – Viva!... *(Saem todos à frente da banda. Os sons desta e os vivas de Frazão perdem-se ao longe. Sai por último Vieira, sempre muito triste.)*

---

[44] 1960 – *janela.*
[45] 1960 – muito.
[46] Trad. (italiano macarrônico): Sim, por quarenta, mas o senhor Frazão tratou por cinquenta.
[47] Trad.: Deu vinte e cinco por conta.

## Cena X

*Pantaleão, depois visitas, depois todos os personagens do quadro*

PANTALEÃO (*Aparecendo à janela.*) – Decididamente o capitão Irineu é um bom amigo! Esta é a quarta manifestação com que me engrossa! O homem precisa ser vereador! Quem se vai ralar é o major Eufrásio, e dona Bertolesa também, porque temos que dar de comer a muita gente! Não faz mal. Há aí comida para um exército! (*A um tipo, que entra.*) Ó seu alferes Xandico! Vá entrando! (*Xandico entra na casa.*) Ó seu major Anastácio[48] Pinto, vá subindo! Esta casa é sua! (*A outro.*) Ó seu capitão Juca Teixeira! Entre! (*Entram ambos depois de trocar cerimônias à porta.*) Ó siá dona Mafalda! Seu major Carneiro! Façam o favor! (*A música da banda vem agora mais perto.*) Ó seu tenente Guedes! Dona Constança! (*Entram.*) Xi! Agora, sim! Agora vem muito povo! (*Chamando.*) Dona Bertolesa!... Meninas!... Venham!... (*A família vem para a janela e bem assim algumas visitas. Outras vêm à porta da rua. As janelas das outras casas abrem-se de gente.*) Vou fazer o meu discurso, que é o mesmo do ano passado. (*Ouvem-se foguetes. Entra Frazão à frente da banda, que toca acompanhada por todos os personagens do quadro e considerável massa*[49] *de povo. A cena deve ficar cheia. Quadro animado.*)

FRAZÃO – Viva o coronel Pantaleão!

TODOS – Viva! (*Mutação.*)

---

[48] 1960 – Inácio.
[49] 1960 – *massa considerável.*

*Quadro 6*

(*Sala de aparência modesta completamente vazia. Porta ao fundo e laterais.*)

## Cena I

*Dona Rita,[50] Laudelina*

DONA RITA (*Entrando da esquerda acompanhada de*[51] *Laudelina.*) – Deixa-me! Deixa-me! Quero estar só!

LAUDELINA – Mas por que está zangada comigo?

DONA RITA – Se não fosses tu, não passaríamos por tantas vergonhas! Não sei como sair desta maldita cidade!... *A passagem do Mar Amarelo*, em vez de salvar a situação, agravou ela!... Mas que peça!... Que peça bem pregada!...

LAUDELINA – Não conseguiu ser representada na segunda noite.

DONA RITA – Pois se nem na primeira acabou! Que pateada!...

LAUDELINA – Parecia vir o mundo abaixo!

DONA RITA – Mas que borracheira! Bem diz o ditado: "Se não houvesse mau gosto, não se gastava o amarelo!" E amarelo é desespero! Estou desesperada!

LAUDELINA – E eu.

DONA RITA – Tu? Tu tens o que mereces! Os amigos do Frazão não respondem às cartas nem aos telegramas. A renda dos espetáculos não chegou para pagar o que temos comido.

---

[50] 1960 – e.
[51] 1960 – *por*.

O público não quer saber de[52] teatro. O coronel Pantaleão nos garantiu nesta casa até o dia dezoito... mas o dia dezoito é hoje... A tal dona Gertrudes, a dona da casa, já me preveniu...

LAUDELINA – Como se, na situação em que nos achamos, precisássemos de folhinha. A senhora que lhe disse?[53]

DONA RITA – Que se entendesse com o Frazão. Mas o Frazão não pode fazer milagres! Pois se nem ao menos pagou os vinte e cinco mil réis que ficou a dever ao mestre da banda! E o italiano não nos deixa a porta! (*Imitando Carrapatini.*) *Vinte e xinque mila ré! Vinte e xinque mila ré!*[54]

LAUDELINA – O que mais me aborrece é o tal coronel não querer pagar a nossa ida para o Rio de Janeiro!

DONA RITA – Ele anda se enfeitando para ti, e eu estou vendo o momento em que seu Eduardo faz alguma!... É o diabo, é o diabo! Estou desesperada! Deixe-me! Quero estar só! Vou meter-me no meu quarto e trancar-me por dentro!... (*Sai furiosa pela esquerda.*)

LAUDELINA – Dindinha! Dindinha!... (*Acompanha-a até à porta, mas dona Rita fecha-se por dentro.*)

## Cena II

*Laudelina, depois Eduardo*

LAUDELINA (*Só, voltando à cena.*) – Ela tem razão. A culpada sou eu. Pensava que a coisa era uma... e a coisa é outra. Que seria de mim se dindinha e seu Eduardo não me houvessem

---

[52] 1960 – do.
[53] 1960 – que disse?
[54] Trad.: Vinte e cinco mil réis!

acompanhado? A quantos perigos estaria exposta? Fui eu a culpada... logo, compete-me salvar a situação... e é o que vou fazer... Só há um meio, um meio que me repugna, mas não tenho outro... é embelezar esse ridículo coronel, até que ele se explique... Mas com que olhos seu Eduardo verá o meu procedimento?... Que juízo fará de mim?...

EDUARDO (*Entrando do fundo.*)[55] – Bom dia.

LAUDELINA – Bom dia. Já tão cedo na rua?

EDUARDO – Fui ver se tinha carta no correio. Escrevi ao Trancoso, aquele vinagre da rua do Sacramento, o tal que recebeu os meus ordenados... mas o miserável fez ouvidos de mercador![56]

LAUDELINA – Também o senhor deve estar desesperado.

EDUARDO – A tudo me resignaria se a senhora me dirigisse ao menos uma palavra de consolação... se correspondesse a este afeto insensato... Mas, em vez disso, faz-me ter ciúmes... de quem?... Desse pateta, desse coronel Pantaleão, homem velho e casado!

LAUDELINA – Os seus ciúmes, além de serem absurdos, são injuriosos!

EDUARDO – Se são injuriosos, perdoe. Absurdos não podem ser. Não há ciúmes absurdos.

LAUDELINA – Pois não foi o senhor mesmo que me recomendou que agradasse ao coronel?

EDUARDO – Sim, agradasse, mas não tanto...

LAUDELINA – Tanto... como?

---

[55] 1960 – (*Entrando.*)
[56] Ms – [variante do 2º período): Escrevi ao Trancoso, meu amigo, pedindo-lhe uns cobres emprestados... mas o patife fez ouvidos de mercador!

EDUARDO – Consentindo, por exemplo, que lhe pegue na mão, assim... (*Pega-lhe na mão.*) que a beije... (*Vai beijar-lhe a mão.*) assim...

LAUDELINA (*Retirando a mão.*) – Alto lá! Ele nunca me beijou a mão! Pegou nela, isso pegou... e disse-me umas bobagens... mas, se eu me zangasse, não teríamos o que comer. Francamente: era preciso dar-lhe esperanças...

EDUARDO – Essas esperanças são indignas da senhora! Se fosse a Margarida, eu não diria nada...

LAUDELINA – Olhe, seu Eduardo, vou confessar-lhe uma coisa pela primeira vez: eu gosto do senhor.

EDUARDO – Ah, repita! Diga que me ama!...

LAUDELINA – Não! Eu não disse que o amava; disse que gostava do senhor... O verbo amar só se emprega no teatro e no romance... Eu gosto do senhor; vem a dar na mesma.

EDUARDO – Gosta de mim!

LAUDELINA – Gosto. Agora, diga: é pelo seu dinheiro?

EDUARDO – Não. Estou sem vintém...

LAUDELINA – É pela sua posição na sociedade?

EDUARDO – Também não.

LAUDELINA – É pelo seu espírito? Pelo seu talento? (*Eduardo não responde.*) Também não. É pela sua beleza?

EDUARDO – Não há homens bonitos.

LAUDELINA – Na opinião dos feios. Pois bem; no entanto eu gosto do senhor. Gosto porque gosto, e hei de ser sua mulher...

EDUARDO – Que felicidade!

LAUDELINA – Espere. Hei de ser sua mulher, mas sob uma condição...

EDUARDO – Qual?

LAUDELINA – Enquanto estivermos no mambembe... enquanto durar esta excursão, faça de conta que não tem direito algum sobre mim, nem me peça conta dos meus atos, porque a nossa vida aqui é toda anormal e fictícia. Só me considere sua noiva quando chegarmos ao Rio de Janeiro.

EDUARDO – De Maxambomba para lá?

LAUDELINA – De Belém mesmo, se quiser... ou da Barra do Piraí. Até lá, prometo... juro não praticar ato algum que me torne indigna de ser sua esposa.

EDUARDO – Ó Laudelina!...

*Dueto*

EDUARDO – Depois do que te ouvi, anjo querido,
Pode a sorte fazer de mim o que quiser,
Contanto que algum dia eu seja teu marido,
E tu minha mulher!

LAUDELINA – Sim, mas se acaso fizer cenas,
E se ciúmes tolos tiver,
Não terei pena das suas penas,
Não serei nunca sua mulher!

AMBOS
 LAUDELINA – Não terei pena das suas penas,
 – Não serei nunca sua mulher!
 EDUARDO – Não terá pena das minhas penas,
 Não será nunca minha mulher!

EDUARDO – Prometo que farei[57] o que meu bem quiser!

---

[57] 1960 – fazer.

| | |
|---|---|
| LAUDELINA | – Não creio nessas<br>Vagas promessas. |
| EDUARDO | – Que mais quer de mim?<br>Quer que eu jure? |
| LAUDELINA | – Sim! |

I

| | |
|---|---|
| LAUDELINA | – Jura que só chegando ao Rio<br>Se lembrará que é o meu futuro? |
| EDUARDO | – Juro! |
| LAUDELINA | – Não me lançar olhar sombrio<br>Quando agradar alguém procuro? |
| EDUARDO | – Juro! |
| LAUDELINA | – Não lhe passar pela cabeça<br>Que o meu amor não seja puro? |
| EDUARDO | – Juro! |
| LAUDELINA | – Ciúmes não ter quando aconteça<br>Eu com alguém ficar no escuro? |
| EDUARDO | – Ju... Perdão! Isso não juro! |
| LAUDELINA | – Se não jura, eu lhe asseguro:<br>Não serei sua mulher! |
| EDUARDO | – Juro, juro, juro, juro!<br>Juro tudo que quiser! |
| EDUARDO | – Juro, juro, juro, juro! |
| AMBOS | – Juro tudo que quiser! |
| LAUDELINA | – Jura, jura, jura, jura,<br>Jura tudo que eu quiser! |

## II

LAUDELINA — Jura deixar que pra viagem
Eu tente ao menos achar furo?

EDUARDO — Juro!

LAUDELINA — Não se zangar co'uma bobagem
Que por necessidade aturo?

EDUARDO — Juro!

LAUDELINA — Jura deixar que ponha tonto
Um coronel tolo e maduro?

EDUARDO — Juro!

LAUDELINA — E mesmo lhe apanhar um conto,
Seja isto muito duro?

EDUARDO — Ju... Perdão! Isso não juro!

LAUDELINA — Se não jura etc. (*Como acima.*)

LAUDELINA – Bom! eu precisava desses juramentos... porque vou, talvez, parecer o que não sou... Ao contrário não sairemos de Tocos!...

A VOZ DE DONA RITA – Laudelina!

LAUDELINA – Lá está dindinha a chamar-me! Ela disse que ia trancar-se no quarto, mas não pode passar meia hora sem me ver. Descanse: estou bem guardada. (*Sai pela esquerda.*)

## Cena III

*Eduardo, depois Bonifácio*

EDUARDO (*Só.*) – Parece-me que fiz juramentos que não devia ter feito. Mas que poderei recear? Laudelina é honesta... Se não o fosse, que necessidade teria de dizer que gosta de mim e há de ser minha mulher?

BONIFÁCIO (*Da porta.*) – Dá licença, *nhô*?

EDUARDO – Entre. Que deseja?

BONIFÁCIO (*Entrando e apertando a mão de Eduardo.*) Não cortando seu *bão prepósito*: é aqui que é a casa de *siá* dona[58] *Gertrude*?

EDUARDO – Sim, senhor.

BONIFÁCIO – *Vancê* é empregado da casa?

EDUARDO – Não, senhor. (*À parte*) Quem será este animal?

BONIFÁCIO – *Vancê tá assistino* aqui?

EDUARDO – Está o quê?

BONIFÁCIO – *Pregunto* se *vancê tá assistino* aqui... sim, se é *ospe* dela?

EDUARDO – *Hospedela*? Sou.

BONIFÁCIO – *Nó* vê que eu queria *falá* co ela *pro morde a cumpanhia de treato qui tá qui...* ou com seu Frazão...

EDUARDO (*À parte*) – É o credor dos carros! (*Alto.*) Bom; espere aí que vou chamar o senhor Frazão.

BONIFÁCIO – Homessa! Então dona *Gertrude* é seu Frazão?

EDUARDO – Não, dona Gertrudes é a dona da casa em que está hospedada a companhia. Com quem o senhor quer falar: com dona Gertrudes ou com o senhor Frazão?

BONIFÁCIO – Com quem é que *vancê qué* que eu fale?[59]

---

[58] 1960 – de dona.
[59] 1960 – que fale?

EDUARDO – Sei lá! Com quem você quiser!

BONIFÁCIO – Então *vancê* chame seu Frazão. Tenho um *negoço* co'ele. (*Eduardo sai.*)

## Cena IV

*Bonifácio, só*

BONIFÁCIO – *Tô coas perna qui* não posso, e aqui não tem uma cadeira pra gente *descansá*! Seis *légua* no pangaré em quatro *hora* é da gente se *matá*! E *óiem* que eu fui *tropero*! Já gramei aquela serra de Santo co meu trote de burro, um bandão de *veis*. Era uma vidinha de cachorro que se passava, *mais* assim às *veis*, dá um *poco* da *sodade*. A gente tomava o seu cafezinho da *priminhã* bem cedo, arreava as *mula* e tocava *inté notro poso*. Quando eu via as *bruaca tudo alinhada*, as *mula tudo* amarrado na estaca, *mar* comparando (*Gesto.*), *tá* e *quá* o jeito de *vancêis*, *óie* era bonito *memo*. A madrinha era uma mula *turdia* ferrada dos quatro *péis qu'era* um *gambelo* de gorda. Quando ela ia na frente (*Imita chocalho.*) gue... leim... gue... leim... eu atrás *co* meu tupa, pendurado no ombro, cra só! E *baju*! *Tá cumeno* capim da[60] *can gaia diau*!... (*Assobia.*) *Orta* mula!... De repente alguma mula desguaritava nalguma *incruziada qu'era* um inferno: "*Nhô* Bonifácio, cerque essa *mardiçoada*!" E eu *se* galopeava *atráis* da tinhosa, *pracatá, pracatá*! Que nem um inferno! De uma feita a mulinha pangaré que levava o cargueiro *tropicô* num toco, *cortô*[61] a retranca, *esparramô*[62] a carga da *cangáia* e

---

[60] 1960 – de.
[61] Ms – cortou [nivelou-se com tropicô].
[62] Ms – esparramou [idem].

*abriu-se* pro campo afora, *veiaquiano*, dando coice de céu *in terra*! *Home*, dessa feita perdi a cabeça, passei mão na *guerrucha* e tin... (*Imita tiro.*)[63] Sortei um panázio nela, *que'ela* viu o diabo *escangaiado*. (*Outro tom.*) Homessa! Mas o *tar nhô* Frazão não virá? (*Mesmo tom que acima.*)[64] E *ota* bestinha boa que[65] era ela! Eu queria bem ela[66] que nem *qui*[67] fosse minha irmã!

## Cena V

*Bonifácio, Frazão*

FRAZÃO (*Da direita.*) – Como passou, seu?...

BONIFÁCIO – *Beimecê*.

FRAZÃO – Olhe que por enquanto não é possível. Não fizemos nada.

BONIFÁCIO – Ahn?

FRAZÃO – Não é possível!

BONIFÁCIO – Como não é *possive*?

FRAZÃO – Tenha paciência. Não posso agora pagar os seus carros.

BONIFÁCIO – Não faz *má*. *Nhô* Chico Inácio paga.

FRAZÃO – *Nhô* Chico Inácio paga?

BONIFÁCIO – Ele me deu *orde*, conforme a sua resposta, de *tratá* e *pagá*.

---

[63] 1960 – (*Imita um tiro.*)
[64] 1960 – (*Mesmo tom acima.*)
[65] 1960 – *qui*.
[66] 1960 – a ela.
[67] 1960 – *qui* nem que.

FRAZÃO – Então foi *Nhô* Chico Inácio quem fez a gentileza?...

BONIFÁCIO (*Sem entender.*) – Quem fez o quê?

FRAZÃO – A gentileza?

BONIFÁCIO – Não sei se ele fez isso... o que eu sei é que ele paga.

FRAZÃO – Paga? Belíssimo! Esplêndido! Estou livre dos carros! Olhe, diga a *nhô* Chico Inácio que escreva um drama.

BONIFÁCIO – Ele escreveu, sim, *sinhô*.

FRAZÃO – Escreveu? Então que o mande! Eu represento!

BONIFÁCIO – O que ele escreveu foi esta carta. (*Dá-lhe uma carta.*)

FRAZÃO – Ah! Temos uma carta?

BONIFÁCIO – *Vancê* leia! (*Frazão vai abrir a carta e é interrompido por Vilares, que entra da direita.*)

## Cena VI

*Os mesmos, Vilares, depois Pantaleão*

VILARES (*A Frazão em mangas de camisa, com um leque de doze cartas na mão.*) – Ó filho, vê se nos livras daquele italiano!

FRAZÃO – Que italiano?

VILARES – O tal Carrapatini, o mestre da banda. Está nos amolando! Não nos deixa jogar o solo! Entrou pelos fundos da casa e quer porque quer os seus vinte e cinco mil réis! Cara banda!

FRAZÃO – De cara à banda estou eu, que não tenho com que pagar.

VILARES – Conversa com ele.

FRAZÃO – Mas conversar como, se estou na disga! (*A Bonifácio.*) Você sabe o que é disga?

BONIFÁCIO – Não, *sinhô*.

FRAZÃO – Homem feliz. (*A Vilares.*) Dize ao Carrapatini que venha ter comigo! Esse italiano, por causa dos vinte e cinco mil réis, é capaz de arranjar uma questão de protocolo!

VILARES – Cá o terás. (*Sai pela direita.*)

BONIFÁCIO – *Vancê* leia a carta!

FRAZÃO – É agora! (*Vai abrir a carta e suspende-se vendo o coronel, que entra.*) Oh! O coronel! (*Guardando a carta.*) Leio depois. (*A Bonifácio.*) Vá esperar a resposta sentado na porta da rua.

BONIFÁCIO – *Antão inté* logo. (*Aperta a mão ao coronel e a Frazão, e sai.*)

## Cena VII

*Frazão, Pantaleão*

PANTALEÃO – Ora muito bom dia, caríssimo artista!...

FRAZÃO – Cumprimento o ilustre autor de *Passagem do Mar Amarelo*.

PANTALEÃO – Não me fale nisso. (*Procura onde se possa sentar.*)

FRAZÃO – Por que não? (*À parte.*) É preciso engrossar esta besta! (*Alto.*) Um drama que só não foi aplaudido como devia ser por causa dos inimigos do autor! Que procura vossa senhoria?

PANTALEÃO – Uma cadeira.

FRAZÃO – Não há. Dona Gertrudes tinha muito poucas, e distribuiu-as pelos quartos dos artistas; mas quer... (*Menção de sair.*)

PANTALEÃO – (*Detendo-o.*) Não, não se incomode! Estou bem de pé. Acha, então, que o meu drama?...

FRAZÃO – Foram os sequazes do major Eufrásio que sufocaram os aplausos. Maldita politicagem! Mas deixe estar, coronel! Vou representar o seu drama no Rio de Janeiro, no meu teatro e no Teatro São Pedro de Alcântara! Vai ver o sucesso! É peça para centenário! O que é preciso é pô-la em cena a valer! Forneça-me vossa senhoria os recursos necessários... nós partimos para o Rio amanhã ou depois...

PANTALEÃO – Não! Já estou desenganado! Desisto de ser dramaturgo! Vou queimar a *Passagem do Mar Amarelo*!

FRAZÃO – Queimá-lo? Não pode! Não pode! Aquele trabalho não lhe pertence!

PANTALEÃO – Como?

FRAZÃO – Pertence à literatura brasileira! Faz parte do patrimônio nacional! Não deve ser representado só em Tocos!

PANTALEÃO – Representado é coisa que nunca foi. A representação dura duas noites, e ainda não conseguiu ir até ao fim da primeira!

FRAZÃO – Por causa de quem? Do major Eufrásio!

## Cena VIII

*Os mesmos, Carrapatini*

CARRAPATINI – *Buon giorno... signor colonello... buon giorno, signor Frazone.*[68]

---

68 Trad. (italiano macarrônico): Bom dia... senhor coronel... bom dia, senhor Frazão.

FRAZÃO – Senhor Carrapato, *buon giorno!*

CARRAPATINI – *Signor Frazone, sono qui per ricever vinte e xinque mila ré della manifestazione ao colonello.*[69]

PANTALEÃO (*À parte.*) – Da manifestação? Então não foi o Irineu?

FRAZÃO – Senhor Carrapatini, neste momento não posso satisfazer esse importante débito.

CARRAPATINI – *Ma per Dio! Vengo qui tutti i dia, tutti i dia, e lei dixe sempre hogi manhana, hogi, manhana.*[70]

PANTALEÃO (*Baixo, a Frazão.*) – Diga-me cá: foi o senhor que pagou a música?

FRAZÃO – Que paguei é um modo de dizer... que devia pagar... Paguei apenas metade.

PANTALEÃO – Nesse caso, a festa foi sua?

FRAZÃO – Eu não queria dizer, mas este Carrapato me obriga a confessar que sim.

CARRAPATINI – Carrapatini.

PANTALEÃO – E eu que não lhe agradeci! O capitão Irineu tinha-me dado a entender que o promotor da manifestação foi ele, mas deixa estar que há de ser vereador quando eu for bispo! (*Baixo, a Carrapatini.*) Quanto lhe deve o senhor Frazão?

CARRAPATINI – *Há tratato la banda, per xinquenta... ha dato vinte e xinque, manca ancora vinte e xinque...*[71]

---

[69] Trad. (italiano macarrônico): Senhor Frazão, estou cá para receber os vinte e cinco mil réis da manifestação do coronel.
[70] Trad.: Pelo amor de Deus! Venho cá todos os dias, todos os dias, e o senhor diz sempre hoje, amanhã, hoje, amanhã.
[71] Trad.: Tratou a banda por cinquenta... deu vinte e cinco, faltam agora outros vinte e cinco...

PANTALEÃO – Eu também estou lhe devendo o conserto deste par de botinas. Quanto é mesmo?

CARRAPATINI – *Xinque mila ré. E uno remonte.*[72]

PANTALEÃO (*Pagando.*) Bom. Tome lá trinta mil réis e deixe-nos em paz.

CARRAPATINI – *Grazie tanta, Signor Colonello!... Signor Frazone!*[73]

FRAZÃO – Vai para o diabo, Carrapato!

CARRAPATINI – Carrapatini. (*Sai pelo fundo.*)

## Cena IX

*Frazão, Pantaleão*

FRAZÃO – Não sei como hei de pagar vossa senhoria...

PANTALEÃO – Não sabe como me há de pagar? Com dinheiro!

FRAZÃO – Não! Não é isso! (*À parte.*) Que bruto! (*Alto.*) Não sei como lhe hei de pagar tanta generosidade! Ah, juro-lhe: o seu drama será representado no Rio de Janeiro!

PANTALEÃO – Muito obrigado. O meu drama tem-me custado muito dinheiro. Já chega. Senhor Frazão, vim aqui de propósito para avisá-lo de que de amanhã em diante não me responsabilizo mais pelas despesas que os senhores fizerem aqui em casa de dona Gertrudes.

FRAZÃO – Coronel, tente ainda mais uma cartada! Consinta que representemos o seu drama na Capital Federal. Quando vossa senhoria vir o São Pedro repleto de espectadores, a plateia

---

[72] Trad.: Cinco mil réis. E um remonte [do sapato].
[73] Trad.: Muito obrigado, senhor coronel!... Senhor Frazão!

cheia de cavalheiros encasacados, os camarotes assim (*Gesto.*) de senhoras decotadas, com magníficas toaletes[74]... a imprensa toda a postos... Quando acabar o primeiro ato: à cena o autor! À cena o autor!... E as pipocas!...

PANTALEÃO – Pipocas?

FRAZÃO – Sim, as palmas!

PANTALEÃO – Esta linguagem teatral é incompreensível.

FRAZÃO – E vossa senhoria em cena só assim... (*Faz mesuras e abaixa-se como para apanhar alguma coisa.*) agradecendo e apanhando as flores. E os jornais falando da peça quatro dias depois!

PANTALEÃO – Quatro dias?

FRAZÃO – Sim, porque leva duas noites a ser representada. Só no quarto dia a crítica se pronunciará!

PANTALEÃO (*Entusiasmado.*) – Parece-lhe então que?...

FRAZÃO – Se me parece? Tenho quase quarenta anos de tarimba! Não! Lá no Rio de Janeiro não há majores Eufrásios que sufoquem as aclamações populares! Lá ninguém fará politicagem à custa do seu drama! O triunfo é certo!

PANTALEÃO (*Radiante.*) – Pois bem! Consinto!...

FRAZÃO (*À parte.*) Apre! Custou!... (*Limpa o suor.*)

PANTALEÃO – Consinto que represente o drama.

FRAZÃO – Podemos então contar com vossa senhoria?

---

[74] Ms – *toilettes*.

Pantaleão – Como contar?

Frazão – Sim... contar com as despesas da nossa ida para o Rio?

Pantaleão – Com as despesas podem contar... (*Frazão alegra-se*) mas não comigo: não dou vintém!

Frazão – Como?

Pantaleão – Não dou vintém! (*Laudelina aparece à esquerda. Toma o fundo da cena e aos poucos desce à direita ouvindo o diálogo.*)

Frazão – Ora bolas! Então como quer vossa senhoria que saiamos daqui?

Pantaleão – Sei lá! Não tenho nada com isso!

Frazão – Não me empresta, ao menos, o dinheiro preciso para mover a companhia?

Pantaleão – Não, senhor... dou-lhe a peça, os cenários, as vestimentas e dispenso os direitos de autor. Não faço pouco!...

Frazão (*Desesperado.*) – Ó terra desgraçada![75] Ó Tocos do diabo, que eu não conhecia! Quem mandou aqui vir?... Uma peste de cidade em que nem ao menos se pode passar um benefício! (*Vendo Laudelina e indo a ela, baixo.*) Ó filha! Só tu nos podes salvar! Deixa-te de luxos e arranca daquele bruto o dinheiro das passagens! (*Sai pela direita.*)

## Cena X

*Pantaleão, Laudelina, depois Eduardo*

---

[75] 1960 – [omitido].

*Terceto*

LAUDELINA — Meu caro coronel...

PANTALEÃO — É ela! é ela!...
'Stá cada vez mais bela!

LAUDELINA — Meu caro coronel...

PANTALEÃO — Coronel, não!
Chama-me antes Leão,
Diminutivo de Pantaleão!

LAUDELINA — Meu caro Leãozinho...

PANTALEÃO — Leãozinho!
Que meiguice! Que carinho! (*Toma-lhe a mão. Eduardo aparece à esquerda.*)

EDUARDO (*À parte.*)
— Ela com ele! Ó desgraçada! (*Quer avançar mas contém-se.*)
Mas eu jurei que não faria nada!

LAUDELINA — Leãozinho, tenha pena,
Tenha pena do Frazão!
Uma soma tão pequena
Não recuse, coração!

PANTALEÃO — De você, meu bem, depende
Que eu socorra a esse ator.

LAUDELINA — Como assim?

PANTALEÃO — Você me entende...

LAUDELINA — Não entendo, não, senhor.

PANTALEÃO — Se você ficar macia,
Se você me quiser bem,
Vai-se embora a companhia
E eu com você vou também...

EDUARDO (*À parte*)
  – Ele com ela! Ó desgraçada! (*Como acima.*)
  Mas eu jurei que não faria nada!

LAUDELINA  – Dê-lhe as passagens, coitado!
  Dê-lhas! Quem pede sou eu...

PANTALEÃO – Como és[76] linda!

EDUARDO (*À parte.*)   – Estou danado!
  Meu sangue todo ferveu!

PANTALEÃO  – Menina, se na viagem
  Pertinho de ti não vou,
  Eu posso dar-lhe [a] *Passagem*,
  Mas as passagens não dou.

OS TRÊS

 LAUDELINA  – Leãozinho, tenha pena,
  Tenha pena do Frazão!
  Uma soma tão pequena
  Não recuse, coração!

 PANTALEÃO  – Se você tem pena,
  Tenho pena do Frazão;
  Mas se você me condena,
  Eu pena não tenho não!

 EDUARDO (*À parte*) – Laudelina não tem pena
  Deste amor, desta paixão!
  Não suporto aquela cena!
  Espatifo o paspalhão!

PANTALEÃO – Então?... Que dizes?... Sê boazinha para mim!

LAUDELINA – Se dona Bertolesa o visse...

---

[76] 1960 – está.

PANTALEÃO – Não me fales[77] em minha mulher... Aquilo é uma fúria!... Vamos... sê boa, e serás feliz! Sou rico, muito rico!

LAUDELINA – Para mim não peço nada... mas para os meus companheiros, que se acham numa situação desesperadora.

PANTALEÃO – Os teus companheiros pouco me importam! Só tu me interessas! (*Agarrando-a.*) Olha, dá-me um beijo... um beijinho!... Um só!...

LAUDELINA – Largue-me!

PANTALEÃO (*Tentando beijá-la.*) – Uma boquinha!... Uma beijoca!...

LAUDELINA – Eu grito!

PANTALEÃO – Não grites! Uma beijoca! (*Quando vai a beijá-la,*[78] *Eduardo corre para ele, separa-o dela, e dá-lhe um murro.*) Que é isto?!

LAUDELINA – Seu Eduardo!... (*Pantaleão tira um apito do bolso e apita.*)

EDUARDO – Ah! Tu apitas. (*Atraca-se com ele e dá-lhe um trambolhão. Pantaleão, mesmo no chão, apita.*)

## Cena XI

*O mesmos, Frazão, os artistas, o Subdelegado,
dois soldados, pessoas do povo*

CORO — Que foi? Que foi? Que sucedeu?
Que aconteceu? Que aconteceu?
Levou pancada e trambolhão

---

[77] 1960 – Não fales.
[78] 1960 – vai beijá-la.

>O coronel Pantaleão!
>Ah! ah! ah! ah! ah! ah!
>Pobre coronel Pantaleão!

LAUDELINA – Desculpar queira vossa senhoria
>Um venerável da Maçonaria
>Que é coronel da Guarda Nacional,
>E presidente...

CORO – Perfeitamente.

LAUDELINA – Da Câmara (*Repete três ou quatro vezes.*) Municipal!...

CORO – Da Câmara (*Repete três ou quatro vezes.*) Municipal!...

OS ARTISTAS – Mas que foi? Que foi?...

LAUDELINA – Seu Eduardo bateu no coronel!

O SUBDELEGADO – Prendam aquele indivíduo! (*Os soldados prendem Eduardo. A Pantaleão, dando-lhe a mão para levantar-se.*) Levante-se, vossa senhoria.

FRAZÃO (*Ao Subdelegado.*) Atenda, senhor... Quem é mesmo o senhor?

SUBDELEGADO – Eu sou o subdelegado! A nada atendo!...

PANTALEÃO (*Baixo, ao Subdelegado.*) – Atenda, atenda, para evitar o escândalo![79]

SUBDELEGADO – Desculpe, coronel, já disse, nada atendo! Há dois anos que sou subdelegado e ainda não consegui prender ninguém em flagrante... E hoje foi por acaso... eu ia passando com a ronda[80]... se passasse um pouco antes ou um pouco depois, teria perdido a ocasião. (*Satisfeito.*) Enfim! O

---

[79] 1960 – evitar escândalo!
[80] 1960 – com ronda.

meu primeiro flagrante![81]... Vou arrumar-lhe o 303; ofender fisicamente alguém ou lhe causar alguma dor. (*A Pantaleão.*) Doeu?

PANTALEÃO – Doeu.

SUBDELEGADO – Doeu? Parágrafo 2º. (*Aos soldados.*) Sigam com o preso para o xadrez! Vamos, coronel, vossa senhoria é a vítima!

PANTALEÃO (*Baixo.*) – Mas eu não quero ser vítima. E dona Bertolesa, se sabe...

SUBDELEGADO – A nada atendo! Vai a corpo de delito. (*A Laudelina.*) A senhora também vai.

LAUDELINA – Eu?

SUBDELEGADO – É testemunha. Sigam! Sigam!

MARGARIDA – Vamos todos! Não podemos abandonar o colega!...

ARTISTAS – Decerto! Vamos! Vamos todos!... (*Saem em confusão pelo fundo todos, menos Frazão.*)

## Cena XII

*Dona Rita, Frazão, e depois o Carreiro*

DONA RITA (*Entrando.*) – Que foi isto?

FRAZÃO – A senhora não viu?

DONA RITA – Estava dormindo. Acordei agora.

FRAZÃO – O Eduardo foi preso, por ter enchido o coronel Pantaleão!

---

[81] 1960 – o primeiro flagrante!...

Dona Rita – Eu já esperava por isso! E o senhor não o acompanhou?

Frazão – Não! Mas lá foi toda a companhia.

Dona Rita – Mas o senhor... como empresário...

Frazão – Por isso mesmo. Aquilo é negócio de fiança e, como empresário, eu faria uma figura muito ridícula não tendo com que pagá-la.

Carreiro (*Entrando.*) – *Louvado Suscristo! Vancê* dá licença?

Dona Rita – Olhe, aí está o Carreiro que nos trouxe do Tinguá.

Carreiro – É verdade.

Frazão – Como vai, seu?...

Carreiro – Como Deus é servido. Eu vim por *morde* aquilo?...

Frazão (*Sem entender.*) – *Morde* quê?

Carreiro – *Vancê* não disse que passando três *dia* da nossa chegada eu *vinhesse arrecebê* os *duzento* da condução?

Frazão – E *nhô* Chico Inácio?

Carreiro – Eu achei *mió vortá* pro Tinguá, e como tinha de *í* cos meus *carro* pra *levá* quem *quisé i* na Festa do Divino, que vai *havê* no Pito Aceso...

Frazão – Onde é esse Pito Aceso?

Carreiro – É uma cidade que tem seis *légua* daqui. A gente sobe a Serra da Mantiqueira, depois desce um tico...

Frazão – Vai haver lá uma festa?

Carreiro – Um festão! Vai um mundo de povo *desta* vinte *légua* em *redó*!

Frazão (*A dona Rita, baixo.*) – Se nós lá fôssemos?

Dona Rita (*Idem.*) – Eu não digo nada!

Frazão (*Idem.*) – Este homem já recebeu do tal Chico Inácio os duzentos que lhe devíamos. Temos, com certeza, crédito para esta nova viagem.

Dona Rita (*Idem.*) – O diabo é seu Eduardo preso...

Frazão (*Idem.*) – Dão-se lá uns espetáculos[82] e manda-se o dinheiro para a fiança. (*Ao Carreiro.*) Você quer nos levar para o Pito Aceso?

Carreiro – Sim, *sinhô*.

Frazão (*A dona Rita.*) – Não dizia? (*Ao Carreiro.*) E quanto quer por esse serviço?

Carreiro – Outro *duzento*...

Frazão – Pois está fechado nas mesmas condições.

Carreiro (*Desconfiado.*) – Como nas *mesma condição*?

Frazão – Você recebe o dinheiro três dias depois da chegada.

Carreiro – Mas esses três *dia quanto dia* demora?

Dona Rita – Ora essa!...

Carreiro – Sim, porque a *viage* do Tinguá, que *vancê* tinha de *pagá*, já *passa* mais de vinte e eu ainda não *arrecebi*!

Frazão – Então não falou com *nhô* Chico Inácio?

Carreiro – Que *nhô* Chico Inácio?

Frazão – Ora! *Nhô* Chico Inácio. Não conhece?

Carreiro – Não!

Frazão – Nem eu: mas o seu companheiro disse que ele pagava.

---

[82] 1960 – lá espetáculos.

Carreiro – Meu companheiro?

Frazão – Sim, que por sinal me deu esta carta que ainda não li. Olhe! Ele aqui está! (*Aponta para Bonifácio, que aparece ao fundo.*)

## Cena XIII

*Os mesmos, Bonifácio*

Carreiro – Este é que é o *tá* de Chico Inácio?

Frazão – Não; este é o que supus seu companheiro, mas vejo que não é. (*A Bonifácio.*) Então, que embrulhada é esta? *Nhô* Chico Inácio não pagou os carros de boi?

Bonifácio – Não pagou, mas paga.

Carreiro – Sei lá quem é *nhô* Chico Inácio!

Bonifácio – É meu patrão! O chefe do[83] Pito Aceso!

Carreiro – Seja lá o que ele *fô*, mas o que eu quero *é* os *meu duzento mi* réis.

Frazão – Que trapalhada!

Bonifácio – Quem *tá* fazendo *trapaiada* é *vancê*. *Vancê* já leu a carta?

Frazão – Ah! É verdade. Estou com a cabeça a juros!... (*Abre a carta e lê.*) "Senhor Frazão. O portador é o meu empregado Bonifácio Arruda, que vai, em meu nome, propor a vinda de sua companhia para dar aqui três espetáculos. Como vossa senhoria sabe, há agora aqui uma festa do Espírito Santo, e

---

[83] 1960 – de.

eu sou o Imperador. O dito Bonifácio leva ordem para adiantar dinheiro para a viagem. De vossa senhoria etc... Francisco Inácio." (*Declamando.*) Não há a menor dúvida! Vamos! (*A dona Rita.*) Não é?

DONA RITA – Isso não se pergunta!

FRAZÃO (*Ao Carreiro.*) – Você tem aí os carros e os animais?

CARREIRO – Tenho, mas não levo *vancê* sem ar *arrecebê* meu dinheiro!

BONIFÁCIO (*Ao Carreiro.*) – Ó *home*, *vancê* pensa que *tou* enganando *vancê*? Dinheiro *tá qui*! (*Mostra um maço de notas.*)

FRAZÃO (*Tomando o braço de dona Rita para não desmaiar.*) – Dinheiro!

DONA RITA – Dinheiro!

FRAZÃO – Comecemos por pagar a fiança do Eduardo!

## Cena XIV

*Os mesmos, Laudelina, Eduardo, os artistas*

LAUDELINA (*Entrando.*) – Não tem que pagar nada!

EDUARDO – Estou solto!...

TODOS – Está solto!

FRAZÃO – Solto! Mas como?

LAUDELINA – Ameacei o coronel Pantaleão de ir à sua casa dizer a dona Bertolesa que tudo foi por ele ter-me querido dar um beijo. Tanto bastou para que se abafasse a questão.

FRAZÃO – Tudo foi, não por isso, mas por ter eu conservado uma carta na algibeira, sem a ler. Meus senhores, vamos ao Pito Aceso dar três espetáculos![84]

TODOS – Pito Aceso? Onde é?...

FRAZÃO – Daqui a seis léguas. Fomos contratados. Este homem trouxe-nos dinheiro para a condução!

TODOS – Dinheiro! Dinheiro!... (*Dançam.*)

FRAZÃO – Tratem de se preparar! Vamos! Vamos! Saiamos, quanto antes, destes malditos Tocos!...

TODOS – Vamos! Vamos!... (*Saem todos.*)

FRAZÃO (*Ao Carreiro.*) – Vá buscar os carros e os animais.

CARREIRO – Sim, *sinhô*! (*Sai.*)

FRAZÃO (*A Bonifácio.*) – E você, arranje uns carregadores para as bagagens.

BONIFÁCIO – Sim, *sinhô*! (*Sai.*)

FRAZÃO (*Só.*) – E dizer que, quando eu chegar ao Rio de Janeiro para descansar de tantas consumições e fadigas, a primeira coisa em que hei de pensar é na organização de outro mambembe!...

## Cena XV

*Frazão, Pantaleão*

PANTALEÃO – Meu caro artista, estou inquieto... Se dona Laudelina cumpre a sua ameaça, e vai dizer à minha mulher que eu... O senhor não conhece a dona Bertolesa! É uma fúria!...

---

[84] 1960 – dar espetáculos.

Frazão – Tranquilize-se: nós vamos todos daqui a pouco para o Pito Aceso. Só o tempo de preparar as malas. Antes disso, vossa senhoria será pago dos vinte e cinco mil réis que lhe devo. (*Sai à esquerda.*)

Pantaleão (*Só.*) – Querem ver que os homens foram contratados para dar espetáculos no Pito Aceso? Não é outra coisa! É a época da famosa festa do Espírito Santo, em que se reúnem mais de dez mil pessoas. E o meu drama pode ser representado lá!... Sim... aqui não pode ser, mas lá... O sucesso! O aplauso! As pipocas! À cena o autor!... À cena o autor!... (*Agradece e faz menção de apanhar flores.*) E depois, a Laudelina lá... Dona Bertolesa aqui... Está decidido! Vou ao Pito Aceso!... (*Sai pelo fundo. Mutação.*)

## Quadro 7

(*Na Mantiqueira, em pleno sol. Os artistas formam grupos nos carros de bois. Frazão monta um burro. Todos admiram a paisagem.*)

## Cena I

*Laudelina, Frazão*

Laudelina (*Do alto de um carro.*) – Como o Brasil é belo! Nada lhe falta!

Frazão – Só lhe falta um teatro...

(*Cai o pano.*)

## ATO TERCEIRO

*Quadro 8*

(*Uma praça no arraial. Ao fundo, à esquerda, capela, e ao lado desta, ao fundo, à direita, um coreto onde se acha a banda de Carrapatini com este em evidência. Os três primeiros planos da esquerda são ocupados pelo barracão onde se improvisou o teatro. À porta desse barracão cartaz[85] com o seguinte letreiro em caracteres graúdos: "Teatro, hoje! segundo espetáculo da grande Companhia Dramática Frazão, da Capital Federal. Representação da sublime peça em cinco atos* O poder do ouro, *do festejado escritor Eduardo Garrido. O papel de Joaquim Carpinteiro será representado pelo popularíssimo ator Frazão." À direita baixa, coreto do leilão, sendo leiloeiros Frazão e Margarida. A cena está cheia de povo. Há diversos jaburus, rodeados por jogadores. Aqui e ali veem-se pretas sentadas com tabuleiros de doces. Da capela saem de vez em quando devotos e devotas, anjos com cartuchos de doces etc.*)

## Cena I

*Frazão, Margarida no coreto do leilão ou império, Carrapatini e os músicos no coreto da música, Vilares, Coutinho, Florêncio, Isaura, foliões, povo, jogadores, vendedores de doces, depois Chico Inácio e a Madama*

---

[85] 1960 *em cartaz.*

*Coro Geral*

Que bonita festa
Do Espírito Santo!
Tudo causa encanto!
Tudo faz viver!
Sim, ninguém contesta:
Não nos falta nada
Nesta patuscada
Que nos dá prazer!

(*Vendo Chico Inácio, que sai da capela, trazendo a Madama pela mão.*)

Sai da capela seu Chico Inácio,
Acompanhado pela Madama!
Provou seu Chico não ser pascácio:
A sua festa[86] deixará fama. (*Declamando.*)
Viva o imperador Chico Inácio! Viva a Madama!

(*Chico Inácio e a Madama chegam ao proscênio agradecendo por gestos.*)

*Coplas*

I

| | |
|---|---|
| CHICO INÁCIO | – Estou muito satisfeito! |
| MADAMA | – Considero-me feliz! |
| CHICO INÁCIO | – Imperador estou feito! |
| MADAMA | – Estou feita imperatriz!<br>Em plena democracia... |

---

[86] 1960 – fama.

| | |
|---|---|
| CHICO INÁCIO | – Tem ali o[87] seu sabor... |
| MADAMA | – Ser imperatriz um dia! |
| CHICO INÁCIO | – Ser um dia imperador! |
| AMBOS | – Que toda a gente<br>Cumprimente<br>Este casal imperial<br>Que tem um trono refulgente<br>Do Pito Aceso no arraial! |
| CORO | – Que toda a gente etc. |

## II

| | |
|---|---|
| MADAMA | – O imperador do Divino<br>Ninguém poderá dizer<br>Que tenha o mesmo destino<br>Do imperador a valer... |
| CHICO INÁCIO | – Mais parece o presidente.<br>Porque o presidente sai...<br>E pro lugar inda quente<br>Outro presidente vai! |
| AMBOS | – Que toda a gente<br>Cumprimente etc. |
| CORO | – Que toda a gente etc. |

FRAZÃO (*No império, apregoando*.) – Agora, a última prenda, meus senhores!

MARGARIDA – (*Idem.*) – Um frango assado!

---

[87] 1960 – Isto tem.

Frazão – Quanto dão por este perfumado frango? Quanto? Tenho um cruzado...

Vilares – Dois cruzados!

Frazão (Idem.) – Dois cruzados! Dois...

Margarida (*Idem.*) – Quem mais lança?

Frazão (*Vendo que ninguém mais lança.*) – Dou-lhe uma. Dou-lhe duas. Dou-lhe três... É seu o frango.

Vozes do Povo – Venha um verso!

Frazão (*Enquanto Vilares recebe o frango e paga.*)

> – Todo sujeito casado
> Deve ter um pau no canto
> Para benzer a mulher
> Quando estiver de quebranto.

Todos (*Rindo.*) – Bravo! Bravo!

Margarida (*A Carrapatini.*) – Toca a música, seu Carrapatini!

Carrapatini (*A Margarida.*) – No *bisogna prevenire! Giá lo sapeva...*[88] (*A música toca um pequeno motivo. Frazão e Margarida descem do coreto, onde imediatamente começam a armar o império.*)

Chico Inácio – Ó minha senhora! Meu caro Frazão! Não sei como agradecer-lhes o terem aceitado os lugares de leiloeiros do Divino.

Frazão – Não tem que agradecer, seu Chico Inácio. A Companhia Frazão é que está penhorada pela maneira por que foi recebida pelo chefe político do Pito Aceso.

---

[88] Trad. (italiano macarrônico): Não precisa cobrar! já o sabia... Ms – Já.

CHICO INÁCIO – A Companhia Frazão mostrou-se na altura dos seus créditos. O primeiro espetáculo, anteontem, foi um sucesso sem precedentes. O segundo anuncia-se para hoje com outro sucesso igualmente sem precedentes.

MADAMA – Estou satisfeita porque fui eu que tive a ideia de mandar contratar a companhia.

OS TRÊS (*Que ouviram, aproximando-se da Madama.*) – Ah! Foi a Madama?

MADAMA (*Cumprimentando-os, muito satisfeita.*) – Fui eu.

CHICO INÁCIO – Foi ela. Aqui para nós, que ninguém nos ouve: (*Chama-os por gestos para um segredo.*) a Madama é uma antiga colega dos senhores.

ATORES – Uma antiga colega?

CHICO INÁCIO – É verdade! Em 1879, quando eu fui ao Rio de Janeiro pela última vez, vi Madama representar numa companhia francesa que trabalhava no Cassino Franco-Brésilien.

MARGARIDA – Onde era isso?

FRAZÃO – Onde é hoje o Santana. Tu ainda não eras gente.

CHICO INÁCIO – Representava-se *Les Brigands*.

MADAMA (*Cantando*) – *C'est Fiorella la blonde*[89] etc.

CHICO INÁCIO – É isso... Ela fazia uma das pequenas que se deixam roubar pelos salteadores. Uma noite, depois do espetáculo, eu fiz como Falsacapa: apoderei-me dela; fomos cear no Bragança...

MADAMA – E nunca mais entrei no teatro.

---

[89] Trad.: É Fiorela, a loura.

MARGARIDA (*Dando um pequeno tapa na pança de Chico.*)[90] – Gostou, hein?

CHICO INÁCIO – Gostei. Gostei tanto que a trouxe comigo para o Pito Aceso, e dois anos depois estávamos ligados pelos indissolúveis laços do himeneu. Entretanto, impus uma condição...

MADAMA – E eu aceitei-a *avec plaisir*![91]

CHICO INÁCIO – Se algum dia me aparecer minha filha... Uma filhinha que eu... justamente em 1879... mas isto são particularidades que não os interessa. (*Outro tom.*) Já veem que é uma antiga colega.

FRAZÃO (*A Madama.*) – Filha, dá cá um abraço. (*Abraça-a.*) Tiveste a fortuna de encontrar o teu Pato... (*Emendando.*) quero dizer, o teu Pito.

MADAMA – Aceso.

FRAZÃO – Isto é uma coisa de que nem todos se podem gabar.

MARGARIDA – É muito difícil encontrar um Pito, mesmo apagado.

MADAMA – O que eu sinto é que não estejam bem acomodados.

VILARES – Não diga isso. Deram-nos os melhores quartos da casa.

FLORÊNCIO – E a casa é um casão.

COUTINHO – Mais gente houvesse que ainda chegava.

ISAURA – Ainda não moramos num hotel que tivesse tantas comodidades.

COUTINHO – Nem tão barato!

---

[90] 1960 – *Chico Inácio*.
[91] Trad.: com prazer.

UM JOGADOR – Jaburu! Olha o joguinho do caipira! Quem mais bota mais tira! (*A Bonifácio, que está no Jaburu.*)

CHICO INÁCIO – Ó Bonifácio!

BONIFÁCIO (*Vindo.*) – Às ordes.

CHICO INÁCIO – Esse cateretê ficou pronto?

FRAZÃO – Olá! Temos cateretê?

BONIFÁCIO – É uma festinha que a gente *fumo fazê* em casa da Rosinha da Ponte. Eu inda *tou* vestido de *arfere* da bandeira. A coisa *ficô* bem ensaiada. Se *mêceis quê* uma nota, eu chamo os *folião*.

TODOS – Sim... queremos... chame...

BONIFÁCIO (*Chamando.*) – Eh! Ó Manduca! Entra aqui no cateretê prestes, *home* vê! Ó Tudinha! (*Chama. Entra Tudinha.*) Ó Totó! *Bamo co* isso! Ó Chiquinha! Ó Zeca! *Nhô* Tedo! *Nhô* Tico! *Nhá* Mariana! *Venha* tudo! (*As pessoas chamadas aproximam-se e formam uma roda. Bonifácio, ao ver formada a roda.*) Ó mundo aberto sem *portera*!

*Cateretê*

I

BONIFÁCIO – *Vancê* me chamou de feio;
　　　　　　Eu não sou tão feio assim.
　　　　　　Foi depois que *vancê* veio
　　　　　　Que *pegô* feio *ne* mim.

FOLIÕES – Neste mato tem um passarinho, ai,
　　　　　Passarinho chamado andorinha, ai,
　　　　　Andorinha *avoou* agorinha, ai,
　　　　　Deixou os *ovo* chocando no ninho.

CORO GERAL[92] – Neste mato tem um passarinho, ai etc.

## II

BONIFÁCIO – Não quero mais *namorá*
A filha do barrigudo.
Não quero que o povo diga
Que eu tenho cara pra tudo.

OS FOLIÕES – Neste mato etc.

CORO GERAL[93] – Neste mato etc.

BONIFÁCIO – Pronto. *Tá í.*

TODOS (*Aplaudem.*) – Bravo! Bravo! (*Os foliões dispersam-se à vontade.*)

CHICO INÁCIO – Bem, os senhores hão de me dar licença. Tenho que me vestir de imperador para sair no bando.

FRAZÃO – O senhor vestido de imperador? Pois não é um menino?

CHICO INÁCIO – Não. A moda daqui[94] é à antiga. Sou eu mesmo que vou vestido.

MARGARIDA (*Olhando para dentro.*) – Olhem quem ali vem. O coronel Pantaleão.

FRAZÃO – O coronel Pantaleão?

TODOS – Sim. É ele! É ele!

ISAURA (*À parte.*) – Veio atrás da Laudelina. Dá Deus nozes...

---

[92] 1960 – Coro.
[93] 1960 – idem.
[94] 1960 – aqui.

## Cena II

*Os mesmos e coronel Pantaleão*

(*Entra o coronel Pantaleão[95] montado num burro e desce ao proscênio. Os circunstantes aglomeram-se em semicírculo.*)

*Coro*

É ele! É ele! É o genuíno!
É o coronel Pantaleão,
Quem vem à festa do Divino
Por ser de sua devoção!

*Rondó*

PANTALEÃO (*Montado no burro.*)

– Eu, por chapadas e atoleiros,
Aqui vim ter, e dez cargueiros
Com os acessórios, vestuários,
E maquinismos e cenários
Do meu encaiporado drama,
Que uma desforra enfim reclama,
Porque, por infelicidade,
Não passou nunca da metade.
Um meio autor eu sou apenas!
Para aplacar as minhas penas,
Eu por chapadas e atoleiros,
Aqui vim ter com dez cargueiros!

---

[95] 1960 – *Os mesmos e coronel Pantaleão, que entra.*

CORO — Com dez cargueiros! Dez cargueiros!...
É ele! É ele! É o genuíno!
É o coronel Pantaleão,
Quem vem à festa do Divino
Por ser de sua devoção!

CHICO INÁCIO – Ó meu caro coronel Pantaleão Praxedes Gomes! Apeie-se.

PANTALEÃO (*Apeando-se.*) – Seu Chico Inácio! Madama! Meus senhores!

CHICO INÁCIO – O senhor por aqui. Grande honra.

PANTALEÃO – Vim ver a sua festa.[96] (*A Frazão.*) Preciso falar-lhe.

FRAZÃO – Recebeu os vinte e cinco mil réis?

PANTALEÃO – Recebi. Não se trata disso.

CHICO INÁCIO (*A Bonifácio.*) – Ó Bonifácio! Recolhe o burro do coronel.

PANTALEÃO (*Voltando-se.*) – Como?

CHICO INÁCIO – Estou mandando recolher o seu animal, porque sei que o amigo vai para nossa casa.

BONIFÁCIO (*Saindo com o burro.*) – *Bamo*, patrício. (*Sai.*)

MADAMA – Para onde havia de ir?

PANTALEÃO – Mas é que vieram comigo mais dez cargueiros que estão ali do outro lado da ponte. São os cenários do meu drama.

ATORES – Quê! Pois trouxe?

PANTALEÃO – Não quero perder a vasa.

---

[96] 1960 – a festa.

Chico Inácio – Providencia-se já! (*A um do povo.*) Eustáquio! Vá doutro lado da ponte e diga ao arrieiro que descarregue os cargueiros na casa da Câmara. Se a chave não estiver na porta, está em casa da Chiquinha Varre-Saia. (*O homem do povo sai correndo.*)

Pantaleão – É muita amabilidade.

Chico Inácio – Vamos até a casa, seu coronel.

Madama – Vou mostrar-lhe o seu quarto.

Chico Inácio – Eu tenho que me vestir de imperador. (*Aos artistas.*) Até logo.

Pantaleão (*Saindo, a Frazão.*) – Preciso falar-lhe. (*Sai com Chico Inácio e Madama.*)

## Cena III

*Frazão, Vilares, Margarida, Florêncio, Isaura, Coutinho, depois Vieira*

Frazão – Pois não se meteu em cabeça este idiota de fazer montar aqui a tal bagaceira...

Isaura – O que ele quer montar sei eu...

Vilares – Livra! Não venha ele trazer-nos a caipora. Por enquanto vamos tão bem!

Margarida – É verdade! Fomos de uma felicidade inaudita.

Florêncio – Há muito tempo que não víamos tanta gente no teatro.

Vilares – Nem tanto dinheiro!

Coutinho – E que entusiasmo!

Frazão – Teatro é um modo de dizer. Olhem para aquela fachada. (*Aponta o barracão.*)

Vilares – E o palco?

Frazão – Não subo nele sem recear a todo o momento que as barricas venham abaixo.

Margarida – E a repetição do primeiro ato?

Frazão – É verdade! Fomos obrigados a repetir todo o primeiro ato, porque Chico Inácio só apareceu depois de cair o pano.

Vilares – Não foi por gosto dele...

Frazão – Não foi por gosto dele, mas o povo todo começou a gritar: Repita, repita o ato que seu Chico Inácio não viu, e não houve outro remédio senão repetir! Confesso que é a primeira vez que me acontece uma destas.[97] (*Entra Vieira.*)

Vieira (*Entrando fúnebre como sempre.*) – Venho do correio. Nem uma carta da família... Como é dolorosa esta ausência... Em compensação mandei-lhes cem mil réis...

Vilares – E eu, cinquenta para o Monteiro.

Frazão – Coragem, Vieira. Em breve estaremos no nosso Rio de Janeiro.

Vieira – Mas até lá!...

Margarida – Até lá é esperar. Descansa, que não haverá novidade em tua casa.

Vieira (*A Frazão.*) – Você já viu o cemitério daqui?

Frazão – Não.

Vieira – Uma coisinha à toa: ali atrás da igreja. Nem parece cemitério.

---

[97] 1960 – uma coisa destas.

FRAZÃO – Esta noite depois do espetáculo, se Deus não mandar o contrário, vou fazer uma *fezinha*...

ARTISTAS (*Interessados.*) – Onde? Onde?

FRAZÃO – Cá, em certo lugar. Já fui convidado por um *alabama*, mas não consinto que vocês joguem! Jogarei por todos!

VILARES – Por falar nisso, se fôssemos para casa cair num sete-e--meio até a hora do jantar?

MARGARIDA – Bem lembrado!

TODOS – Valeu! Valeu! Vamos! (*Saem!*)

VIEIRA – Vou sempre dar um giro até o tal cemitério. (*Sai.*)

## Cena IV

*Laudelina, dona Rita e Eduardo, saindo da igreja*

DONA RITA (*Contemplando o Vieira, que não os vê.*) – Pobre homem! Mire-se naquele espelho, Laudelina. Como o teatro é mentiroso! (*Vieira sai.*)

LAUDELINA – Mentiroso, mas cheio de surpresas e sensações. Anteontem estávamos desanimadas, tendo perdido quase a esperança de poder voltar à nossa casa e ainda agora, ajoelhadas e de mãos postas, naquela igreja, agradecemos a Deus a reviravolta que houve na nossa situação. Para isso bastou um espetáculo...

DONA RITA – E que felicidade a de termos encontrado esta gente que nos hospedou. Que francesa amável!

LAUDELINA – E o senhor Chico Inácio! Que homem simpático!

DONA RITA – Não nos esqueçamos de que estamos convidadas para comer canjica com eles depois do espetáculo.

EDUARDO – O diabo é ter eu que decorar este papel para depois de amanhã. Que lembrança do Frazão em fazer representar um dramalhão de capa e espada, quando há tanta peça moderna.

LAUDELINA – Console-se comigo, que fui obrigada a estudar o papel de dona Urraca.

DONA RITA – E eu o de dona Branca... uma ingênua! Eu a fazer ingênua! Nesta idade e com este corpanzil...

EDUARDO – A necessidade tem cara de herege... A peça exige quatro ingênuas. Quatro irmãs. (*Ouve-se a música de Carrapatini vir se aproximando.*)

LAUDELINA – Lá vem a banda do Carrapatini.

EDUARDO – Naturalmente vem tocar outra vez no coreto.

DONA RITA – Não. Foi buscar o Chico Inácio para assistir ao sorteio do imperador do ano que vem.

VOZES (*Dentro.*) – Viva o imperador Chico Inácio! Viva!...

## Cena V

*Os mesmos, Chico Inácio, Madama, Carrapatini, dois mordomos, um Anjo, irmãos do Espírito Santo, músicos, povo e Rodopiano*

(*Soltam foguetes, repicam os sinos. A irmandade do Espírito Santo sai da igreja e vai receber Chico Inácio, que entra com toda a solenidade dando a mão à Madama. Chico Inácio, que vem vestido de casaca de veludo verde, manto escarlate, calção, meias de seda, sapatos afivelados, com coroa e cetro, tendo ao peito refulgente emblema do Espírito Santo, vem debaixo de um pálio cujas varas são encarnadas. Dois mordomos de casaca, chapéu de pasta, espadim e calção, suspendem-lhe o manto. Seguem-lhe Carrapatini à frente da música, soldados em linha e povo. Dão todos uma volta pela praça. Chico Inácio, a Madama e o Anjo sobem para o palanque, que foi transformado em império, depois que o leilão terminou. Cessa a música.*)

CHICO INÁCIO (*Sentado no trono do lado da Madama.*) – Meus senhores, atenção!

MADAMA – *Attention! Attention!*[98]

CHICO INÁCIO – Agradeço aos bons moradores deste arraial a ajuda que me deram para eu levar até o fim a festa do Divino. Ao vigário dos[99] Tocos, de vir fazer a festa. Ao seu Frazão, o ter trazido a sua companhia dramática. Ao senhor Carrapatini, a sua banda.

CARRAPATINI – *Grazie tanti.*[100]

CHICO INÁCIO – Agora vai-se fazer o sorteio do imperador do ano que vem. Neste chapéu... (*Procurando.*) Quedê o chapéu?

ANJO (*Dando.*) – *Tá qui.*

CHICO INÁCIO (*Tomando o chapéu.*) – Neste chapéu, estão os nomes das pessoas mais no caso de serem festeiras. (*Ao Anjo.*) Tire um papel, Bibi. (*O Anjo tira. Abre e lê.*) Rodopiano Nhonhô de Pau-a-Pique.

MADAMA – O meu palpite!

RODOPIANO – Eu, o festeiro? Vou para casa esperar a bandeira! (*Sai correndo.*)

---

[98] Trad.: Atenção! Atenção!
[99] 1960 – de.
[100] Trad.: Muitíssimo obrigado.

CHICO INÁCIO (*Erguendo-se.*) – Vamos entregar a bandeira. Toque a banda. Viva o imperador Pau-a-Pique!

TODOS – Viva! Viva! (*Forma-se a marcha. Toca a música e saem todos a dar vivas. Mutação.*)

Quadro 9

(*Varanda em casa de Chico Inácio. Ao fundo, pátio iluminado por um luar intenso que clareia a cena. À direita, passagem para o interior da casa. À esquerda, primeiro plano, porta para o quarto de Pantaleão. No segundo plano, uma passagem que vai ter aos aposentos de Chico Inácio.*)

## Cena I

*Pantaleão, só*

PANTALEÃO (*Saindo do seu quarto em mangas de camisa.*). – Que maçada! Estou às escuras! Acabou-se o toco de vela que havia no meu castiçal, e não tenho outro. Não sei a quem pedir luz... Não quero chamar: seria um abuso. Aqui está claro, graças ao luar, mas lá no quarto está escuro que nem um prego... Ainda se tivesse vidraças, mas as folhas das janelas são de pau... Gastei toda a vela porque estive a escrever esta carta... É uma carta para Laudelina... Francamente, eu não vim cá por causa dela... vim por causa do meu drama... mas ontem quando a vi no Poder do Ouro, toda a minha paixão despertou. Era um leão que dormia dentro de um Pantaleão! É impossível que ela não se dobre aos argumentos (*Faz sinal de dinheiro.*) que encontrará aqui... O poder do ouro![101] A festa não me saíra barata, mas é um capricho, e mais vale um gosto que quatro vinténs. Espero que desta vez ela não se faça de manto de seda, e ceda. Se não cedeu em Tocos, foi por causa do tal galã empata-vasas. Estava cai, não cai, quando ele surgiu e fez todo aquele escândalo. Laudelina ficou, mais a velha, conversando com a família do Chico Inácio, que as convidou para comer canjica. Ah! Elas aí vêm. Por que meios conseguirei fazer chegar esta carta às mãos da minha bela?

## Cena II

*O mesmo, Laudelina e dona Rita,
entrando pela direita alta*

DONA RITA (*Entrando.*) – Decididamente, são muito amáveis.

LAUDELINA – Não há dúvida. Procuram todos os meios de agradar.

PANTALEÃO (*Adiantando-se.*) – Minhas senhoras.

DONA RITA – Ah! É o coronel? Que estava fazendo aqui?

PANTALEÃO – Saí do quarto para apreciar o luar desta varanda. Está admirável, não acham?

LAUDELINA (*Secamente.*) – Esplêndido. (*Deixa cair o lenço.*)

PANTALEÃO (*À parte.*) – Uh! Que bela ocasião! (*Apanha o lenço e [o] restitui depois de meter nele a carta.*)

LAUDELINA – Obrigada.

PANTALEÃO (*Baixinho, a Laudelina.*) – Leva recheio! (*Disfarçando.*) Hum, hum! (*Alto.*) Boa noite, minhas senhoras.

---

[101] 1960 – outro.

Dona Rita – Boa noite, seu Coronel.

Pantaleão (*À parte.*) – É minha! (*Entra no seu quarto.*)[102]

Dona Rita – Então, menina, vamos para o quarto. (*Vendo que Laudelina fica imóvel sem lhe responder.*) Que tens? Estás assim a modo que apalermada!

Laudelina – Sim, dindinha, apalermada é o termo.

Dona Rita – Por quê?

Laudelina – Pois não é que esse velho sem-vergonha, que já devia estar bem ensinado, aproveitou o ensejo de me entregar o lenço para me entregar também uma carta?

Dona Rita – Uma carta?

Laudelina – Sim, aqui está. (*Mostra a carta, que tira de dentro do lenço.*)

Dona Rita – Que desaforo!

Laudelina – Vou dá-la a seu Eduardo. (*Dá um passo para a direita.*)[103]

Dona Rita (*Detendo-a.*) – Estás doida! Queres provocar novo escândalo?

Laudelina – Tem razão, mas que devo fazer?

Dona Rita – Restituir a carta a esse patife, sem abrir ela. Dá cá, eu me encarrego disso.

Laudelina – Mas ele há de ficar impune? (*Vendo entrar Frazão.*) Ah! Cá está quem vai decidir.

---

[102] 1960 – *no quarto.*
[103] 1960 – (*Dá um passo*).

## Cena III

*As mesmas e Frazão*

Frazão – Que é isso? Ainda acordadas? É quase meia-noite.

Dona Rita – Estivemos com a família do Chico Inácio.

Frazão – Eu fui fazer uma fezinha no *lasca*... Quem não arrisca não petisca... Entrei no jogo com um medo dos diabos... Vi os *turunas* cheios de pelegas de cem, de duzentos e quinhentos... Mas Deus é grande!... Quando peguei no baralho, comecei por dois *doublés* de cara... Não capei... dei a terceira sorte... Depois veio um sete de cabeça para baixo... o sete de cabeça para baixo não falha!

Laudelina – Não falhou?

Frazão – Qual falhou, qual nada! Oito sortes seguidas! Um chorrilho! Acabei dando lambujas fantásticas!... E justamente quando veio o azar, foi que ninguém lhe pegou! Enfim, (*Batendo na algibeira da calça.*) foi como se o Madureira houvesse respondido três vezes ao meu telegrama! Agora sim, agora[104] estamos garantidos contra a miséria.

Dona Rita – Bravo!

Laudelina – Também eu tenho que lhe contar uma coisa.

Frazão – Que é?

Laudelina – Quando entramos inda agora, estava aqui o coronel Pantaleão.

Frazão – Meus pêsames.

---

[104]  1960 – [omitido].

LAUDELINA – Sabe que fez ele? Apanhou este lenço, que por acaso deixei cair, e ao entregar-me, meteu-me esta carta na mão.

FRAZÃO (*Tomando a carta.*) – Uma carta?

DONA RITA – Não acha o senhor que deve ser devolvida sem ser aberta?

FRAZÃO – Era o que faltava! Vejamos primeiramente o que ela diz. (*Abrindo resolutamente a carta.*) O luar é magnífico, mas leio com dificuldade. (*Dando a Laudelina uma caixa de fósforos.*) Faça o favor de ir riscando enquanto leio. (*Dona Rita, sem dizer nada, tira também uma caixa de fósforos e ambas, enquanto Frazão lê,*[105] *vão riscando fósforos e alumiando uma de um lado e outra do outro. Lendo.*) "Minha adorada Laudelina (*Passando os olhos.*) Hum... hum... (*Fala.*) Tudo isto são bobagens. Ah! (*Lendo.*) Tenho aqui no meu quarto a quantia de dois contos de réis a tua disposição, sob a condição de vires buscá-la quando der meia-noite no relógio da capela. A essa hora todos estarão dormindo. Deste que te adora loucamente – Leãozinho." Que grande bandalho!

DONA RITA – Que devemos fazer?

FRAZÃO – Homessa! Não há duas opiniões a respeito: apanhar os dois contos de réis.

LAUDELINA – Quê! Pois o senhor acha que eu?...

FRAZÃO – A senhora? Quem falou aqui da senhora? Vão ambas para o quarto e durmam sossegadas. Eu encarrego-me de tudo. Era o que faltava... Esse dinheiro compensará os prejuízos que aquele tipo nos causou, pois foi, não há dúvida, o seu drama que em Tocos escabriou o público e desmoralizou a companhia...

---

[105] 1960 – [omitida esta oração].

LAUDELINA – Mas será uma extorsão!...

FRAZÃO – Pode ser, mas eu não quero um vintém para mim. Será tudo distribuído pelos artistas, a título de receita eventual.

DONA RITA – Mas qual é o seu plano?

FRAZÃO – Depois saberão...[106] Basta dizer-lhes que disto não lhes resultará mal algum. Só lhe peço uma coisa, Laudelina: empreste-me esse xale.

LAUDELINA (*Hesitando.*) – Meu xale?

FRAZÃO — Sim, dê cá. (*Toma-lho.*) Bom, vão dormir com Deus. (*Sai pela direita.*)

DONA RITA – É dos diabos este Frazão!

LAUDELINA – Mas que irá ele fazer?

DONA RITA – Naturalmente mandar a Margarida, ou a Josefina, ou a Isaura, em teu lugar ao quarto do Leãozinho.

LAUDELINA – Isso não. Esse homem vai julgar que sou eu.

DONA RITA – Apenas à primeira vista, por causa do xale vermelho, mas depois...

LAUDELINA – Eu achava melhor acordar seu Eduardo.

DONA RITA – Qual seu Eduardo, qual nada!... Seu Eduardo é um estabanado! Quer logo deitar o mundo abaixo! Deixa lá o Frazão: ele sabe como essas coisas se fazem e não será capaz de te comprometer. Vamos dormir.

LAUDELINA – Queira Deus! (*Saem pela direita.*)

---

[106] 1960 – Depois o saberão...

## Cena IV

*Chico Inácio, Madama e Bonifácio*

(*Entram os três cautelosamente em camisola de dormir. Bonifácio vem à frente trazendo um lampião.*)

*Canto*

O Três — Nós, sem primeiramente
A casa revistar,
Não vamos nos deitar.[107]
Este costume, a gente
Não pode mais largar.
Pisando de mansinho
Pra não incomodar,
Cantinho por cantinho
Nós vamos revistar. (*Saem.*)

## Cena V

*Pantaleão, depois Frazão*

PANTALEÃO (*Saindo do quarto.*) — Eu podia ter pedido um toco de vela a dona Rita: não me lembrei. Decididamente, fico no escuro. Ora, o amor mesmo às escuras tem graça... Talvez seja melhor assim: Laudelina não terá vergonha e portanto se entregará com mais facilidade. Mas como são as mulheres! Aquela história do lenço não acudiria a um homem viajado! Ela percebeu que eu tinha uma carta engatilhada e

---

[107] 1960 – bis.

deixou cair o lenço... Falta pouco! Que ansiedade! Que ansiedade!... (*Volta*[108] *para o quarto.*)

FRAZÃO (*Entrando da direita vestido de mulher e com a cabeça envolvida no xale de Laudelina.*) – Arranjei um vestido da Josefina, que me ficou ao pintar. Eu já fiz um papel em que havia uma situação parecida com esta. Mas era no teatro: não sei se na vida real a coisa se passará do mesmo modo. O que eu quero são os dois contos de réis na mão. (*Dá meia-noite.*) Meia-noite! Está na hora. (*Vendo Pantaleão sair de um*[109] *quarto.*) Lá vem o Leãozinho.

PANTALEÃO (*Vendo Frazão, à parte.*) – É ela! Eu não disse? Não há nada como o poder do ouro! (*Baixo.*) És tu, Laudelina?

FRAZÃO (*Baixo.*) – Sim!

PANTALEÃO (*Aproximando-se.*) – Como és boa! (*Toma-lhe a mão. À parte.*) Com que força aperta a mão.[110] Ai! Que delícia! Que mãozinha de cetim!

FRAZÃO (*Baixinho.*) – Que é do dinheiro?

PANTALEÃO (*Idem.*) – Está ali.

FRAZÃO (*Idem.*) – Dê cá.

PANTALEÃO – Vou buscá-lo. (*À parte.*) Quer adiantado! Fiem-se lá nestas ingênuas.

FRAZÃO – Dê cá.

PANTALEÃO – Dar-to-ei logo que entres no meu quarto. Vamos, vamos, meu amor, porque aqui podemos ser surpreendidos. (*Puxa Frazão para o quarto.*)

---

[108] 1960 – *Vai.*
[109] 1960 – *do.*
[110] 1960 – [omitido].

Frazão – Não, meu Deus! (*Cobre o rosto com as mãos.*)

Pantaleão – Deixa-te de luxos. Agora, que deste o primeiro passo, não podes recuar.

Frazão – Que vai pensar de mim?

Pantaleão – O mesmo que a outra perguntou a Pedro I. Vamos.

Frazão – Meu Deus! (*Pantaleão puxa-o. Entram ambos[111] no quarto.*)

## Cena VI

*Chico Inácio, Madama, Bonifácio, depois Frazão*

*Canto*

Os Três – Nós, sem primeiramente etc.

(*Terminado o canto, abre-se a porta do quarto de Pantaleão e sai Frazão a correr, derrubando na passagem Chico Inácio, a Madama e Bonifácio, que gritam.*)

## Cena VI

*Chico Inácio, Bonifácio[112], Madama, depois Pantaleão, depois dona Rita, Laudelina, Eduardo, Vilares, Margarida, Isaura, Florêncio, Coutinho, Vieira, depois Frazão*

---

[111] 1960 – *puxa-o e entram.*
[112] 1960 – [omitido].

CHICO INÁCIO e BONIFÁCIO (*No chão.*) – Ai! Ai!

MADAMA – *Au sécours!*[113]

PANTALEÃO (*Saindo do quarto a gritar.*) – Pega ladrão! Pega ladrão! (*Saem todos os artistas, sobressaltados, em camisolões de dormir, trazendo castiçais com velas acesas.*)

CORO — Ai, quanta bulha, que alarido!
Que foi, que foi que se passou?
Foi o meu sono interrompido:
– Pega ladrão! alguém gritou.

PANTALEÃO — Sim, eu gritei: pega ladrão!

TODOS — É o coronel Pantaleão,
Pantaleão, Pantaleão.

FRAZÃO (*Entrando de camisola e castiçal*)
— Que foi, meu caro amigo?

PANTALEÃO — Eu lhe digo... Eu lhe digo...
Um audaz ratoneiro, um bandido qualquer,
O meu quarto invadiu, disfarçado em mulher,
E dois contos de réis o ladrão me levou
E estendido no chão, a correr, me deixou!

CORO — Um audaz ratoneiro, um bandido qualquer,
O seu quarto invadiu, disfarçado em mulher,
E dois contos de réis o ladrão lhe levou
E estendido no chão, a correr, o deixou!

LAUDELINA — Sei o que foi, vou dizê-lo:
O coronel teve um sonho,
Ou antes um pesadelo,
Um pesadelo medonho,

---

[113] Trad.: Socorro!

CHICO, MADAMA e BONIFÁCIO – Eu tinha a casa revistado,
          Ninguém aqui de fora[114] entrou.

EDUARDO — Se estava o quarto bem fechado,
          Como o ladrão lá penetrou?

MARGARIDA — Por que motivo, disfarçado,
          O malfeitor no quarto entrou?

FRAZÃO — Eu também estou capacitado
          De que o Pantaleão sonhou.

TODOS — Sei o que foi: basta vê-lo!
          O coronel teve um sonho,
          Ou antes um pesadelo,
          Um pesadelo medonho.

PANTALEÃO (*Consigo.*) – Sem os dois contos fico:
          Não posso me explicar,
          Porque se eu abro o bico,
          Se toda a coisa explico,
          Pancada hei de apanhar.
          (*Alto.*) Foi, foi, um sonho!

CORO — Sim, foi um sonho,
          Um pesadelo medonho!

PANTALEÃO — Desculpem tê-los
          Incomodado, senhores meus.
          Boa noite, e que desses pesadelos
          Os livre Deus
          Boa noite!

TODOS — Boa noite!

(*Todos, à exceção de Pantaleão, se retiram lentamente cantando o boa-noite.*)

---

[114] 1960 – de fora aqui.

PANTALEÃO (*Só.*) – Sim, senhor, dois contos de réis! Caro me custou a lição! Ah! Laudelina, Laudelina! Vais obrigar-me a ir ao Rio de Janeiro! É lá que te quero apanhar! (*Entra no quarto. Mutação.*)

Quadro 10

(*A cena representa um teatrinho improvisado. Ao fundo, o palco levantado sobre barricas. O pano está arriado: é uma colcha. O lugar da orquestra é separado da plateia por uma grade de pau tosca. Toda a cena é tomada pela plateia, cheia de longos bancos longitudinais. À direita, a entrada do público. À esquerda, uma porta que dá para o quintal de Chico Inácio, e pela qual passam os artistas. O teatro não tem camarotes. Ao levantar o pano, Bonifácio tem acabado de varrer o teatro e está arrumando os bancos.*)

## Cena I

*Bonifácio, depois Chico Inácio, Madama,
depois um Espectador*

BONIFÁCIO (*Só, arrumando os bancos.*) – *Tá* tudo pronto. Agora *só farta acendê* as *irendela*. O drama de hoje parece que é *bão memo*! Seu Frazão faz de velho...

CHICO INÁCIO (*Entrando com a Madama da esquerda baixa.*)[115] – Então, o teatro ainda está às escuras?

MADAMA – Fora o gasista!

---

[115] 1960 – [omitidas as três palavras finais].

BONIFÁCIO – Isto é um instantinho! (*Começa a acender os candeeiros, que são de petróleo.*)

CHICO INÁCIO – As nossas cadeiras estão no lugar?... (*Examinando a primeira fila, onde se acham duas cadeiras.*) Estão.

MADAMA – Devíamos ter mandado pôr também uma cadeira para o coronel Pantaleão.

CHICO INÁCIO – Ora, o coronel Pantaleão que vá para o diabo! Não lhe perdoo o ter-se engraçado... Então com quem?... Com a Laudelina, uma rapariga honesta, ajuizada...

MADAMA – Que simpatia você lhe tem!

CHICO INÁCIO – Eu sou assim... quando simpatizo com alguém, simpatizo mesmo!

MADAMA – Eu que o diga! Lembra-te? (*Apoia-se no ombro de Chico Inácio.*)

CHICO INÁCIO (*Sorrindo.*) – De quê?

MADAMA – De 1879?

CHICO INÁCIO – Olha o Bonifácio.

*Coplas*

I

MADAMA – Naquele belo, venturoso dia,
  Em que te vi pela primeira vez,
  Houve entre nós tamanha simpatia
  Que outra maior não haverá talvez!
  De outra mulher gostavas, mas, em suma,
  Desde que tu me conheceste bem,
  Tu nunca mais pensaste em mais nenhuma,
  Tu nunca mais amaste a mais ninguém!

## II

> Correspondi ao teu bondoso afeto
> Com toda a força do meu coração,
> E à sombra amiga do teu doce teto
> Achei sossego, achei consolação.
> O meu passado é triste, mas perdoa,
> Porque, ao ser tua, ao conhecer-te bem,
> Eu nunca mais pensei noutra pessoa,
> Eu nunca mais amei a mais ninguém!

CHICO INÁCIO – Pois sim, mas escusas de falar-me do passado... Também eu tenho culpas no cartório...

MADAMA – Bem sei... tua filha...

CHICO INÁCIO – Falemos de coisas mais alegres.

MADAMA – *Avec plaisir.*[116]

ESPECTADOR (*Entrando.*) – Parece que cheguei cedo.

CHICO INÁCIO – Que deseja?

ESPECTADOR – *Vancê mi dá dous mi* réis de teatro?

CHICO INÁCIO – A bilheteria é lá fora, mas é cedo para entrar. Agora é que se estão acendendo as luzes, não vê? (*Empurrando-o para fora.*) Entre quando entrar a música. Nem o porteiro está no lugar.

ESPECTADOR – Então até logo, seu Chico Inácio. A sua festa tem estado de primeira!

CHICO INÁCIO – É... tem estado de primeira, mas vá-se embora. (*Espectador sai.*)

---

[116] Trad.: Com prazer.

BONIFÁCIO (*Que tem acabado de acender as luzes.*) – Pronto!

FRAZÃO (*Caracterizado de velho, com cabeleira e barbas brancas, aparecendo por trás da colcha.*) – Ó seu Bonifácio!

BONIFÁCIO – Que é?

FRAZÃO – Diga a seu Vilares, a seu Vieira e a dona Rita que são horas. Eles estão esperando para passar, que a plateia fique cheia de espectadores.

MADAMA – Aí vêm eles!

FRAZÃO – Bom! (*Desaparece.*)

## Cena II

*Os mesmos, dona Rita, Vilares, Vieira*

(*Todos três vestidos a caráter. Vieira traz o vestuário dos lacaios do teatro clássico francês.*)

DONA RITA (*Da porta da esquerda.*) – Ainda não está ninguém?

CHICO INÁCIO – Não. Pode passar.

DONA RITA (*Atravessando a cena a correr.*) – Eu! Eu a fazer ingênuas! (*Desaparece ao fundo.*)

VILARES (*Atravessando a cena.*)[117] – E eu ser obrigado a amar esta matrona! Isto só no Pito Aceso! (*Desaparece ao fundo.*)

BONIFÁCIO (*Vendo Vieira e rindo-se a perder.*) – Ah! ah! ah! Sim, senhor! Isto é que é um diabo jocoso!...

VIEIRA (*Sempre muito triste.*) – Felizmente é o último espetáculo... Vou breve abraçar a família... (*Atravessa a cena e desaparece ao fundo, como os demais.*)

---

[117] 1960 – (*Atravessando.*)

CHICO INÁCIO – Este Vieira acaba suicidando-se!

MADAMA – Vamos para os nossos lugares?

CHICO INÁCIO – Espera. Temos tempo.

## Cena III

*Os mesmos, Carrapatini, músicos*

CARRAPATINI (*Aos músicos.*) – *É molto cedo.*

CHICO INÁCIO – Não é muito cedo, não.

CARRAPATINI (*Cumprimentando.*) – Oh! *Signor* Chico Inácio... Madama...

CHICO INÁCIO – Ó maestro, veja se hoje você varia um pouco o repertório... Você tem nos impingido todas as noites as mesmas músicas!...

CARRAPATINI – *Si... no há molta varietá!... ma no se puó dire que non sia un repertório de primo cartelo! Habiamo tutte le novità musicali!*[118]

MADAMA – Pois sim! (*Carrapatini vai com os músicos para a orquestra e começa a afinar os instrumentos.*)

CHICO INÁCIO – Vá para a porta, Bonifácio, e veja lá! Não deixe ninguém entrar sem bilhete!...

BONIFÁCIO – Povo *tudo* já *tá* esperando.

(*Vai para a porta. Desde esse momento em diante vão entrando espectadores, isolados ou por família. Grande rumor. Cena muda.*

---

[118] Trad.: Sim... não há muita variedade!... mas não se pode dizer que não seja um repertório de primeira categoria. Temos todas as novidades musicais!

*Aos poucos, o teatrinho enche-se completamente, e todos os lugares ficam ocupados. Pantaleão entra e vai, com Chico Inácio e Madama, tomar lugar na primeira fila. Durante este tempo, os músicos afinam os instrumentos, os espectadores conversam uns com os outros. Quadro animado, cujo resultado os autores confiam à inteligência do ensaiador. Os atores que não figuram mais na peça podem, caracterizados, fazer número entre os espectadores, para que a cena não fique entregue exclusivamente à comparsaria, da qual não é possível esperar coisa com jeito. É preciso que todos concorram com a sua boa vontade para que este quadro, de uma execução difícil, dê um resultado satisfatório.)*

## Cena IV

*Chico Inácio, Madama, Pantaleão, Bonifácio, Carrapatini, músicos, espectadores, Frazão*

FRAZÃO (*Deitando a cabeça fora do pano.*) – Ó seu Chico Inácio!

ESPECTADORES (*Rindo.*) – Ah! ah! ah! Bravos, ó Frazão!...

CHICO INÁCIO – Que é?

FRAZÃO – Não é nada. Apenas queria saber se o senhor estava aí, para não nos acontecer o mesmo que o outro dia, em que tivemos de repetir o primeiro ato. (*Risadas dos espectadores.*) Ó Carrapato, vamos com[119] isto!

CARRAPATINI – Carrapato, *non*: Carrapatini! (*Nova risada dos espectadores. Frazão desaparece. A sala está de bom humor. A música toca uma peça a que o público dá pouca atenção. Continuam a entrar alguns espectadores retardatários.*

---

[119] 1960 – a.

Bonifácio, à porta, de vez em quando tem uma pequena discussão. Afinal, cessa a música[120] e restabelece-se o silêncio. Pausa. Ouve-se um apito. Depois outro. Sobe o pano.)

## Cena V

*Os mesmos, Vieira, depois Vilares*

(*A cena do teatro representa uma praça. Vieira está em cena com uma carta na mão. Representa o baixo cômico de um modo muito exagerado.*)

VIEIRA – Coitado do meu amo, o senhor Lisardo!... Por causa destes amores o pobrezinho não dorme, não come, não bebe, não... hum... hum... (*Gargalhada do público.*)

BONIFÁCIO (*Da porta.*) – Ah, danado!...

VIEIRA – Está desesperado, coitadinho, e quando ele está desesperado quem paga sou eu, que logo me transforma em caixa de pontapés!... (*Risadas do público.*) Se ele me pagasse os salários com a mesma facilidade com que me dá pontapés, eu seria o mais feliz dos lacaios!... Ah, mas desta vez outro galo cantará, porque tenho aqui uma cartinha que lhe dirige a formosa Urraca! (*Examinando se a carta está bem fechada.*) Se eu pudesse ler antes dele... Os criados devem conhecer os segredos dos patrões...

BONIFÁCIO – Ah! ladrão!...

ALGUNS[121] ESPECTADORES – Psiu! Psiu!...

VIEIRA – A carta está mal fechada... Que tentação!...

---
[120] 1960 – *tudo cessa.*
[121] 1960 – [omitido].

VILARES (*Que tem entrado sem ser pressentido, dando um grande pontapé em Vieira.*) – Patife! (*Grande risada do público.*)

BONIFÁCIO – Bem-feito!...

VIEIRA (*Sem olhar para trás.*) – É ele, é o senhor Lisardo!... O meu posterior está tão familiarizado com aquele pé que não há meio de o confundir com outro!

VILARES – Ó tratante! Pois não te voltas! (*Dá-lhe outro pontapé. Risadas.*)

VIEIRA (*Sem se voltar.*) – Outro! Este foi mais taludo que o primeiro! Pôs-me as tripas em revolução! (*Risadas.*)

VILARES – Se não te voltas, apanhas outro!

VIEIRA (*Voltando-se.*) – Não vos incomodeis, senhor meu amo: bastam dois.

VILARES – Olha, se queres outro, não faças cerimônias... (*Risadas.*)

VIEIRA – Sei que sois muito liberal... sei que sois um mãos-largas... quero dizer um[122] pés-largos, e não me despeço do favor, mas por ora falta-me o apetite! (*Risadas.*)

BONIFÁCIO – Apetite de pontapé! Que ladrão!...

VILARES – Anda! Dá-me essa carta!...[123]

VIEIRA – Aqui a tendes. É da formosa Urraca!

VILARES – Dela?! E fazias-me esperar, maldito! (*Toma-lhe a carta das mãos. Lendo-a.*) Que vejo! Urraca dá-me uma entrevista nesta praça!...

VIEIRA – Ela espera apenas que eu lhe faça um sinal.

VILARES – Falaste-lhe?

---

[122] 1960 – uns.
[123] 1960 – [invertidas estas duas falas].

VIEIRA – Falei-lhe, sim, senhor.

VILARES – Que te disse ela?

VIEIRA (*Imitando voz de mulher.*): "Tareco, meu Tarequinho, dize a teu amo que o amo, e que me espere na praça. Lá irei a um sinal teu!" (*Risadas dos espectadores. Roda de palmas.*)

VILARES – Então, faze-lhe o sinal.

VIEIRA (*Depois de fazer sinais para fora.*) – Ela aí vem!

VILARES – Ó suprema dita!... Retira-te, mas não vás para muito longe. (*Vieira sai, resguardando o assento para não levar outro pontapé. Risadas.*)

BONIFÁCIO – *Tá co* medo do pé do patrão!

## Cena VI

*Os mesmos, dona Rita, depois Frazão
e depois Vieira*

DONA RITA (*Entrando, saltitante.*) – Lisardo!

VILARES – Urraca! (*Enlaça-a com dificuldade.*)

DONA RITA – Ó meu belo cavalheiro! Não calculas como tardava ao meu coração este momento ditoso! Sabeis? Meu pai quer meter-me no convento das Ursulinas...

VILARES – Que ouço?

BONIFÁCIO – Coitada!

DONA RITA – É absolutamente preciso que me rapteis hoje mesmo...

VILARES – À primeira pancada da meia-noite estarei debaixo da vossa janela com uma escada de seda e dois fogosos corcéis que nos transportarão longe, bem longe daqui!

Dona Rita – Sim, meu belo cavalheiro! Até à meia-noite!... Sou vossa!...

Frazão (*Entrando.*) – Maldição!... Maldição!... Filha desnaturada!...

Dona Rita (*Com um grito.*) – Ah! (*Foge. Frazão vai persegui-la. Vilares toma-lhe a passagem.*)

Vilares – Senhor conde!...

Frazão – Deixa-me passar, vilão ruim!

Vilares – Não passareis!

Frazão (*Desembainhando a espada.*) – Abrirei com a minha espada um caminho de sangue!

Vilares (*Desembainhando a espada.*) – Encontrareis ferro contra ferro! Em guarda!...

Frazão – Encomenda a tua alma a Deus!... (*Batem-se em duelo. O público aplaude com entusiasmo.*)

Vieira (*Entrando.*) Meu amo bate-se? Devo salvá-lo. Vou empregar o seu processo!... (*Dá pontapé em Frazão, que se volta. Vilares foge.*)

Frazão – Quem foi o miserável? (*Agarrando Vieira.*) Vou matar-te como se mata um cão!

Vieira (*Gritando.*) – Desculpai... Julguei que fosse meu primo!...

Frazão – Infame! (*Outro tom.*) As barricas estão dando de si! O palco vai abaixo! (*Cai o palco com Frazão e Vieira, que gritam. Todos os espectadores se levantam assustados. Grande confusão.*)

Coro — O teatro foi abaixo!
 Que terrível confusão!
 Coitadinho do Vieira!
 Pobrezinho do Frazão!

Apanharam ambos eles
Um tremendo trambolhão!
O teatro foi abaixo!
Que terrível confusão! (*Mutação.*)

*Quadro 11*

(*A mesma cena do Quadro 9, mas de dia.*)

## Cena I

*Pantaleão, só*

PANTALEÃO (*Saindo do seu quarto.*) – A companhia está se aprontando para partir... Também eu parto! Vou a Tocos, ponho em ordem os meus negócios, e de lá sigo para o Rio de Janeiro. Não descansarei enquanto Laudelina não me pertencer! O que me está aborrecendo é o material da *Passagem do Mar Amarelo*, que tem que voltar comigo para Tocos. Também que lembrança a minha! O meu drama poderia ser lá representado num teatro daqueles!... Um teatro que cai!...

## Cena II

*Os mesmos, Laudelina, dona Rita, Eduardo,
vêm todos três[124] prontos para a viagem,
depois Chico Inácio e Madama*

EDUARDO – Senhor coronel, estas senhoras e eu andávamos à procura.

---

[124] 1960 – *todos os três.*

PANTALEÃO – Ah! Já sei, resolveram entrar em acordo comigo para a aquisição do material do meu drama.

LAUDELINA – Não, senhor, não é isso!

EDUARDO – A Companhia Frazão resolveu unanimemente restituir-lhe estes dois contos de réis, que lhe foram subtraídos por brincadeira... (*Dá-lhe o dinheiro.*)

PANTALEÃO (*Contente.*) – Ah! Foi brincadeira?

DONA RITA – Nós três fomos incumbidos de lhe fazer esta restituição.

PANTALEÃO – Muito obrigado. Já lhes tinha chorado por alma. (*Entram Chico Inácio e a Madama, também prontos para sair. Ele de botas e rebenque, ela de amazona.*)

CHICO INÁCIO (*Entrando.*) – Estão prontos? Tomaram todos café?

DONA RITA – Com bolo de milho.

CHICO INÁCIO – Vou acompanhá-los até fora da povoação. A Madama também vai.

MADAMA – *Avec plaisir.*

CHICO INÁCIO – Dona Laudelina, creia sinceramente que deixa aqui um verdadeiro amigo. Vou dar à sua madrinha este cartão com o meu nome, para que em qualquer circunstância da vida não se esqueçam de mim. Recorram ao Chico Inácio como se o fizessem a um parente rico.

DONA RITA (*Que toma o cartão, lendo-o com um grito.*) – Que é isto?!...

TODOS – Que é?

DONA RITA – O senhor chama-se Ubatatá?

CHICO INÁCIO – Francisco Inácio Ubatatá. Mas que tem isso?

DONA RITA – Dar-se-á caso[125] que... O senhor esteve no Rio de Janeiro em 1879?

MADAMA – Esteve. Foi quando me conheceu.

DONA RITA – E quando conheceu a Florentina Gaioso... Lembra-se?...

CHICO INÁCIO – A Florentina Gaioso... sim!... Pois a senhora sabe?

DONA RITA – Sei tudo!

CHICO INÁCIO – Onde está ela?

DONA RITA – No céu!

MADAMA (*À parte.*) – *Tant mieux*![126]

CHICO INÁCIO – E... minha filha? Que fim levou minha filha?

DONA RITA – Que fim levou? (*Solenemente, a Laudelina.*) – Laudelina, abrace seu pai!...

TODOS – Seu pai!...

CHICO INÁCIO – Ela!...

LAUDELINA – Meu pai!...

DONA RITA – Sim, esta é a filha da pobre Florentina, que morreu nos meus braços, abandonada pelo Ubatatá!

CHICO INÁCIO (*Dramático.*) – Oh! Cale-se!...

DONA RITA – Agradeça-me! Fui eu que a eduquei.

CHICO INÁCIO – Minha filha! (*Abraçando Laudelina.*) Havia não sei o quê que me dizia ao coração que eu era teu pai!

PANTALEÃO – A voz do sangue!

---

[125] 1960 – o caso.
[126] Trad.: Melhor.

CHICO INÁCIO – Desta vez não sairás da minha companhia... A Madama consente...

MADAMA – *Avec plaisir*.

CHICO INÁCIO – Foi mesmo uma condição do nosso casamento.

LAUDELINA – Perdão, meu pai, mas eu sou noiva de seu Eduardo... (*Vai tomar Eduardo pela mão.*)

CHICO INÁCIO – De um ator...

EDUARDO – Perdão, não sou ator, sou empregado no comércio do Rio de Janeiro. Estou com licença dos patrões.

CHICO INÁCIO – Pois peça uma prorrogação da licença, porque desejo que o casamento se realize aqui. Mandarei vir os papéis.

## Cena III

*Os mesmos, Frazão*

FRAZÃO (*Entrando, preparado para a viagem.*) – Os nossos companheiros estão *todos* na praça à nossa espera. Vamos!

LAUDELINA – Sabe, senhor Frazão? Encontrei meu pai. (*Apontando para*[127] *Chico Inácio.*) É ele!...

EDUARDO – Ele!

DONA RITA – Ele!

MADAMA – Ele!

PANTALEÃO – Ele!

CHICO INÁCIO – Eu!

---

[127] 1960 – [omitida a preposição].

FRAZÃO – O senhor é que era o Ubatatá?

CHICO INÁCIO – Era e sou!

FRAZÃO – Pois, senhores, para alguma coisa serviu tê-la trazido no mambembe.

PANTALEÃO (*À parte.*) – Perdi-lhe as esperanças...

LAUDELINA (*Triste.*) – Mas devo deixar o teatro...

FRAZÃO – Não te entristeças por isso, filha: o nosso teatro, no estado em que presentemente se acha, não deve seduzir ninguém. Espera[128] pelo Teatro[129] Municipal..

TODOS – Quando?

FRAZÃO – O edifício já temos... Ei-lo!... Falta o resto... (*Aponta para*[130] *o fundo. Mutação.*)

Quadro 12

(*O futuro Teatro Municipal.*)

(*Cai o pano.*)

---

[128] 1960 – Esperemos.
[129] Ms – Teatro [riscado].
[130] 1960 – [omitida a preposição].

# O GENRO DE MUITAS SOGRAS
## Comédia em três atos

*De Artur Azevedo e Moreira Sampaio*

# Personagens

DONA FELÍCIA, *sogra de Augusto*
DONA LUÍSA, *sogra de Augusto*
GUILHERME DE LIMA, *amigo de Augusto*
DONA MARIA JOSÉ, *sogra de Augusto*
BRITO, *viúvo desocupado*
AUGUSTO DE ALMEIDA, *dono da casa*
CONSELHEIRO GUEDES, *amigo da família*
ELVIRA, *última esposa de Augusto*
DONA MADALENA, *mãe de criação de Elvira*
SEIS SENHORAS IDOSAS

# ATO PRIMEIRO

(*Sala bem preparada. Ao fundo, duas portas, dando a da esquerda para um gabinete, e a da direita para o corredor da entrada. Duas portas à esquerda, sendo a do primeiro plano do quarto de dona Felícia, a do segundo plano do quarto de dona Maria José. Duas portas à direita, sendo a do primeiro plano, do quarto de dona Luísa, e do segundo plano dando para a sala de jantar. À direita, entre as duas portas, um piano coberto por uma capa. Canapé à esquerda; perto do canapé, um tamborete. Mesa redonda no centro com preparos para escrever. Consolos, cadeiras, quadros, objetos de arte etc. etc. Nos consolos, jarros sem flores. Todos os móveis estão cobertos com capas.*)

## Cena I

*Dona Felícia, depois dona Luísa,
depois Guilherme de Lima*

(*Ao levantar o pano, a cena está vazia. Ouve-se retinir longamente uma campainha elétrica. Entra dona Felícia pela porta da esquerda, primeiro plano, e dirige-se à direita, segundo plano.*)

DONA FELÍCIA – Estás surdo, moleque? A campainha do corredor há uma hora que vibra!... (*Sai por onde entrou. Novo toque de campainha.*)

DONA LUÍSA (*Da porta da direita, segundo plano, dirige-se à do fundo, direita.*) Fiem-se lá em criados! Há quanto tempo estão batendo!... (*Para fora.*) Quem é?

GUILHERME (*Fora.*) – Um criado.

DONA LUÍSA – Tenha a bondade de entrar...

GUILHERME (*Entrando.*) – Bom dia. Mora aqui o senhor Augusto de Almeida?

DONA LUÍSA – Sim, senhor.

GUILHERME (*À parte.*) – É a criada. (*Alto, sentando-se no canapé.*) Vá dizer-lhe que está aqui o... um amigo!.. Não precisa dizer-lhe o meu nome; quero causar-lhe uma surpresa.

DONA LUÍSA – Meu genro não está em casa.

GUILHERME – Seu genro! Oh! perdão, minha senhora!... Julguei que... sim... que... (*Levanta-se.*)

DONA LUÍSA (*Levemente ressentida.*) – Se quiser esperá-lo, não faça cerimônia, ele não pode tardar. Com sua licença. (*Cumprimenta e sai pela direita baixa.*)

## Cena II

*Guilherme, depois dona Maria José*

GUILHERME – Estou perplexo!... pois o Augusto está casado!... O Augusto, um rapazote de tanto juízo, e que dizia do casamento o que Mafoma poupou ao toucinho? Casado e com sogra!... (*Depois de examinar a sala.*) Sim, não há dúvida... estou na casa de uma família e não na de um homem solteiro. Lá está o clássico piano. Mas é esquisito; o piano está fechado... os móveis cobertos... aqueles jarros não têm flores... É uma sala que não sorri!... Dir-se-ia que não passou por aqui uma mulher nem uma criança. Vem alguém.

DONA MARIA JOSÉ (*Entra da esquerda, segundo plano.*) – Era vosmecê que estava a bater?

GUILHERME – Sim, era eu... (*À parte.*) Esta é que é a criada.

DONA MARIA JOSÉ – Procura pelo senhor Almeida?

GUILHERME (*Sentando-se.*) – Sim... sim... pode retirar-se. Já falei com a senhora.

DONA MARIA JOSÉ – Já falou com a senhora? E com quem pensa o amiguinho que está a falar? Ora não querem ver?

GUILHERME (*Erguendo-se.*) – Perdão, mas...

DONA MARIA JOSÉ – À senhora!... Sempre são muito malcriados os amigos do senhor meu genro!... (*Sim por onde entrou e bate com a porta.*)

GUILHERME – Seu genro?!... Ora esta!... Então o Augusto tem duas sogras?!... Duas sogras e umas jarras sem flores!... Oh! desgraçado... desgraçado... Mas, senhor, nesta casa chovem sogras!... (*Tira um cartão, escreve alguma coisa a lápis, e deixa-o ficar sobre a mesa do centro.*) Deixo ficar sobre esta mesa o meu cartão e, por aqui é o caminho!... Nada!... Eu posso lá estar numa casa onde há duas sogras! fujamos antes que apareça mais alguma!... (*Sai pelo fundo à direita.*)

## Cena III

*Dona Maria José, depois dona Felícia,*
*depois dona Luísa e depois Brito*

DONA MARIA JOSÉ (*Entra da esquerda alta.*) – Felizmente já cá não está o homenzinho. Ora o patife!... Confundir-me com a criada! (*Indo à porta da direita alta, fala para dentro.*) Ó Genoveva!... Genoveva!... Sempre queria que me dissesses a que horas almoçamos hoje!... Olha, se continuas assim, o melhor, minha rica, é preparares a trouxa e pores-te no andar da rua!... (*Sai pela esquerda alta.*)

DONA FELÍCIA (*Entra pela esquerda baixa com um livro na mão.*) – A fome tem alguma coisa de nobre... não nego... Camões teve fome. Mas isso é a fome; a vontade de comer, essa é muito prosaica. Numa masmorra, numa ilha deserta, vá!... mas aqui!... (*Indo à porta da direita alta, fala para dentro.*) Genoveva!... Genoveva!... olha que são horas do almoço... (*Sai por onde entrou.*)

DONA LUÍSA (*Entra da direita baixa, a tempo de ouvir as últimas palavras de dona Felícia.*) – Numa casa em que são tantos a mandar, deve necessariamente andar tudo à matroca. Genoveva! não tires o almoço sem que teu amo tenha voltado.

BRITO (*Aparecendo à porta do fundo, à direita.*) – Deus esteja nesta casa! dá licença, dona Luísa?

DONA LUÍSA – Entre, seu Brito. Entre, sente-se e esteja a gosto.

BRITO (*Entrando.*) – O senhor Almeida está?

DONA LUÍSA – Não está, mas não pode tardar. São horas do almoço.

BRITO – São horas, são. Já hoje ouvi a missa das oito na Candelária.

DONA LUÍSA – Se não me engano, Augusto sobe a escada.

BRITO – É, pelos modos é ele. (*Ergue-se.*)

## Cena IV

*Os mesmos e Augusto de Almeida*

AUGUSTO (*Entra do fundo, à direita.*) – Bom dia, minha mãe. (*Beija-lhe a mão.*) Oh! já por cá, seu Brito?

BRITO – Vim trazer-lhe a papelada.

AUGUSTO – Está tudo pronto?

BRITO – Tudo. Os dois casamentos, tanto o civil como o religioso, podem realizar-se hoje se quiser.

AUGUSTO – Bom, chegou o dinheiro?

BRITO – Faltam dez mil réis, que paguei por um bilhete de confissão ao padre Sodré.

AUGUSTO (*Dando-lhe uma nota.*) – Cá estão... muito obrigado.

BRITO – Não há de quê. (*Reparando.*) Cinquenta mil réis!... Não tenho troco aqui!

AUGUSTO – O troco é seu.

BRITO – Oh! senhor Almeida, muito obrigado! Deus lhe acrescente!

AUGUSTO (*Falando a Dona Luísa*) – Está pronto o almoço?

DONA LUÍSA – Vou ver. (*Sai pela direita alta.*)

AUGUSTO – Uff. (*Senta-se no canapé.*)

BRITO – O senhor é pouco dado à religião.

AUGUSTO – Por quê? porque não vou à missa?

BRITO – Não ir à missa é pecado, e pecado grave... mas refiro-me a outras coisas... por exemplo: isto de não ter querido confessar-se...

Augusto – Menos religioso foi o padre que recebeu os dez mil réis...

Brito – Ah! ele não queria passar o bilhete nem à mão de Deus Padre! E não passou. Foi preciso que eu me confessasse em seu lugar.

Augusto – Em meu lugar?

Brito – Sim, senhor!

Augusto – E o reverendo não o conhecia?

Brito – Se me não conhecesse, escusava eu de dar-lhe os dez mil réis... Conhecia mas em presença de Deus fingiu não conhecer.

Augusto – E Deus não deu pela coisa?

Brito – Não sei, mas deve ter dado, porque Deus é fino como lã de cágado. Oh! a intenção salva tudo, e a intenção do padre foi piedosa.

Augusto – Piedosa?!

Brito – Ele não quis protelar a celebração de um casamento da Santa Madre Igreja!

Augusto – Mediante dez mil réis.

Brito – Deixe lá! Ele podia pedir o dobro, e o senhor pagava-lhe de cara alegre. (*Apertando-lhe a mão.*) Peço licença. Tenho muito que fazer. Vou a São Bento, que frei Belisário me mandou chamar. De lá darei um pulo até a Conceição.

Augusto – Espere pelo almoço. Já deve estar pronto.

Dona Luísa – Ainda não, mas não se demora muito. A Genoveva chegou hoje um pouco mais tarde. Tem o filho doente, coitada!

BRITO – Não posso almoçar por dois motivos: primeiro, por ser hoje dia de jejum; segundo, porque já almocei. Sempre às suas ordens, senhor Almeida.

AUGUSTO – Adeus! E desculpe a maçada.

BRITO – Ora essa! (*Cumprimentando.*) dona Luísa!...

DONA LUÍSA – Até mais ver, seu Brito. (*Brito sai, pelo fundo, à direita.*)

AUGUSTO (*Que acompanha Brito até à porta, voltando.*) – Que grande tipo!...

## Cena V

*Augusto e dona Luísa*

DONA LUÍSA – Então? É sempre sábado?

AUGUSTO – Irrevogavelmente. (*Tomando-lhe as mãos com carinho.*) Estás muito zangada comigo, minha mãe?

DONA LUÍSA – Eu? Que tolice! Zangada por quê? Sou razoável. És rico, estás moço, não tens filhos. Deves casar-te.

AUGUSTO – Decididamente não posso viver solteiro. Sogras é que não quero mais! Bem sabes que não é por ti que falo; não és minha sogra, és minha mãe. Mas vê a vida que levo aqui! É um inferno! Dona Felícia aborrece-me com o seu romantismo... dona Maria José amola-me com as suas rabugices! Dona Felícia tem ciúmes de dona Maria José, dona Maria José de dona Felícia, e ambas de ti, que tens a nota suave neste terceto de sogras! Assim, caso-me! E, se tiverem ciúmes de minha mulher, o que é possível...

Dona Luísa – O que é provável...

Augusto – Fujo! Levo minha mulher comigo para bem longe, e levo-te também a ti, que és a única sogra que estimo deveras, e nos servirá a ambos de mãe extremosa, não é assim?

Dona Luísa – É, mas desculpa-as... Elas, no fundo, não são más...

Augusto (*Vendo por acaso o cartão de Guilherme sobre a mesa.*) – Que é isto? Guilherme de Lima?

Dona Luísa – É sem dúvida um senhor que aqui esteve à tua espera.

Augusto – Um senhor da minha altura?

Dona Luísa – Da tua altura pouco mais ou menos.

Augusto – Cabelos pretos?

Dona Luísa – Grisalhos.

Augusto – Grisalhos?.. Sim!... deve ser isso. Há tantos anos! Muito falador? Barbado? (*Lendo o cartão.*) "Acabo de chegar. Vim dar-te um abraço. Voltarei depois. Estou no Grande Hotel." Vou procurá-lo.

Dona Luísa – Almoça primeiro. (*Toque da campainha.*)

Augusto – Tocam.

Guilherme (*Fora.*) – Já voltou o Augusto?

Augusto (*Com um grito.*) – É ele! (*Correndo ao fundo contentíssimo.*) Guilherme!...

Guilherme (*Entra no fundo à direita.*) – Augusto! (*Abraçando-o com efusão. Dona Luísa retira-se discretamente pelo segundo plano.*)

## Cena VI

*Augusto e Guilherme*

GUILHERME – Vês? Saltam-me as lágrimas aos olhos!

AUGUSTO (*Disfarçando a emoção.*) – Tu! tu no Rio de Janeiro! (*Abraçando-o de novo.*)

GUILHERME (*Enxugando os olhos.*) – É verdade!... Depois de uma ausência de dezoito anos!...

AUGUSTO – Como o tempo passa!... E o bonito é que se te encontrasse na rua, não te reconhecia! Estás outro!

GUILHERME – Mudei completamente. Tu é que estás ainda, por bem dizer, o mesmo rapazola de vinte primaveras que aqui deixei.

AUGUSTO – Embranqueceu-te o cabelo... já não usas a barba toda...

GUILHERME (*Dando-lhe outro abraço.*) – Estou bem disfarçado, hein? Não te pareça!... Tenho pecados na terra e convém que nem todos me reconheçam...

AUGUSTO – Deixaste no Rio de Janeiro uma fama de Don Juan... (*Senta-se no canapé.*)

GUILHERME – Deixei... E tenho medo que me apareça a estátua do comendador.

AUGUSTO – Dezoito anos! E durante toda essa eternidade só recebi duas ou três cartas tuas nos primeiros dois anos!...

GUILHERME – Tu sabes o mandrião que sou para escrever cartas. Consagro uma admiração profunda a Madame de Sevigné, que não fazia outra coisa. E, depois, imagina... aquela vida na Europa... quando se tem dinheiro! Está-se hoje na Alemanha...

vai-se amanhã para a Itália... passa-se uma temporada em Nice... vai-se jogar em Monte Carlo... ou sentir frio na Rússia... ou caçar raposas na Inglaterra.

AUGUSTO – Deixe lá! Se um autor dramático pusesse em cena dois amigos íntimos, inseparáveis, que durante tão longa ausência não recebessem notícias um do outro, diriam todos que isso era uma inverossimilhança. Eu supunha-te morto!

GUILHERME – Depois falaremos de mim. Primeiramente venham notícias tuas... Ao que parece, grandes coisas sucederam durante a minha ausência! Ainda agora... (*Interrompendo-se.*) disseram-te que já aqui estive?

AUGUSTO – Neste instante li o teu cartão.

GUILHERME – Falei com duas senhoras.

AUGUSTO – Ah! sim, minhas sogras!

GUILHERME – Pois tu tens duas sogras, Augusto?

AUGUSTO – Três. Tenho três sogras!...

GUILHERME (*Com um pulo.*) – Três?!

AUGUSTO – Sim, três! Tu só viste duas!

GUILHERME – Mas como foi isto? Como pudeste arranjar três sogras?

AUGUSTO – Muito simplesmente: casando-me.

GUILHERME – E tua mulher tinha três mães?

AUGUSTO – Não, eu é que tive três mulheres.

GUILHERME – Oh! com os diabos!... És duas vezes viúvo?

AUGUSTO – Três. Enviuvei três vezes.

GUILHERME – Percebo. As respectivas sogras foram ficando em tua companhia.

Augusto – Ora, aí tens.

Guilherme – O caso é único, talvez.

Augusto – Que queres? É a fatalidade! (*Outro tom.*) Mas senta-te. (*Sentam-se.*)

Guilherme – Ora muito me contas!

Augusto – Quando te foste embora, operou-se uma transformação completa nos meus hábitos. Fazias parte integrante do meu ser.

Guilherme – Éramos Castor e Pólux... se bem que eu fosse dez anos mais velho que tu.

Augusto – Em compensação, tinhas menos juízo.

Guilherme – Pode ser. (*Sorrindo.*) Em todo caso, ainda estou solteiro, e solteiro hei de morrer!

Augusto – Quem sabe? Ninguém diga...

Guilherme – Deixa-te de maus agouros. Vamos à tua história. Continua.

Augusto – Quando te foste embora, dizia eu, como que faltava um pedaço de mim mesmo. Comecei a sentir necessidade de constituir família.

Guilherme – Aos vinte anos!

Augusto – Independente, rico, sem pai nem mãe, nem parentes, resolvi casar-me. Enviuvei seis meses depois, e a mãe de minha primeira mulher... Oh! essa... o ideal das sogras!

Guilherme – Uma exceção.

Augusto – Ficou em minha companhia. É a minha sogra número um.

Guilherme – Até as numerou!...

AUGUSTO – É um anjo! Para não a confundir com as outras, trato-a por tu e chamo-lhe minha mãe.

GUILHERME – Continua.

AUGUSTO – A felicidade que eu gozava durante o meu casamento – uma lua-de-mel interrompida pela morte, fez com que o meu espírito de novo se voltasse para o matrimônio. Casei-me em segundas núpcias.

GUILHERME – Vamos, adiante.

AUGUSTO – Minha segunda mulher, como a primeira, só tinha mãe, e, como a primeira, morreu no fim de seis meses.

GUILHERME – Que diabo! só tomavas mulher por semestre!...

AUGUSTO – Minha segunda sogra ficou também em minha companhia.

GUILHERME – Mas não é, como a outra, uma exceção...

AUGUSTO – É uma senhora portuguesa muito rabugenta, e muito levada do diabo. Mora naquele quarto. (*Apontando.*) É a minha sogra número...

GUILHERME – Número dois. Mas dize cá... Por que a tens em casa? Por que lhe não alugas uma casinha no Pendura-saias ou no Retiro Saudoso?

AUGUSTO – Tentei separar-me do número dois e do número três, ficando apenas com o número um... Ah! meu amigo! quase veio o mundo abaixo.

GUILHERME – E que te importa isso? Não és senhor do teu nariz?

AUGUSTO – Eu posso lá ser senhor de coisa alguma?

GUILHERME – Nem do teu nariz?

AUGUSTO – Nem do meu nariz!

GUILHERME – Mas dizias que o número dois...

AUGUSTO – Não é por ser minha sogra, mas é muito...

GUILHERME – Muito sogra. Vamos adiante.

AUGUSTO – Continuo a reservar para depois os pormenores. Casei-me em terceiras núpcias. Desta vez tinha sogro.

GUILHERME – Ah!

AUGUSTO – Não receava a sogra... mas no fim de seis meses... sempre o fatídico semestre!

GUILHERME – Morreu-te a mulher?

AUGUSTO – O sogro. Minha mulher só daí a três anos faleceu. Cá me ficou a sogra número três. Mora aqui.

GUILHERME – E que tal?

AUGUSTO – Outro gênero.

GUILHERME – Ainda bem. A variedade deleita.

AUGUSTO – Uma preciosa ridícula... toda romântica... toda piegas... Sempre a escolher palavras para fazer estilo! Sempre um livro na mão! Vais ver: são poesias... Sabe todo o Casimiro de Abreu de cor e salteado! Anda pelos cantos a recitar versos!

GUILHERME – Conheci uma mulher assim.

AUGUSTO – Divide o tempo entre o leito, o toucador e o caramanchão do jardim. Que o almoço esteja pronto às tantas, e às tantas o jantar; o mais pouco se lhe dá. Já sei de cor o "Amor e medo", tantas vezes lho tenho ouvido.

GUILHERME – E as tuas sogras? Dão-se bem umas com as outras?

AUGUSTO – Vivem na melhor harmonia; não se falam.

GUILHERME – Bom! (*Erguendo-se com resolução.*) Sabes que mais? Prepara as malas! Vem comigo! Dentro em dois meses estaremos em Paris! Vamos lá chegar em plena primavera!...

AUGUSTO (*Erguendo-se.*) – Não posso deixar o Rio de Janeiro.

GUILHERME – Temos outra! Por quê?

AUGUSTO – Não te rias. Vou casar-me.

GUILHERME – Vais o quê?

AUGUSTO – Casar-me. Não te rias.

GUILHERME – Não, não me rio. O caso não é para isso. Quando?

AUGUSTO – Sábado.

GUILHERME – Este sábado?

AUGUSTO – Sim.

GUILHERME – Depois de amanhã?

AUGUSTO – Sim, depois de amanhã.

GUILHERME (*Depois de uma pausa.*) – Ó Augusto, tu falas sério?

AUGUSTO – Muito sério.

GUILHERME – E a tua noiva tem...

AUGUSTO (*Prontamente.*) – Não tem pai nem mãe.

GUILHERME – Órfã?

AUGUSTO – Enjeitada.

GUILHERME – Enjeitada?

AUGUSTO – Eu não podia viver nem solteiro nem com mais uma sogra. Procurei uma órfã; achei uma enjeitada.

GUILHERME – Mas olha que vais cair no ridículo! O homem que se casa duas vezes não está longe disso... o que se casa quatro...

AUGUSTO – Paciência.

GUILHERME – Que diabo, mudar de mulher como quem muda de paletós!...

AUGUSTO – Todo o meu desejo, toda a minha ambição, todo o meu sonho é ter um filho!... Sim, porque, meu amigo, eu não tenho filhos! E tu sabes o que é ter sido casado três vezes e não ter um filho?

GUILHERME – Não. Eu poderia saber o contrário, talvez: não ter sido casado vez nenhuma, e...

AUGUSTO – Pois bem, não imaginas o vácuo que sentimos em derredor de nós; não calculas a necessidade flagrante que experimentamos, de um entezinho que perpetue a nossa raça e o nosso nome, que gaste os nossos bens, que respeite a nossa memória. Que nos ame, nos bendiga, nos deva o seu sangue, os seus instintos, a sua educação. Quero fazer um homem, formar um caráter, deixar na terra um vestígio de minha passagem.

GUILHERME – É uma razão filosófica, não há dúvida; eu mesmo, velho boêmio, *globe-troter* ocioso e inútil, não sei o que daria pelo orgulho de ter também um filho; entretanto...

AUGUSTO – Mas ainda não me falaste de ti!

GUILHERME – Temos tempo, se bem que eu amanhã parta para São Paulo.

AUGUSTO – Sim?

GUILHERME – Negócios de poucos dias. Foi o que me trouxe ao Brasil. Trata-se de uma estrada de ferro. Depois te contarei.

## **Cena VII**

*Os mesmos e o conselheiro Guedes,
que entra do fundo, à direita*

CONSELHEIRO (*Entrando.*) – Com licença. (*Coloca o chapéu e o guarda-chuva ao fundo. Aproxima-se.*) Ora viva o meu caro senhor Augusto de Almeida, e este cavalheiro que não tenho a honra de conhecer, mas que, sem dúvida, me vai ser graciosamente apresentado pelo mesmo senhor Augusto.

AUGUSTO – É o meu velho camarada Guilherme de Lima, que acaba de chegar da Europa. (*A Guilherme.*) O senhor conselheiro Guedes, distinto funcionário público aposentado, visita assídua de nossa casa.

GUILHERME (*Apertando a mão do conselheiro.*) – Tenho muita honra em fazer conhecimento com o senhor, conselheiro Guedes.

CONSELHEIRO – Muito honrado serei com a amizade de um amigo do senhor Almeida. O senhor Guilherme de Lima esteve muito tempo na culta Europa?

GUILHERME – Dezoito anos.

CONSELHEIRO   Em França?

GUILHERME – Durante dez anos não saí de Paris.

CONSELHEIRO – Uma década em Paris! Misericórdia! Como deve ter a linguagem eivada de galicismo! Verdade seja que o grande Francisco Manuel do Nascimento, mais conhecido por Filinto Elísio, lá viveu muitos anos sem perder a vernaculidade, antes recomendando que se abrisse a antiga, veneranda fonte dos genuínos clássicos... Mas Filinto Elísio era Filinto Elísio!

GUILHERME – Perdão... eu não me esqueci da minha língua, e garanto...

CONSELHEIRO – Garanto! garanto! Dou-lhe um doce, senhor Guilherme de Lima, meu senhor, dou-lhe um doce se me mostrar nalgum clássico o verbo garantir!

AUGUSTO (*A Guilherme.*) – O conselheiro é de um purismo[1] intolerante! Não admite o mais leve galicismo.

CONSELHEIRO – Não há galicismos leves, senhor Almeida. São todos pesados, muito pesados e, com o seu peso, esborracham o mais belo dos idiomas neolatinos. Não admitimos galicismos, nem solecismos, nem idiomatismos, nem neologismos.

GUILHERME – Nem arcaísmos...

CONSELHEIRO – Oh! arcaísmos, sim. Os arcaísmos são como as cédulas velhas: tem a gente certeza de que não são falsas... A língua portuguesa tem na minha pessoa um baluarte contra os francelhos, como lhes chamava o aludido Francisco Manuel do Nascimento, mais conhecido...

GUILHERME (*Atalhando.*) – Por Filinto Elísio.

CONSELHEIRO – É! Eu adotei por divisa os versos do bom Ferreira. "Floresça, fale, cante, ouça-se e viva a portuguesa língua, e já onde for, senhora vá de si, formosa e altiva!" A França tem sido a maior inimiga da nossa língua!

GUILHERME – O senhor conselheiro nunca lá esteve?

CONSELHEIRO – Da Europa só conheço o velho Portugal, onde fui mandado pequeno pelos meus maiores...

---

[1] 1956 – é um puríssimo intolerante.

Augusto – O conselheiro formou-se em Coimbra.

Conselheiro – Sou de tanta maneira intolerante, meu caro senhor, que se frequento com tanta assiduidade esta casa, é porque ela me depara, na pessoa de uma das sogras do senhor Almeida, um singular exemplo de...

## Cena VIII

*Os mesmos, dona Maria José, depois dona Felícia, depois dona Luísa*

Dona Maria José (*Entra da esquerda, segundo plano.*) – Não almoçamos hoje?

Conselheiro – Ei-la! Falávamos justamente da senhora dona Maria José. (*Tomando-a pela mão.*) Senhor Guilherme de Lima, meu senhor, esta respeitável matrona é filha do velho Portugal... Por uma particularidade da província do Minho, que não passou pelas transformações etnográficas havidas noutras partes do reino, a senhora dona Maria José possui inconscientemente a linguagem clássica dos nossos antepassados.

Guilherme – Oh!...

Conselheiro – Ouvi-la, é ler Fernão Mendes Pinto!

Guilherme – Oh!

Conselheiro – A construção das frases por ela empregadas na conversação usual é português de lei.[2] Os pronomes coloca-os ela com propriedade e elegância notáveis. Enfim, é um modelo de boa prosódia, e eu quisera que os nossos pretensos

---

[2] 1956 – portuguesa da lei.

literatos...

DONA FELÍCIA (*Entra pela esquerda, primeiro plano.*) – Há muito tempo que soou a hora do almoço. (*Dá com Guilherme e examina-o com atenção.*)

GUILHERME (*À parte.*) – Aquela cara...

DONA LUÍSA (*Entra pela direita, segundo plano.*) – Está na mesa o almoço.

CONSELHEIRO – Boas palavras.

AUGUSTO – Conselheiro, venha continuar à mesa a sua preleção filológica.

CONSELHEIRO – Oh! a matéria é profunda e inexaurível!

AUGUSTO (*A Guilherme.*) – Almoças comigo.

GUILHERME – Está dito!

AUGUSTO – À mesa serás apresentado às minhas sogras. Nada de cerimônias. Conselheiro, venha. O senhor já é de casa. (*Sai com Guilherme, dona Maria José e dona Luísa pela direita, primeiro plano. O conselheiro vai sair, dona Felícia puxa-o pela sobrecasaca, e fá-lo descer ao proscênio.*)

## Cena IX

*Dona Felícia e o conselheiro*

DONA FELÍCIA – Diga-me, conselheiro: conhece este senhor?

CONSELHEIRO – É a primeira vez que o vejo. Esteve uma década em Paris.

DONA FELÍCIA – Sabe seu nome?

CONSELHEIRO – O senhor Almeida teve a bondade de mo apresentar: chama-se Guilherme de Lima.

DONA FELÍCIA – Ah! (*Desmaia nos braços do Conselheiro.*)

CONSELHEIRO – Que é isto, minha senhora, que é isto? (*Soprando-a.*) Volte a si! recupere os sentidos!

DONA FELÍCIA (*Olhando em volta romanticamente.*) – Onde estou eu?

CONSELHEIRO – Nos braços do conselheiro Guedes.

DONA FELÍCIA – Ah! (*Endireita-se.*)

CONSELHEIRO – Que foi isso? Por que desmaiou ao ouvir pronunciar o nome daquele cavalheiro?

DONA FELÍCIA – Silêncio... fique este desmaio sepultado para sempre nas trevas da sua discrição. Não me comprometa.

CONSELHEIRO (*Dando-lhe o braço, que ela aceita.*) – Sim, minha senhora; mas fique sabendo que o verbo comprometer empregado nessa acepção é galicismo, e galicismo feio! (*Encaminha-se para porta.*)

(*Cai o pano.*)

## ATO SEGUNDO

(*A mesma sala com um aspecto risonho. Os móveis estão sem capas, os jarros têm flores, o piano está aberto e tem uma música na estante.*)

### Cena I

*Dona Felícia, depois dona Maria José,
depois dona Luísa*

DONA FELÍCIA (*Está só, recitando alguns versos, que lê no livro.*) – "Dos juízes mortais toda a miséria/ nos outros passos de uma curta vida/ também sofri;/ mas contente, no mundo, de mim mesmo/ menos grande que tu, porém mais forte,/ das calúnias me ri."

DONA MARIA JOSÉ (*Entra pela esquerda, segundo plano, indo[3] arranjar as almofadas do sofá. À parte.*) – Lá está a outra às voltas com os versos! Aquilo, a respeito de miolos...

DONA FELÍCIA (*Continuando.*) – "A turba vil, d'escândalos faminta,/ que das dores alheias se alimenta/ e folga sobre o pó... (*Interrompe-se ao ver dona Maria José; fecha o livro com violência e vai para o quarto.*)

---

[3] 1956 – *e indo.*

DONA MARIA JOSÉ (*Só.*) – Do que precisavas tu bem sei, minha sirigaita! Pudesse eu, e dava-te os versos. Arrebentado seja o demo! (*Entra dona Luísa pelo primeiro plano. Dona Maria José, mal que a vê, volta-lhe as costas e vai para o quarto.*)

DONA LUÍSA (*Só.*) – Deus lhe perdoe!

## Cena II

*Dona Luísa e Augusto*

AUGUSTO (*Entra do fundo, à esquerda.*) – Ainda não apareceu o Brito, minha mãe?

DONA LUÍSA – Não, estás à sua espera?

AUGUSTO – Pedi-lhe ontem com muito empenho que me comprasse um livro de medicina e o trouxesse hoje bem cedo.

DONA LUÍSA – Não poderá demorar-se. Ficou a ouvir missa em alguma igreja.

AUGUSTO (*Tomando-lhe a mão.*) – Que dizes da novidade?

DONA LUÍSA – Que novidade? (*Lembrando-se.*) Ah! é muito natural. (*Pausa.*) Mas... tens certeza?

AUGUSTO – Toda a certeza.

DONA LUÍSA – Só peço a Deus que ele seja tão bom como o pai.

AUGUSTO – E se for ela, tão boa como tu.

DONA LUÍSA – Qual preferes? Ele ou ela?

AUGUSTO – Ele. É mais fácil educar um rapaz que uma rapariga.

DONA LUÍSA – Tens razão, e Deus há de fazer-te a vontade: será um rapaz.

Augusto – Era tempo, não te parece? Estou casado há dois meses...

Dona Luísa – Dois meses já?

Augusto – Completam-se amanhã. Então? Só em Petrópolis estivemos um mês e vinte dias. (*Vendo entrar o Brito.*) Ah! cá está o homem.

## Cena III

*Augusto, dona Luísa e Brito*

Brito – Deus Nosso Senhor Jesus Cristo esteja nesta casa.

Augusto – Trouxe o livro?

Brito – Cá está. (*Dá-lhe um livro.*) Não vim mais cedo, porque tive que ir ao Castelo buscar uma vela do Santo Sepulcro para uma comadre que mora na rua do Alcântara. É isso?

Augusto (*Lendo.*) – *Manuel pratique de l'art des acouchements, par le docteur E. Varrier.* É isto mesmo. Muito obrigado. (*Senta-se.*)

Brito – *Manuel pratique*! Que nome esquisito tem o autor desta obra!

Augusto – Isso é francês, seu Brito: *Manuel* quer dizer manual.

Brito – Ora estes franceses! Se *Manuel* é manual, o que será José? (*Vai cumprimentar dona Luísa.*) Então? como tem passado? (*Conversa baixinho com ela, e no correr da conversação, tira do bolso, com muito respeito, e mostra-lhe um pedaço de tocha, que beija e torna a guardar.*)

Augusto (*Todo preocupado com o livro.*) – Vejamos o índice. (*Lendo.*) "Definições... Articulação sacrovertebral... modificações fisiológicas... um... um... um... Diâmetro do tronco... (*Achando alguma coisa que lhe convém.*) Ah! (*Lendo.*) Fenômenos que se mostram ao produto da concepção... Páginas cem... (*Procura a página.*)

BRITO (*Deixando dona Luísa*) – Senhor Almeida, dá licença que eu vá ao seu gabinete pôr em ordem esta papelada? (*Tira muitos papéis dos bolsos.*)

AUGUSTO – Ora essa! Vá, seu Brito! Nada de cerimônias! Minha mãe, faze o favor: acompanha seu Brito ao gabinete.

DONA LUÍSA – Venha, seu Brito!

BRITO – Quando me lembro que ainda tenho de ir hoje duas vezes àquele morro da Conceição! (*Sai com dona Luísa pela porta do fundo à esquerda. Pouco depois dona Luísa reaparece e entra no seu quarto.*)

## Cena IV

*Augusto, só*

AUGUSTO (*Só, sempre sentado.*) – Por que não estudei medicina? Não meto o dente nesta terminologia. (*Lendo.*) "Vesícula germinativa... Blastoderme... Área vasculosa... Lóbulos placentários." É o diabo! Perco-me neste *mare magnum*[4] sem afinal conseguir o que desejo: acompanhar dia por dia, hora por hora, a existência embrionária de meu filho, e cercar minha mulher de todos os cuidados recomendados pela higiene obstétrica. Parece incrível! – Ainda ontem eu não sabia ao certo o que era obstétrica, e hoje... o que é ser pai! (*Lê.*)

---

[4] Trad.: mar imenso.

## Cena V

*Augusto e Elvira*

ELVIRA (*Entrando pé ante pé pela porta da direita, segundo plano, vai*[5] *tapar com as mãos os olhos de Augusto.*)

AUGUSTO – O bebê já começa!

ELVIRA – Que estás lendo? Um romance?

AUGUSTO – Não, um tratado de fisiologia.[6]

ELVIRA – Que horror! (*Vai sentar-se ao piano.*)

AUGUSTO (*Consigo mesmo.*) – Que diabo será tratamento antiflogístico? (*Elvira toca uma valsa. Depois de alguns compassos Augusto pergunta.*) Como se intitula essa valsa?

ELVIRA – *Charme d'amour.*

AUGUSTO – É francês?

ELVIRA – Sim, de Crémieux. Agrada-te?

AUGUSTO – Muito.

ELVIRA – Também a mim. É deliciosa!

AUGUSTO – Parece composta expressamente para uma lua-de-mel.

ELVIRA (*Depois de tocar mais alguns compassos, interrompendo a execução da valsa e levantando-se bruscamente do piano.*) – Que calor está hoje!

AUGUSTO – Então não continuas?

ELVIRA – Não. Estou aborrecida.

---
[5] 1956 – *e vai.*
[6] 1956 – Filosofia.

Augusto – Aposto que tens saudades de Petrópolis.[7]

Elvira – Pudera! Petrópolis é como essa valsa: parece feita expressamente para uma lua-de-mel.

Augusto – Um paraíso a dois passos desta fornalha.

Elvira – E dizer que há noivos que não vão a Petrópolis!

Augusto – Nem todos podem. O que é bom custa caro.

Elvira (*Sentando-se nos joelhos de Augusto.*) – Estás hoje de muito bom humor, não estás?

Augusto – Já algum dia me viste de mau humor?

Elvira – Se eu te fizesse um pedido?

Augusto – Conforme.

Elvira – Ai, mau!

Augusto – Que é?

Elvira – Isto é resposta que se dê?

Augusto – Vamos, dize, que desejas?

Elvira – Descansa, que não vou pedir-te a Lua.

Augusto – Nem o Sol?

Elvira – Nem o Sol. Deixa esse livro!

Augusto – Já o deixei. Fala.

Elvira – Olha que é a primeira coisa que te peço!

Augusto – Razão de mais para seres imediatamente servida. Fala.

Elvira – É muito grave.

---

[7] 1956 – Petrópolis?

Augusto – Pois sim, faço ideia.

Elvira – Espera. (*Ergue-se e senta-se no pufe, ao pé de Augusto.*) Como sabes, não tenho pai nem mãe. Enjeitaram-me à porta de dona Madalena, essa boa e virtuosa senhora que me mandou educar à sua custa.

Augusto – Isso não impede que eu te ame muito, muito!

Elvira – Acredito, porque, se eu fosse uma princesa e tu fosses um enjeitado, nem por isso deixaria de te adorar como te adoro. Mas, apesar de me haver casado com um homem belo e generoso, ou mesmo por isso, tenho um desgosto secreto.

Augusto – Qual?

Elvira – O desgosto de não haver conhecido minha mãe. Quem será ela? Onde estará? Que romance ou que tragédia precederia ao meu nascimento? Não sei – que desgraça!... Não sei! De minha mãe, não resta mais que uma velha medalha!

Augusto – Ora, adeus! Isso é pieguice tua! Tu não tens mãe! Por princípio nenhum pode merecer esse nome a desgraçada que te abandonou tão pequenina à piedade dos estranhos!

Elvira – Sabe Deus que circunstâncias a desesperam, que remorsos a afligem, que arrependimento a absorve. (*Ergue-se a um gesto de Augusto.*) Já vejo que não nos podemos entender... Eu sou toda coração e tu... tu lês tratados de fisiologia.[8]

Augusto – Mas, afinal, que desejas?

Elvira – Procurar minha mãe.

Augusto (*Erguendo-se de um salto.*) – Hein?

Elvira – Procuremo-la!

---

[8] 1956 – Filosofia.

Augusto – Estás doida! Onde diabo queres tu que a encontremos? Sabes lá quem foi ou quem é tua mãe?

Elvira – Seja quem for, é minha mãe! A presença dela é indispensável à minha felicidade.

Augusto – À tua felicidade? Duvido! Em todo o caso, a minha pode muito bem passar sem ela.

Elvira – Egoísta!

Augusto – Mais uma sogra! Havia de ter graça

Elvira – Tu não me amas como eu te amo.

Augusto – Mas, por quê, menina?

Elvira – Eu tinha grande prazer em conhecer tua mãe.

Augusto – Eu próprio não a conheci. Minhas mulheres nunca tiveram sogras, nunca!...

Elvira – Pois não tens pena de me ver em companhia de três mães sem que nenhuma seja a minha? Vamos! É tão fácil satisfazer o meu desejo.

Augusto – O teu capricho...

Elvira – Valha-me Deus! É a primeira coisa que te peço... é uma coisa tão justa, tão séria... (*Cai soluçando em uma cadeira.*)

Augusto – Oh! não! não! não te zangues... Vem cá, espera! Então que é isso? não chores!

Elvira (*Soluçando.*) – Mau!

Augusto – Mas que queres tu que eu faça? Queres que ponha um anúncio no *Jornal do Commercio*?

Elvira – Exatamente.

Augusto – Quê? Pois tiveste essa lembrança?

ELVIRA – Decerto. É o meio mais pronto.

AUGUSTO – Eu disse a brincar.

ELVIRA – Não vês todos os dias nos jornais anúncios de pessoas que pedem notícias de outras? São indivíduos que se acham mais ou menos nas minhas condições.

AUGUSTO – Qual! Deixa-te disso! Que se procure pelo jornal uma criança que se desencaminhou, uma joia que se deixou cair, um cãozinho que desapareceu, vá; mas uma mãe, uma mãe hipotética, problemática, ignorada, que nunca deu sinal de si!... É um absurdo.

ELVIRA – Não é tal.

AUGUSTO – Tanto é que não concordo absolutamente com tal anúncio.

ELVIRA (*Muito séria.*) – Bom, não concordas, teimoso, não concordas, mas depois não te queixes...

AUGUSTO – Que não me queixo? De quê? (*Lembrando-se.*) Ah! sim! a menor contrariedade é capaz de... (*Caindo de joelhos aos pés de Elvira.*) Perdoa, perdoa, Elvira!... (*Beijando-lhe as mãos e erguendo-se.*) Vou fazer o anúncio. (*Senta-se à mesa, esquerda.*) É um desejo!... É um desejo!

ELVIRA – Já vês que não é um capricho. Escreve! (*Levanta-se e vai para a mesa do centro.*)

AUGUSTO (*Escrevendo.*) – "Precisa-se"... Há de ir para os "precisa-se"...

ELVIRA – Naturalmente.

AUGUSTO – "Precisa-se saber". Olha que é difícil.

ELVIRA – Não acho. Escreve. "Precisa-se saber o que é feito de uma senhora que, em 1891, depositou no corredor de outra senhora...

Augusto – Não! não vai bem assim!

Conselheiro (*Fora.*) – Dão licença?

Augusto (*Erguendo-se.*) – É o conselheiro! Aí está quem vai fazer o anúncio! (*Alto.*) Vá entrando, conselheiro!

## Cena VI

*Os mesmos e o Conselheiro*

Conselheiro (*Entrando.*) – Ora vivam o meu caro senhor Augusto de Almeida e dona Elvira, sua mulher, minha senhora. (*Deixa o chapéu e o guarda-chuva ao fundo e desce.*) Como têm passado?

Elvira (*Apertando-lhe a mão.*) – Bem, obrigada; e o conselheiro?

Conselheiro – Menos mal, menos mal. Antes assim do que amortalhado.

Augusto (*Apertando-lhe a mão.*) – Chegou muito a propósito.

Conselheiro – Ao pintar da faneca, diziam os nossos maiores. De que se trata? Alguma questão de gramática?

Augusto – Não, senhor... Desejávamos que o conselheiro nos redigisse um anúncio.

Conselheiro – Um anúncio?

Augusto – Para o *Jornal do Commercio*.

Dona Elvira – Com licença. (*Sai pela porta da direita alta.*)

Conselheiro – Oh! senhora minha!

Augusto (*À parte.*) – Saiu vexada!

## Cena VII

*Augusto e o Conselheiro*

CONSELHEIRO – Um anúncio?

AUGUSTO – Oh! um anúncio excepcional. Eu não o incomodaria, creia, se se tratasse, por exemplo, de uma cozinheira.

CONSELHEIRO – Sou todo ouvidos.

AUGUSTO – Devo começar por uma confidência: minha mulher é filha de pais incógnitos.

CONSELHEIRO – Ah!

AUGUSTO – Mas olhe que peço-lhe a esse respeito toda a discrição.

CONSELHEIRO – Serei discreto, mas faça-me o favor de passar esse pronome para a direita.

AUGUSTO – Que pronome?

CONSELHEIRO – Não diga "que peço-lhe", diga "que lhe peço".

AUGUSTO – Bom; está feita a errata.

CONSELHEIRO – Vamos adiante.

AUGUSTO – Peço-lhe toda a discrição, porque não quero que dona Maria José, minha sogra número dois, nem dona Felícia, minha sogra número três, saibam de tal circunstância. Se descobrissem que minha mulher é enjeitada, poriam a boca no mundo!

CONSELHEIRO – Por mim jamais o saberão.

AUGUSTO – Acredito; mas vamos ao que[9] importa. Minha mulher acha-se em estado interessante.

---

[9] 1956 – o que.

Conselheiro – Oh! Os meus emboras, senhor Augusto, meu senhor!

Augusto – Acha-se em estado interessante e teve hoje um desejo.

Conselheiro – Os desejos são fenômenos fisiológicos que...

Augusto – Já sei. Imagine o que ela desejou?

Conselheiro – Roer, talvez, a tampa de uma dessas grandes bilhas de barro a que nós, brasileiros, damos o nome de moringues. É uma idiossincrasia que frequentemente...

Augusto – Nada! não, senhor!

Conselheiro – Minha mulher, que Deus haja, desejou uma vez morder-me a ponta do nariz.

Augusto – A minha deseja que eu descubra sua mãe por meio de um anúncio!

Conselheiro – Ah!

Augusto – Veja para o que lhe havia de dar.

Conselheiro – É mister empregar na composição desse anúncio termos hábeis e sutis.

Augusto – Foi por isso que eu disse que o conselheiro chegou a propósito.

Conselheiro – No Rio de Janeiro, o anúncio é uma lástima, senhor Almeida, meu senhor! Sendo todavia, como é, o texto dos periódicos mais lidos pelo vulgo, tenho que cada redação deveria manter pessoal idôneo, especialmente incumbido de sua revisão e consequente expurgação de termos e locuções que afeiam esta formosa língua portuguesa, esta língua que Vênus, segundo o conceito do grande épico "com pouca corrupção" crê que é latina. Vamos ao anúncio. (*Vai sentar-se ao topo da mesa, toma a pena, escreve e lê o que escreveu.*) "Atenção". Ponho três traços por baixo deste título. Atenção para que saia em caracteres grandes.

AUGUSTO – Não seria melhor ir o anúncio para os "precisa-se"?

CONSELHEIRO (*Deixando vivamente a pena, perfilando-se e pondo-se muito sério, mas sem se levantar-se.*) – Para os "precisa-se", para os "precisa-se!" Que quer isso dizer, senhor Almeida, meu senhor! Tenha a bondade de fazer a análise lógica e gramatical dessa locução bárbara "para os precisa-se!" Valha-me o padre Manuel Bernardes!

AUGUSTO – Ora, conselheiro, eu não estou fazendo estilo!

CONSELHEIRO (*Abanando a cabeça com ar de piedade.*) – Fazendo estilo!

AUGUSTO – Na conversação usual é muito difícil evitar esses idiotismos.

CONSELHEIRO – Está enganado, meu senhor! Todos nós temos obrigação de respeitar, mesmo em família, mesmo de portas a dentro, "o gesto airoso do idioma luso", que é um patrimônio da nossa nacionalidade. Deixe os idiotismos aos idiotas, e fale-me bom português, senhor Almeida!

AUGUSTO (*À parte.*) – Quem me mandou?

CONSELHEIRO – Vamos ao anúncio. (*Escreve.*) "Uma senhora, filha de pais incógnitos, achando-se em estado de gravidez..."

AUGUSTO – Não. Parece-me dispensável mencionar tal circunstância.

CONSELHEIRO – Como quiser. Suprima-se o incidente. (*Risada.*) "Uma senhora, filha de pais incógnitos, desejando ter notícias de sua mãe, que nunca viu, roga..."

AUGUSTO – Perdão; seria conveniente pôr a data do nascimento... Uma senhora, filha de pais incógnitos, (*Frisando.*) nascida em 1891, (*Natural.*) desejando etc. etc....

CONSELHEIRO – Tem razão. (*Lendo.*) 1891. "Desejando ter notícias de sua mãe, que nunca viu..." (*Escreve.*) "Roga a esta." (*A Almeida*) Esta, isto é, sua mãe...

AUGUSTO – Perdão; faça o favor de encaixar aqui, depois do "nunca viu": "mas de quem conserva uma medalha..."

CONSELHEIRO (*Depois de escrever.*) – "Uma medalha." Cá está! Deixe-me ler: "Desejando ter notícias de sua mãe, que nunca viu, mas de quem conserva uma medalha, roga a esta..." A esta medalha? Não pode ser! (*Escreve.*) "Roga à referida sua mãe que a procure na rua das Marrecas, número..."

AUGUSTO – Não! isso não! E eu, que não me tinha lembrando disso! Faça o favor de riscar a rua das Marrecas!

CONSELHEIRO – Então, onde será?

AUGUSTO – Em toda parte, menos em minha casa.

CONSELHEIRO – Por quê?

AUGUSTO – Em primeiro lugar, por causa de dona Felícia e de dona Maria José, e em segundo lugar, porque seria revelar aos vizinhos e ao público uma circunstância íntima.

CONSELHEIRO – É preciso nesse caso procurar um terreno neutro.

AUGUSTO – Uma ideia!

CONSELHEIRO – Vejamos.

AUGUSTO – Se o anúncio indicasse a casa do conselheiro? Que diz?

CONSELHEIRO – A minha casa?

AUGUSTO – Que tinha isso?

CONSELHEIRO – Eu sou um homem viúvo, maior de cinquenta anos, e respeitado por toda a vizinhança. Depois que enviuvei, nunca mais entrou em nossa casa pessoa do sexo diverso do meu!

AUGUSTO – Nem mesmo a lavadeira?

CONSELHEIRO – Ninguém! Os meus fâmulos são todos varões. Era o que faltava! Ter em casa uma alcateia de senhoras à procura de uma filha de pais incógnitos!

AUGUSTO – Nesse caso, é preciso escolher outro ponto. (*Entra o Brito.*)

## Cena VIII

*Os mesmos e Brito*

BRITO – A papelada está em ordem. Agora vamos correr a via-sacra. (*Cumprimenta.*) Senhor conselheiro!

CONSELHEIRO – Viva, senhor Brito, meu senhor...

AUGUSTO – Está salva a pátria! E eu, que não me lembrava de seu Brito!

BRITO – Deseja alguma coisa de mim, senhor Almeida?

ALMEIDA – Quero pedir-lhe um grande favor. (*Dá-lhe o escrito.*) Faça o favor de ler este anúncio.

BRITO (*Lendo.*) – "Atenção. Uma senhora filha de pais incógnitos, nascida em 1891..."

AUGUSTO – É minha mulher.

BRITO (*Continuando a ler.*) – "Desejando ter notícias de sua mãe, que nunca viu, mas de quem conserva uma medalha, roga à referida sua mãe que a procure na rua..." o resto está riscado.

AUGUSTO – Qual é o número de sua casa?

BRITO – Sessenta e três.

Augusto (*Dando o escrito ao conselheiro, que se conserva sentado.*) – Escreva, conselheiro: rua General Caldwell, número sessenta e três.

Conselheiro (*Depois de escrever.*) – Sessenta e três.

Brito – Que é isto? Pois o senhor Almeida exige que seja na minha casa que...

Augusto – Não exijo – peço... Não quero que dona Felícia nem dona Maria José conheçam certas particularidades do meu casamento. Espero que o senhor não se recuse a mais este obséquio.

Brito – Farei tudo quanto puder para lhe ser agradável, mas... é o diabo... eu vivo só... à força de andar metido pelas sacristias, já sou considerado assim uma espécie de padre sem batina... Se acodem muitas mulheres ao anúncio vai ser um escândalo!...

Conselheiro (*Erguendo-se.*) – Um escândalo! Não diga isso, senhor Brito, meu senhor! Um escândalo por quê? Receber em casa abertamente, meia dúzia de matronas, coisa não é que agrave a moral nem os bons costumes. Murmuração? Pois que murmurem! Desde que a consciência esteja tranquila...

Augusto – Oh! conselheiro! quem o ouvisse falar inda agora...

Conselheiro – O caso é outro; sim, porque, afinal eu... na minha idade... na minha posição...

Brito – Mas este anúncio vai obrigar-me a não sair de casa para esperar as tais matronas!

Augusto – Tudo se previne. (*Senta-se e escreve.*) "Roga à referida sua mãe que procure o senhor Brito na rua General Caldwell, número sessenta e três, domingo próximo pela manhã."

Brito – Ah! assim, sim!

Augusto – E há de ver que não aparece nenhuma...

Brito – Como não aparece? Há por aí tanta vagabunda. Mas o anúncio está muito emendado. Com licença: vou passá-lo a limpo.

Augusto – Bem lembrado. (*Levanta-se. Brito senta em seu lugar e escreve.*)

Conselheiro – Diga-me cá, senhor Almeida. Aquele seu amigo, o senhor Guilherme de Lima, ainda não voltou de São Paulo?

Augusto – Ainda não, mas não poderá tardar. Já realizou o negócio que ali o levou.

Conselheiro – Parece-me boa pessoa, tanto quanto é lícito julgar à primeira vista.

Augusto – E é.

Conselheiro – Pena é que fale tão mal o português.

Augusto – O conselheiro sabe... uma década em Paris!

Conselheiro – Venha cá... eu não devia tocar-lhe nisto, porque prometi ser discreto... mas há evidentemente um mistério entre o senhor Guilherme e a senhora dona Felícia...

Augusto – Ah! O conselheiro também deu por isso?

Conselheiro – Pudera! Se a senhora dona Felícia, ao vê-lo, teve um chilique nos meus braços!

Augusto – Um chilique?

Conselheiro – Sim, senhor; chilique em muito bom português.

Augusto – Não digo o contrário.

Conselheiro – Cuidei.

Augusto – Não creio que haja mistério. Dona Felícia é muito romântica... Naturalmente achou o meu velho amigo parecido com algum dos seus galanteadores de outrora... Olhe que não foi outra coisa.

Conselheiro – Durante o almoço, devorava-o com os olhos.

Augusto – Em compensação, não comeu nada.

Conselheiro – Reparou?

Augusto – Reparei. Entretanto o Guilherme nem sequer olhava para ela. Felizmente ele partiu no dia seguinte.

Conselheiro – Ela nenhuma pergunta lhe fez tocante a esse cavalheiro?

Augusto – Sim, há dias me perguntou quando ele estaria de volta... Mas não creia que haja mistério.

Brito (*Erguendo-se.*) – Pronto.

Augusto – Já agora, seu Brito, complete o favor, e leve o anúncio ao *Jornal do Commercio*.

Brito – Pois não.

Augusto – Aqui tem dinheiro... pague-se também do livro.

Brito – Ah! sim, do Manuel...

Augusto – E pode ficar com o troco.

Brito – Deus lhe acrescente. Vou indo porque tenho muito que fazer.

Augusto – Vá! vá, até logo.

Brito – Até sempre, conselheiro. (*Cumprimenta e sai.*)

Conselheiro – Viva! Senhor Brito, meu senhor!

## Cena IX

*Augusto, Conselheiro, depois dona Felícia,
depois dona Maria José, depois dona Luísa*

AUGUSTO – Há de ver o conselheiro que não aparece nenhuma... nem a Elvira amanhã se lembrará mais do tal anúncio.

CONSELHEIRO – Quem sabe? Talvez apareçam algumas.

AUGUSTO – Cale-se. Vem aí a minha sogra número três.

DONA FELÍCIA (*Entrando arrebatadamente.*) – Senhor Augusto!

AUGUSTO – Dona Felícia?

DONA FELÍCIA – Pela primeira vez venho pedir-lhe providências! Estou farta de sofrer calada!

AUGUSTO – Providências?

DONA FELÍCIA – A senhora dona Maria José...

CONSELHEIRO (*Querendo sair.*) – Com licença! É uma questão de família! Sou aqui demais!

AUGUSTO (*Retendo-o.*) – Não, senhor! O conselheiro é de casa!

DONA FELÍCIA – Naturalmente. Não faz mal que ouça.

CONSELHEIRO – Oh! Senhora dona Felícia, minha senhora!

DONA FELÍCIA – Dona Maria José jurou aos seus deuses fazer-me perder a paciência!

AUGUSTO – Que fez ela?

DONA FELÍCIA – Que fez? Diga antes o que faz há dois meses e dias, desde aquela vez em que aqui jantou o senhor Guilherme de Lima. (*Augusto e o conselheiro entreolham-se.*) Confesso que a presença desse senhor me emocionou bastante.

Conselheiro – Emocionou! Emocionou! Oh! minha senhora! O verbo emocionar não existe na língua portuguesa!

Dona Felícia – Não se trata agora de gramática... (*Continuando.*) Dona Maria José notou minha emoção...

Conselheiro – Emoção! Emoção! Ó manes de João de Barros!

Dona Felícia – E desde então não me vê, não me encontra, não passa por mim, que não me atire uma indireta... Ainda agora eu estava no caramanchão do jardim, que é o meu retiro predileto. É ali que me recolho frequentemente para deixar adejar o pensamento pelos páramos infinitos... para alar o espírito às regiões misteriosas da cisma...

Augusto (*À parte.*) – Temo-la travada!

Dona Felícia – Pois nem isso sou senhora de fazer sossegada... A senhora dona Maria José...

Augusto (*Atalhando.*) – Não a deixa falar... É muito malfeito!

Dona Felícia – Passou pelo caramanchão, e mal que me viu, pôs-se a gritar para o moleque: Ó Esperidião, a que horas chega o trem de São Paulo? A alusão é transparente. (*Resolutamente.*) Pois bem, é verdade, espero ansiosamente que o senhor Guilherme de Lima chegue de São Paulo, porque é preciso que haja entre mim e esse senhor uma explicação categórica. Trata-se de um assunto sério, muito sério, mais sério do que se poderá supor. Nem a senhora dona Maria José nem ninguém tem nada que ver com minha vida!

Conselheiro – É possível que não houvesse intenção... e onde a intenção falece...

Dona Felícia – Digo-lhe que é de propósito, senhor conselheiro.

Augusto – O melhor é a senhora não se dar por achada... porque, em suma, que hei de fazer?

Conselheiro – O senhor Augusto de Almeida tem razão, minha senhora: a posição do meu amigo é assaz embaraçosa.

Dona Felícia – Que há de fazer? Pelo menos recomendar a dona Maria José que não me provoque!

Dona Maria José (*Entrando.*) – Que a não provoque? Ai! Querem ver que a menina veio fazer queixa de mim? Olhe, não vá o genro puxar-me as orelhas!

Augusto (*À parte.*) – O caso complica-se.

Dona Felícia – Não respondo; retiro-me.

Dona Maria José – Retira-se? (*Agarrando-a.*) Pois não te retiras!

Augusto – Dona Maria José!

Dona Felícia – Magoa-me!

Dona Maria José – Agora magoo! Uma mulheraça destas!

Dona Felícia – Mulheraça?!

Conselheiro – É bom português!

Dona Felícia – É bom português, mas é desaforo.

Augusto – Calma! Que diabo! Duas amigas!

Dona Felícia – Não barateie o sagrado sentimento da amizade!

Dona Maria José – Esta senhora entende que não devo passar por junto dela! Todas as vezes que o faço, dá uma rabanada e volta-me as costas!

Dona Luísa (*Entrando.*) – Lá isso não, dona Maria José, porque a senhora, todas as vezes que me vê, faz a mesma coisa!

Dona Maria José – Temos outra!

Dona Luísa – Oh! Eu não me queixo... se falo é por falar...

Dona Maria José – Não se trata de sua pessoa: trata-se desta senhora... Mas um dia, como o outro diz, perco as estribeiras, e pespego-lhe...

Dona Felícia – Pespega-me o quê?

Dona Maria José – Um sundeque!

Conselheiro (*À parte, intrigado por não conhecer a palavra.*) – Sundeque...

Dona Felícia – Conselheiro, que quer dizer sundeque?

Conselheiro – Confesso, minha senhora, que não conheço o vocábulo... mas a senhora dona Maria José não o empregaria se não fosse vernáculo. (*A Augusto.*) O senhor Almeida tem em casa um dicionário da nossa língua?

Augusto – Tenho o *Aulete*.

Conselheiro – Não, esse não; prefiro adiar a consulta. (*À parte.*) Sundeque! (*Tira uma carteirinha de notas e escreve.*)

Brito (*Entra esbaforido.*) – Senhor Almeida! Senhor Almeida! Que desgraça!

## Cena X

*Os mesmos, Brito e depois Elvira*

Brito – Valha-me São José, meu glorioso patrono! Valha-me São Macário, que é o santo do dia! Valham-me todos os santos e santas da corte celeste! (*Diz isso quase se sem respirar.*)

Todos (*Enquanto ele fala.*) – Mas que foi, que aconteceu?...

Augusto – Aqui tem uma cadeira... sente-se... Que foi?

Brito (*Sentando-se.*) – Ah! deixem-me respirar!

Dona Luísa – Como está pálido e assustado!

Augusto – Um copo d'água! (*Saem dona Felícia, dona Maria José e dona Luísa.*)

Brito – Vim deitando a alma pela boca!

Augusto – Mas, então, que foi?

Brito – Mas que desgraça! Como vai ficar sua senhora! Onde está ela? (*Gritando.*) Dona Elvira, dona Elvira!

Augusto – Elvira? Fale, seu Brito! Estou sobre brasas!... Uma desgraça? Diga!

Brito – Lá vai... Quando saía do jornal, (*Dona Luísa apresentando-lhe um copo d'agua.*) muito obrigado. (*Bebe.*)

Elvira (*Entrando.*) – Quem me chamou? Que é? (*Brito bebe água aos goles, e faz-lhe sinal que espere.*)

Augusto – Que suplício!

Brito (*Depois que bebe dá a dona Luísa*) – Obrigado. Quando saía do jornal, subi a rua do Ouvidor para tomar no largo de São Francisco o bonde, a fim de ir à rua do Alcântara levar esta vela do Santo Sepulcro à minha comadre, quando encontro o Malaquias, da Estrada de Ferro! Ele me deu a notícia de que a casa de dona Madalena...

Elvira – De mamãe?...

Brito (*Depois de beber o copo d'água que dona Maria José lhe apresenta.*) – Obrigado. Pegou fogo esta manhã.

Elvira – Quem? Mamãe?

Brito – Não, a casa!

Elvira – A casa de mamãe?

BRITO – Sim, senhora; foi devorada por um pavoroso incêndio! (*Bebendo o copo d'água agora apresentado por dona Felícia.*)

ELVIRA – Oh! Meu Deus!... Vamos...

AUGUSTO – Não é preciso: ela aqui está. (*Vão todos receber dona Madalena, que entra e cai debulhada em lágrimas nos braços de Elvira. Silêncio geral, consternação.*)

## Cena XI

*Os mesmos e dona Madalena*

AUGUSTO – Então... Um incêndio?

DONA MADALENA – Já souberam? Tudo!... perdi tudo... saí com a roupa do corpo... só tive tempo de agarrar nesta manta... não ficou pedra sobre pedra!

BRITO – Eu é que não moro por cima de casa de negócio nem que me rachem!

AUGUSTO – A senhora salvou-se. Dos males o menor.

DONA MADALENA (*A Augusto.*) – O senhor já tem tantas sogras... fique... fique... com mais uma...

BRITO – Uma sogra adotiva...

AUGUSTO (*Esforçando-se por encobrir a sua contrariedade.*) – Pois não! a senhora é a minha sogra número quatro.

CONSELHEIRO (*À parte.*) – Sundeque...

(*Cai o pano.*)

## ATO TERCEIRO

*(A mesma sala.)*

## Cena I

*Dona Madalena e dona Maria José*

*(Entrando da direita, segundo plano, dona Madalena vem preparada para sair à rua. Também, ao mesmo tempo entra da esquerda alta, dona Maria José igualmente pronta para sair: Encontram-se no centro da sala.)*

DONA MARIA JOSÉ – Vai sair?

DONA MADALENA – Sim, senhora. Vou à casa do compadre Jeremias, que chegou ontem.

DONA MARIA JOSÉ – Eu vou ao Passeio Público.

DONA MADALENA – Ao Passeio Público?

DONA MARIA JOSÉ – Admira-se? Também eu recebi uma carta que me tem feito matutar.

DONA MADALENA – Uma carta? De quem?

DONA MARIA JOSÉ – Do conselheiro Guedes. Eu mostro-lha porque sou sua amiga. Vossemecê é a única pessoa desta casa com quem simpatizo deveras. *(Tirando uma carta do bolso.)* Leia o que aqui está, e diga-me se já viu coisa mais esquisita!

Dona Madalena (*Lendo.*) – "Senhora dona Maria José. Encontrei o sundeque em Sá de Miranda..." Que quer dizer isto?

Dona Maria José – Não sei, nem me interessa. Leia o resto.

Dona Madalena (*Continuando a ler.*) – "Considerando que em casa do senhor Almeida não lhe posso falar sem testemunhas, e tendo algo que lhe dizer em particular, rogo-lhe que amanhã, domingo, às dez horas da manhã, vá ter ao Passeio Público. Esperá-la-ei no terraço." É uma entrevista!

Dona Maria José – Não há dúvida. Lá vou, por ser ele homem sério e de certa idade... mas que quererá de mim o conselheiro?

Dona Madalena – Quem sabe? Em todo caso não será coisa que a assuste... sim... porque... no terraço do Passeio Público... e então agora que lhe tiraram as grades... Mas vá, que são quase dez horas.

Dona Maria José – Lá vou, lá vou. Que me quererá ele? (*Sai pelo fundo à direita.*)

Dona Madalena (*Falando para dentro.*) – Genoveva, quando a senhora dona Elvira se levantar, diga-lhe que fui à casa do compadre Jeremias, que chegou. (*Vai saindo e volta à mesma posição.*) Dize-lhe que recebi um telegrama dele pedindo-me que o procurasse hoje pela manhã. (*Depois de repetir o mesmo jogo de cena.*) O telegrama dizia que se tratava de assunto de meu interesse. (*Vai sair pelo fundo e encontra-se com Guilherme de Lima, que entra do fundo, à direita.*)

## Cena II

*Dona Madalena e Guilherme*

Guilherme – Cá estou de volta! (*Examinando-a.*) Minha senhora...

DONA MADALENA – Meu senhor... Procura o senhor Almeida?

GUILHERME – Sim, senhora.

DONA MADALENA (*Indo à porta.*) – Genoveva, vai dizer ao senhor Almeida que está aqui um senhor que o procura.

GUILHERME – Mas a senhora não é da casa... não é nenhuma das sogras...

DONA MADALENA (*Sorrindo.*) – Engana-se. Sou a sogra número quatro. Às suas ordens. (*Sai pelo fundo à direita.*)

## Cena III

*Guilherme e Augusto*

GUILHERME – A sogra número quatro!... (*A Augusto, que entra.*) Oh! desgraçado! pois tens mais uma sogra?!

AUGUSTO – Que queres tu? É a fatalidade! Bem viste que, desta vez, procurei uma enjeitada! São coisas que só a mim acontecem! Mas venha de lá um abraço! Como te correram as coisas lá por São Paulo?

GUILHERME – Perfeitamente. Fui obrigado a ficar lá dois meses, mas deixei tudo liquidado, e do melhor modo possível. Não tenho de que me queixar.

AUGUSTO – Ainda bem.

GUILHERME – Mas como diabo arranjaste mais uma sogra?

AUGUSTO – Esta não é precisamente uma sogra... é a senhora a cuja porta foi enjeitada minha mulher e em companhia da qual sempre viveu.

GUILHERME – É uma sogra honorária.

Augusto – Imagina que pegou fogo na casa dessa pobre senhora! Coitada... Só pôde salvar a roupa do corpo!...

Guilherme – O caso é que tens mais uma sogra!

Augusto – Vê como o diabo as arma!

Guilherme – Vais acabar doido!

Augusto – Que dirias tu se soubesses...

Guilherme – Quê? Estás arriscado a ter mais uma?

Augusto – Uma? Muitas!...

Guilherme – Hein?

Augusto – Sim! Aqui onde me vês, posso de um momento para outro ser o genro de muitas sogras!

Guilherme – Explica-te!

Augusto – Meteu-se na cabeça de minha mulher descobrir sua mãe!

Guilherme – Como assim?

Augusto – Por meio de um anúncio no *Jornal do Commercio*.

Guilherme – Não aparecerá nenhuma!

Augusto – Quem sabe? Sou tão caipora! Receio que apareçam muitas!

Guilherme – Há algum sinal?

Augusto – Uma medalha, como nos melodramas

Guilherme – Mas que ideia foi essa?

Augusto – Um desejo... Minha mulher está...

Guilherme – Ah! está? Parabéns. Na tua casa há uma criança de menos e quatro mulheres demais.

351

AUGUSTO (*Com intenção, sorrindo.*) – Quatro mulheres, uma das quais, ao que parece, é velha conhecida tua.

GUILHERME (*Perturbado.*) – Hein?

AUGUSTO – Confessa!

GUILHERME – Quem to disse?

AUGUSTO – Oh! se julgas que dona Felícia é discreta... Uma senhora que tem desmaios!...

GUILHERME – Pois bem! Dona Felícia foi... foi...

AUGUSTO – Um romance na tua vida?

GUILHERME – Um romance? Não! Um conto, um simples conto.

AUGUSTO – Admira que eu não soubesse!

GUILHERME – Naturalmente! Era uma senhora casada... O marido estava ausente... tinha ido fazer uma viagem, uma longa viagem... Não sei como foi... não me lembro... Logo em seguida, fui obrigado a partir para a Europa e os meus primeiros dias, ou antes as minhas primeiras noites de Paris fizeram-me esquecer essa aventura vulgar.

AUGUSTO (*Sorrindo.*) – Ora a dona Felícia!... Quem diria?

GUILHERME – O que me deitou a perder foi o romantismo dessa senhora... Sempre dei um cavaquinho pelas mulheres românticas... Mas perdoa-me, Augusto! Se eu adivinhasse que ela havia de ser tua sogra, acredita que...

AUGUSTO – Estás perdoado! Mas que coincidência!

GUILHERME – Por isso mesmo não me devo demorar aqui. Quero encontrar-me o menor número de vezes possível... não me fica bem frequentar uma casa onde há uma sogra que foi minha amante!

AUGUSTO – Que diabo! Tu não tens culpa!...

GUILHERME – Não tenho culpa, mas não me fica bem, não é correto... (*Indo buscar o chapéu.*) Olha, quando me quiseres ver, lá estou, no Grande Hotel.

AUGUSTO – Espera ao menos que eu apresente minha mulher... Ah! meu amigo, ela é um anjo!... Estamos casados há dois meses, e não houve entre nós o menor arrufo!

GUILHERME – Também, não faltava mais nada! (*Com resolução.*) Mas não!... não espero!... Vai com tua mulher jantar comigo. Adeus!...

AUGUSTO – Neste caso até logo! (*Dona Felícia parece na porta do quarto.*)

## Cena IV

*Os mesmos e dona Felícia*

DONA FELÍCIA – Senhor Guilherme de Lima, rogo-lhe que antes de se retirar, me dê uma palavra.

GUILHERME – Pois não, minha senhora! (*Trocando um olhar com Augusto.*)

DONA FELÍCIA – Senhor Augusto, peço-lhe que nos deixe um momento a sós. Preciso ter uma conferência íntima com o senhor Guilherme de Lima.

AUGUSTO – Até logo. (*Sai trocando novo olhar com Guilherme.*)

## Cena V

*Guilherme e dona Felícia*

Dona Felícia – Guilherme!

Guilherme – Minha senhora...

Dona Felícia – Não me reconheces? Ingrato! Não te recordas de mim? Pois estou tão transformada? Pois eu mudei tanto assim? Pois "tanto pode o desgosto transformar o rosto meu?" Guilherme, repara bem! Repara bem, que sou eu!...

Guilherme – Sempre a mesma!

Dona Felícia – Com o auxílio do mavioso Cantor dos Timbiras, preparei estes versos para o nosso encontro.

Guilherme – Agradeço-lhe muito a atenção, mas...

Dona Felícia – Guilherme, como foste mau! Como foste ingrato! Esqueci por ti os meus deveres de esposa; amei-te durante a ausência daquele que me dera o seu nome e me confiara a sua honra; atirei-me cegamente nos teus braços porque te amava com desvario... e tu me fugiste... me abandonaste... deixando-me entregue ao meu despeito, ao meu desespero, à minha saudade!

Guilherme – Fale baixo! Olhe que nos podem ouvir!

Dona Felícia – Mas o que não sabes, Guilherme... o que ignoras, é que me deixaste no seio o fruto do nosso amor criminoso!...

Guilherme – Hein?

Dona Felícia – Logo depois do teu abandono, soube que ia ser mãe!

Guilherme – Que estás dizendo?

Dona Felícia – A verdade, a verdade terrível!... O meu desejo foi ir ter contigo onde estivesses... mas... onde estavas tu?... Eu não sabia! Quis escrever-te; mas para onde dirigir as minhas letras? Oh! que situação angustiosa!

Guilherme – E eu não sabia...

Dona Felícia – Dei ao mundo uma filha, dois meses antes de meu marido chegar. Que fazer? Eu não poderia convencê-lo de que a menina era dele... havia dois anos que não nos víamos... Adoeci gravemente... Julguei que a minha alma voasse então para as misteriosas regiões do infinito... Quando fiquei boa, a criança havia desaparecido. Uma amiga, confidente das minhas mágoas, tinha lhe dado destino, para que meu marido não a encontra-se em casa... mas essa amiga, antes que eu ficasse boa, morreu de repente, de uma síncope cardíaca... e não pude saber para onde tinha ido a minha filha! Procurei-a entre os expostos da Santa Casa, não a encontrei. Onde estará ela? Não sei. Apenas suspeito que a pequena levara ao pescoço uma medalha minha que desapareceu... uma medalha de ônix, com um F de ouro.

Guilherme – Uma medalha? Que coincidência! Quem sabe? Mas qual!...

Dona Felícia – Como?

Guilherme – É cá uma coisa... Não haverá aqui um lugar onde possamos conversar mais à vontade sobre tão melindroso assunto? Esta sala tem tantas portas!... Esta casa tem tantas sogras!...

Dona Felícia (*Tomando-lhe o braço.*) – Vamos para o jardim. Lá, embaixo de um verde e florido caramanchão, abriremos as nossas almas amantes ao chilrear dos pássaros, ao suave perpassar da brisa...

GUILHERME – Vamos! É preciso encontrar essa criança! Ora, senhor, eu pai!... pai durante dezoito anos sem o saber! (*Saem ambos de braço dado, no momento mesmo em que entra dona Luísa, da direita baixa.*)

## Cena VI

*Dona Luísa, depois Augusto, depois Brito
e depois seis senhoras idosas*

DONA LUÍSA (*Espantada por ver Guilherme sair com dona Felícia.*) – Hein?!... Que quer dizer aquilo? (*Sorrindo.*) Se ele a levasse consigo para a Europa, que bom! Seria uma de menos...

AUGUSTO (*Entrando.*) – Então, dura ainda este colóquio? Foram-se? Aonde iriam eles?

DONA LUÍSA – Dona Felícia e o teu amigo senhor Guilherme de Lima? Saíram de braço dado por ali. Creio que foram para o jardim.

AUGUSTO – Com certeza levou-o para o caramanchão. Tem graça!...

BRITO (*À porta*) – Dá licença, senhor Almeida?

AUGUSTO – Oh! Seu Brito, entre, faça o favor!

BRITO (*Entrando.*) – Deus Nosso Senhor Jesus Cristo esteja nesta casa! Ah! estou com as pernas que não posso!

DONA LUÍSA – Aqui tem uma cadeira. (*Brito senta-se.*)

AUGUSTO – Então? que houve? Está tremendo.

BRITO – Me deixe, senhor Almeida, me deixe!

AUGUSTO – Que foi?

Brito – Pois ainda o pergunta?

Augusto – Decerto! Não percebo!

Brito – Posso falar na presença de dona Luísa?

Augusto – Pode.

Dona Luísa – É alguma coisa que não posso ouvir? (*Faz menção de sair.*)

Augusto – Não, não! Fica.

Brito – Sabe que mais, senhor Almeida? Eu sou um homem viúvo, eu sou um homem pacato, eu sou um homem religioso, eu sou finalmente um homem considerado por toda vizinhança.

Augusto – Sei tudo isso, e nunca disse o contrário... Não sei a que pretende chegar.

Brito – Na minha casa nunca entrou rabo de saia, desde que perdi aquela santa que Deus haja!...

Augusto (*Interrompendo.*) – E daí?

Brito – Pois hoje, desde que amanheceu, não sucede outra coisa! Augusto (*Assustado.*) – Que está dizendo?

Brito – É, pá, pá, pá – Quem é? – "Uma sua criada" – Que deseja? – "Não foi daqui que puseram um anúncio?" – Ah sim! Faça o favor de entrar. Mal vai se sentando a recém-chegada, e antes de qualquer explicação, pá, pá, pá! Lá batem outra vez! – Quem é? pergunto. – "Sou a mãe da menina." – Faça favor de entrar. Toc, toc, toc! – Quem bate? "Uma desgraçada!" Etc. etc. E sabe o resultado de tantas entradas e saídas? Cada vez que eu abria a porta, dava com os vizinhos das casas fronteiras e contíguas às competentes rótulas! E agora o vereis! Risitos abafados, olhares, cochichos etc. etc. Ora, senhor Almeida, com franqueza: a coisa não tem nada de agradável...

Dona Luísa – Ah! Ah! Ah!

Brito – A senhora ri-se?

Augusto – Coitado de seu Brito... O estado de minha mulher... Mas enfim?

Brito – Enfim despachei a todas cujo nome não começava por F. e me pareciam fora de combate. Fiz mal?

Augusto – Pelo contrário! Procedeu admiravelmente!

Brito – Até às oito horas apareceram vinte e cinco!

Augusto e Dona Luísa – Vinte e cinco?

Brito – A estas horas, naquele andar, já devem ter chegado a cinquenta! Muita menina foi enjeitada em 1891. (*Levanta-se.*)

Augusto – Mandou-as todas embora! Muito bem, seu Brito. (*Abraça-o.*) Muito bem!

Brito – Perdão; vieram comigo as de letra F. Vai vê-las.

Augusto – Santo Deus! quantas serão?

Brito (*Indo à porta, tirando uma lista do bolso e chamando.*) Dona Francisca Pires! (*Entra uma senhora idosa*) Dona Francisca Tosta de Sousa! (*Entra uma senhora idosa.*) Dona Francisca do Amaral! (*Entra outra senhora idosa.*) Quase todas são Franciscas! (*Chamando.*) Dona Francisca Rocha! (*Entra outra senhora idosa.*) Dona Fortunata Calheiros! (*Idem.*) Dona Florência Prazeres! (*Idem. A cada entrada Augusto tem uma estremeção. Dona Luísa oferece cadeiras às senhoras, que se sentam em fila*).

Augusto – Basta! Basta!

Brito – Mesmo que quisesse não havia mais. Apareceram todas as letras, inclusive o X e o Z. Uma Ximenes e outra Zenóbia. Só faltaram o K e o W.

Dona Luísa – Que extravagância!...

Augusto – E a medalha?

Brito (*Apalermado.*) – Que medalha? Ah! sim! todas elas puseram medalhas ao pescoço das crianças. (*Falando às senhoras.*) Não puseram?

As Senhoras – Sim, senhor.

Brito – A medalha nesses casos era infalível.

Augusto – Mas todas essas senhoras reconheceram a medalha de Elvira?

Brito – A medalha? Nenhuma delas a viu. (*Às senhoras.*) Viram a medalha?

As Senhoras – Não, senhor.

Augusto – Mas por quê?

Brito – Por que o quê?

Augusto – Por que não a viram?

Brito – Porque eu não a tinha.

Augusto – E por que não a tinha?

Brito – Porque não a levei.

Augusto – Por que não a levou?

Brito – Porque não deram.

Augusto – E por que não a pediu?

Brito – Porque não me lembrei.

Augusto – Devia ter-se lembrado!

Brito – Naturalmente.

AUGUSTO – Teria menos trabalho e escusava de trazer aqui seis senhoras. Pode limpar a mão à parede! (*À dona Luísa.*) Minha mãe, vai dizer à Elvira que venha cá e que traga a medalha. (*Dona Luísa sai.*) Foi esquecimento imperdoável, seu Brito! A medalha era a base!...

BRITO – Era, mas eu não lembrei... Quem me tira do foro eclesiástico.

AUGUSTO – Você é um trapalhão!

BRITO – Aí está. É o pago. Ainda por cima sou um trapalhão! Seja tudo por amor de Deus!

AUGUSTO – As senhoras são seis... Cinco pelo menos não são mães de minha mulher. Espero mesmo que nenhuma das seis... Enfim ela aí vem com a medalha. (*Elvira entra acompanhada por dona Luísa. As senhoras levantam-se.*)

ELVIRA – Minhas mães! Minhas mães! Onde estão elas?

BRITO – Aqui, dona Elvira, mas penso que não são todas!

ELVIRA (*Sem dar ouvidos.*) – É a senhora... é sim! Diz-me o coração que é... Oh! não!... é a senhora. É sim! Até se parece comigo! Não, não é... há de ser a senhora... ou a senhora... Como olha para mim! Só as mães podem olhar desse modo! (*Guilherme de Lima entra pelo fundo com dona Felícia.*)

## Cena VII

*Os mesmos, Guilherme e dona Felícia*

AUGUSTO (*A Elvira.*) – Como hás de saber qual delas é tua mãe? É preciso que lhes mostre a medalha!

ELVIRA – Ah! Sim... a medalha... Cá está ela!...

Dona Felícia (*Vendo a medalha.*) – Essa medalha... É ela!... é a minha!

Todos – Sua?

Guilherme (*A dona Felícia.*) – Não lhe disse? (*A Augusto.*) Já o suspeitava. (*Abraçando Elvira*) Não encontraste apenas tua mãe. (*As sogras sobem.*) Encontraste também teu pai, que sou eu. (*Fazendo-a abraçar dona Felícia.*) Tua mãe cá está!

Elvira (*Atônita.*) – Minha mãe...

Dona Felícia – Sim, tua mãe!...

Guilherme – Que dentro em pouco será minha mulher. (*A Augusto*) – *Noblesse oblige.*

Augusto (*Apertando-lhe a mão*) – Bravo!

Guilherme – Quem diria que eu havia de ser teu sogro!...

Brito – Não entendo nada, mas como vejo que há casamento, ofereço-me para tratar dos papéis.

## Cena VIII

*Os mesmos, o Conselheiro, dona Maria José
e depois dona Madalena*

Conselheiro (*Entendo.*) – Senhor Almeida, meu senhor, participo-lhe que acabo de contratar casamento com a senhora dona Maria José

Todos – Oh!

Conselheiro – Foi uma resolução súbita.

Augusto – Mas devido a quê?

Conselheiro – Ao sundeque.

Todos – Hein?

Conselheiro – Aquele sundeque entusiasmou-me. Que vocabulário! Não me caso com dona Maria José; caso-me com a língua portuguesa!

Brito – Ofereço-me para tratar dos papéis.

Dona Madalena (*Entrando.*) – Senhor Almeida, venho muito contente! O compadre Jeremias, sem me dizer nada, tinha posto a casa e a mobília no seguro. Vou deixá-lo e tanto melhor para o senhor, que já tem muitas sogras em casa.

Augusto – Não: agora só tenho uma, e precisamente aquela de quem não me separaria jamais. (*Toma, a mão de dona Luísa.*) Minha mãe. Dona Felícia e dona Maria José casam-se.

Dona Madalena, Conselheiro e dona Maria José – Casam-se?!

Augusto – Sim! Em poucos minutos passaram-se nesta sala coisas extraordinárias! Ao almoço tudo saberão. Vamos almoçar! E as senhoras também!... Quero ter dez sogras à mesa, hoje que deixei de ser o genro de muitas sogras!

(*Cai o pano.*)

# BIBLIOGRAFIA

ARAÚJO, Antonio Martins de (Org.). *Teatro de Artur Azevedo*. 6 v. Rio de Janeiro: Inacen, 1983.

Peças incluídas: nos volumes

I. *Amor por anexins; Uma véspera de Reis; A pele do lobo; A filha de Maria Angu; A casadinha de fresco; Abel e Helena; O Rio de Janeiro em 1877; Nova viagem à Lua; A joia; Os noivos; O califa da rua do Sabão; A princesa dos Cajueiros; O liberato; A porta de botica.*

II. *Casa de Orates; Um roubo no Olimpo; A flor-de-lis; A mascote na roça; O escravocrata; O mandarim; Uma noite em claro; Cocota* e *o Gran Galeoto; O carioca; O bilontra; A donzela Teodora.*

III. *Herói à força; O barão de Pituaçu; Mercúrio; A almanjarra; O homem; Fritzmac; Viagem ao Parnasso.*

IV. *O tribofe; Entre o vermute e a sopa; Como eu me diverti; O major; A fantasia; A Capital Federal; Amor ao pelo; O badejo; O jagunço; Confidências; Gavroche.*

V. *A viúva Clark; Uma consulta; A fonte Castália; O mambembe; As sobrecasacas; Guanabarina; O ano que passa.*

VI. *O dote; O oráculo; Entre a missa e o almoço; O cordão; O genro de muitas sogras; Vida e morte; Cançonetas; Monólogos; Fragmentos, alegorias e cenas.*

CAFEZEIRO, Edwaldo; GADELHA Carmen. *História do teatro brasileiro*. Rio de Janeiro: Editora UFRJ/Funarte, 1996.
FARIA, João Roberto. *Ideias teatrais*. São Paulo: Perspectiva, 2001.
MAGALDI, Sabato. *Panorama do teatro brasileiro*. São Paulo: Global Editora, 1977.
PAIVA, Salvyano Cavalcanti de. *Viva o rebolado*. Rio de Janeiro: Nova Fronteira, 1991.
PAIXÃO, Mucio da. *O theatro no Brasil*. Rio de Janeiro: Editora Brasília, 1936.
PRADO, Décio de Almeida, *História concisa do teatro brasileiro*. São Paulo: Edusp, 1999.
SOUZA, J. Galante. *O teatro no Brasil*. Rio de Janeiro: Instituto Nacional do Livro, 1960.

# DADOS BIOGRÁFICOS

Artur Nabantino Gonçalves de Azevedo ou, como é mais conhecido, Artur Azevedo, era filho do vice-cônsul de Portugal em São Luís, David Gonçalves de Azevedo, e de Emília Amália Pinto de Magalhães. Figura forte e independente, Emília Amália casara-se, ainda muito jovem, e contra a sua vontade, com um comerciante, de quem se separou, e passou a viver com o vice-cônsul, só vindo a casar-se com ele quando o primeiro marido faleceu. Foi antes disso que ela deu a David Azevedo nada menos que cinco filhos, três meninos e duas meninas; desses, os dois meninos mais moços, Aluísio e Artur, viriam a ser grandes figuras da literatura brasileira. Artur nasceu em São Luís, no Maranhão, em 7 de julho de 1855, e desde muito cedo deu mostras de seu talento e criatividade: começando por compor cenas inspiradas na obra de autores que admirava, como Joaquim Manoel de Macedo, e, segundo consta, aos 9 anos, já escrevia a sua primeira peça de teatro.

A vida da família Azevedo não era muito fácil, e bem cedo o jovem Artur começou a trabalhar no comércio. Pouco depois, no entanto, ele tomou o caminho que tantos outros grandes nomes das letras brasileiras, como Martins Pena, Machado de Assis e Carlos Drummond de Andrade, têm tomado, a fim de garantir ao menos uma base constante para o sustento familiar: tornou-se funcionário público. Primeiro, trabalhou no funcionalismo do Estado, porém seu humor crítico já se manifestava, sendo demitido por atacar as autoridades. Ainda em São Luís, Artur Azevedo fez concurso para o serviço público federal e, quando a família mudou-se para o Rio de Janeiro, o jovem conseguiu sua transferência e foi servir no Ministério da Agricultura.

Para ganhar melhor a vida, Artur Azevedo foi, logo que chegou, professor de Português no Colégio Pinheiro, mas por pouco tempo, começando de imediato sua longa carreira jornalística, a princípio como revisor. Ao que parece, no entanto, ele já trouxera pronta, do Maranhão, sua primeira comédia conhecida, *Amor por anexins*, até hoje montada com considerável frequência, que obteve sucesso quando estreou no Rio de Janeiro.

Sendo Artur o homem de teatro que foi, é surpreendente lembrar que ele teve carreiras igualmente bem-sucedidas no conto e no jornalismo – onde foi cronista e crítico teatral – e um pouco mais modesta na poesia. Casando-se cedo, Artur Azevedo lutava para ganhar com seus escritos um bom acréscimo ao salário de funcionário. Ele foi casado, primeiro, com Carlota de Moraes e, tendo enviuvado, casou-se uma segunda vez com Carolina Adelaide Leconflé. Teve um filho, a quem deu o nome de Aluísio, o mesmo de seu notável irmão romancista

Já desde o Maranhão, ainda muito jovem, Artur Azevedo começou sua longa carreira de jornalista; e no Rio de Janeiro, trabalhou com mais de uma dezena de publicações, entre jornais e revistas literárias, usando, além do próprio nome, uma série de pseudônimos.

Embora sendo um contista de mérito considerável, é no teatro que Artur Azevedo deixa sua maior marca, e de certo modo o jornalismo e o teatro se unem na série de Revistas do Ano, que ele criou com vários colaboradores, nas quais todos os principais acontecimentos do ano recém-acabado eram comentados em forma dramatizada.

Culminando seus serviços prestados ao teatro brasileiro, ao tornar-se o responsável pela parte cênica das festividades do centenário da chegada da Família Real portuguesa ao Brasil, Artur Azevedo morreu, aos 53 anos, no Rio de Janeiro, que ele tão bem retratou em sua obra.

# BIOGRAFIA

**Barbara Heliodora** é carioca. Estudou na Faculdade de Filosofia, mas recebeu uma bolsa e graduou-se no Connecticut College, nos Estados Unidos. Foi crítica teatral no *Jornal do Brasil*, é doutora em Artes pela USP e professora emérita da UniRio.

Conferencista, tradutora de livros e peças de teatro, das quais mais de 20 são de Shakespeare, é crítica de teatro de *O Globo*.

Autora dos seguintes títulos, entre outros: *A expressão dramática do homem político em Shakespeare, Falando de Shakespeare, Martins Pena, uma introdução, Teatro para meus filhos.*

# ÍNDICE

Prefácio .................................................. 7

A Capital Federal ................................... 17
O mambembe ......................................... 155
O genro de muitas sogras ...................... 301

Bibliografia ........................................... 363
Dados biográficos ................................. 365
Biografia ............................................... 367